L'ENTREPRISE LIBÉRÉE

DES MÊMES AUTEURS

Leadership sans ego, avec Bob Davids et Brian Carney, Fayard, 2019.

La liberté, ça marche ! : l'entreprise libérée : les textes qui l'ont inspirée, les pionniers qui l'ont bâtie, Flammarion, 2016.

Liberté & Cie : quand la liberté des salariés fait le bonheur des entreprises, Fayard, 2012.

Vos idées changent tout ! : faire émerger les idées de tous les salariés, avec Alain G. Robinson, Éditions d'Organisation, 2007.

Créativité organisationnelle, Vuibert, 2002.

L'expertise cognitive aux échecs, PUF, 1996.

Isaac Getz

L'Entreprise libérée

Comment devenir un leader libérateur et se désintoxiquer des vieux modèles

Postface inédite

Pluriel

Couverture : Delphine Delastre
Illustration © Shutterstock
ISBN : 978-2-818-50587-8
Dépôt légal : mars 2019
Librairie Arthème Fayard/Pluriel, 2019.

À mes enfants, Adèle et Élie

Préface

L'entreprise libérée suscite un immense intérêt. Des centaines d'organisations privées et publiques allant des PME aux grands groupes et à la Sécurité sociale ont entamé leurs démarche de libération. Le sujet pose aussi de nombreuses questions. Cependant, je souhaite évoquer ici les questions suscitées par un autre sujet, pourtant très lié à l'entreprise libérée : le leadership libérateur. En voici quelques-unes, qui souvent se présentent sous forme de paradoxes :

Le leader libérateur s'engage dans une démarche de transformation très éprouvante dont un des indicateurs de réussite consiste en sa propre obsolescence.

Le leader libérateur doit conduire un formidable chantier de transformation, or moins il en fait et mieux ce chantier avance, et inversement.

La transformation du mode d'organisation est très difficile et pourtant elle paraît souvent facile à côté de la transformation de soi par le leader qui doit la précéder.

L'intelligence a priori supérieure du leader a souvent contribué à ce qu'il se soit retrouvé à la tête de son entreprise, or il doit largement l'abandonner pour réussir la libération de cette dernière.

Le leader libérateur doit persuader ces collaborateurs de le suivre dans cette aventure, or moins il est charismatique – en d'autres mots, plus il est humble –, mieux il réussira cette persuasion.

Je pourrai continuer cette liste, mais la leçon est claire : les enjeux du leadership libérateur sont au cœur de la libération d'entreprise. Dit autrement, vouloir décrire l'entreprise libérée, c'est comme demander à un artiste de décrire les éléments de son œuvre finale avant qu'il se soit engagé dans le processus de sa création. Ni Rodin ni Gaudí n'auraient pu décrire leurs œuvres finales avant d'avoir commencé à les créer – et pour Gaudi, cette création continue toujours sans lui. Car si la libération d'entreprise ne demande pas tant d'intelligence, elle demande de la créativité, ainsi que de la sagesse et de l'humilité – ou une posture similaire.

Nous avons parlé de tout cela dans Liberté & Cie, *mais pas assez, probablement. Depuis sa parution en 2009 – en français en 2012 –, je n'ai cessé d'en explorer les différentes facettes à travers les écrits qui sont parus au fil des années dans des revues, des ouvrages collectifs et dans la presse. À chaque fois, ils ont éclairé une des facettes, sans pour autant donner à leurs lecteurs une intuition d'ensemble. C'est à dessein que je parle d'intuition et pas de compréhension d'ensemble, car le leadership libérateur n'est pas un sujet intellectuel. C'est un sujet émotionnel, voire viscéral. Certains leaders libérateurs en herbe ont été saisis par lui immédiatement. Face aux témoignages de leaders libérateurs ils se sont dit : « Je veux être cet homme, je souhaite réussir une œuvre de transformation dans mon entreprise comme lui l'a réussi dans la sienne. » D'autres ont développé leur intuition du leadership libérateur plus graduellement, à travers le travail sur soi et les lectures.*

Il y a plusieurs années, j'ai reçu un mail dans lequel un patron de PME me remerciait pour Liberté & Cie. *Je lui ai demandé pourquoi. Il m'a répondu ainsi : « Mon entreprise a grandi et depuis trois semaines j'agonisais autour d'une feuille dans laquelle j'ai cherché à dessiner notre organigramme. Après avoir lu votre livre je l'ai déchirée : ce n'est pas la question. » Quelques mois après, je l'ai rencontré un soir à Paris pour échanger un peu, comme je fais avec beaucoup de leaders libérateurs en herbe, puis j'ai perdu ses traces. A-t-il réussi à libérer son entreprise une fois qu'il a compris que la question n'est pas : « Quel modèle dois-je construire pour mon entreprise ? » mais : « Quel leadership dois-je assumer pour que le nouveau mode d'organisation unique pour mon entreprise se construise, vive et évolue ? Sans moi s'il le faut. » Je l'ignore. Mais ce n'est pas la question non plus.*

Mon rôle – et, par extension, celui de ce livre – n'est pas d'être un guide. Le guide, c'est le leader libérateur – et de moins en moins au fur et à mesure que le chemin avance. Mon rôle est d'éclairer – et uniquement ceux qui le veulent – sur quelques ingrédients que l'expérience a démontré comme bénéfiques pour se lancer dans l'aventure. Certes, on peut se lancer sans certains de ces ingrédients, mais alors cela prendra plus de temps, et demandera davantage de « deux pas en avant, un pas en arrière ». Cela s'appelle apprendre de sa propre expérience et il le faut toujours. Mais si vous voulez apprendre aussi de l'expérience du leadership libérateur des autres – dont j'ai tenté d'extraire ici quelques leçons fondamentales –, ce livre est pour vous.

Je terminerai par ces deux enseignements venant de la tradition chinoise. Le premier est du maître taoïste Kouo-Siang :

> Ce que les sages ont fait appartient au passé et ne peut donc convenir à la situation actuelle. C'est sans valeur et il ne faut pas imiter[1].

---

1. Hesna Cailliau, *Le Paradoxe du poisson rouge : une voie chinoise pour réussir*, Éditions Saint-Simon, 2015.

Le second est de l'inventeur même du taoïsme, Lao-tseu :

Le sage adopte la tactique du non-agir,
et pratique l'enseignement sans parole.
Toutes choses du monde surgissent
sans qu'il en soit l'auteur.
Il produit sans s'approprier.
Il agit sans rien attendre.
Son œuvre accomplie, il ne s'y attache pas,
et, puisqu'il ne s'y attache pas, son œuvre restera[2].

2. Lao-tseu, *Tao-tö-king*, traduction de Liou Kia-hway, Gallimard, 1969.

Chapitre 1

Les concepts de l'entreprise libérée et du leadership libérateur

Le sujet de la libération d'entreprise s'est fait connaître par la publication du livre *Liberté & Cie*. Écrit à dessein dans un style largement narratif, il regorge d'illustrations de ces entreprises qui ressemblent fort peu à un environnement de travail traditionnel. D'autres illustrations, notamment en France, sont venues de nombreux comptes rendus dans les médias. C'est ainsi peut-être que le terme d'entreprise libérée a commencé à désigner ce sujet. Pourtant, un autre terme indissociable de l'entreprise libérée – leadership libérateur – n'a pas attiré beaucoup d'attention. Cela malgré le fait que la plupart des illustrations du livre *ne portent pas* sur les entreprises mais sur leurs patrons et les démarches de libération qu'ils ont conduites avec leurs collaborateurs. Ce terme n'a pas attiré l'attention malgré la récompense obtenue par mon article académique au titre homonyme

« Leadership libérateur », primé comme meilleur de l'année et traduit à ce titre dans *L'Expansion Management Review*, revue aujourd'hui introuvable.

Ce chapitre rend donc enfin accessible au public francophone cet article essentiel sur la libération d'entreprise. Il est précédé par un texte que j'ai écrit à destination des jeunes chercheurs intéressés par les entreprises libérées en les appelant, justement, à lire cet article, puis à se rendre sur le terrain pour observer et étudier ces entreprises. Le dernier texte de ce chapitre leur est également destiné, ainsi qu'aux acteurs du monde de l'entreprise. Il retrace les antécédents de la libération d'entreprise, son processus et son avenir envisageable.

I

Commencer par les articles – pas par le livre – et continuer par les entreprises

Depuis quelque temps, je reçois beaucoup de messages de jeunes se lançant dans leur travail de recherche et qui me posent de nombreuses questions, à la suite de la lecture de *Liberté & Cie*. C'est inévitable, car ce livre n'est pas destiné aux chercheurs mais aux leaders et acteurs d'entreprise. Par conséquent, l'écriture et la structuration d'un tel livre poursuit l'objectif d'intéresser le lecteur-leader et de l'amener à mettre en œuvre les leçons des libérations d'entreprise, inspirées par d'autres leaders, afin d'inventer son propre chemin.

Non seulement, nous, auteurs, avons éliminé du livre beaucoup d'éléments « trop » académiques, mais le rédacteur de la maison d'édition américaine, qui a publié l'original aux États-Unis, en a fait autant. La qualité du livre, disait-il, se voit par ce qui reste « on the cutting floor », faisant ainsi référence à la phase du montage d'un bon film dans laquelle, par le passé, tous les morceaux de la pellicule qu'on coupait étaient jetés par terre.

Que peut alors faire un vrai chercheur dont l'intention est d'explorer davantage le phénomène de libération d'entreprise, qui rencontre un vif succès en France ?

Deux choses.

Primo, tous chercheurs regardent, en parallèle, s'il y a un article académique écrit par un auteur de l'ouvrage. Non seulement ces articles sont spécifiquement écrits pour les chercheurs, mais ils sont passés par le fameux « peer review » et ont intégré les remarques des chercheurs-relecteurs pour être au niveau de la revue académique visée. Ces articles ont aussi l'avantage d'être plus courts, car un chercheur a vocation à lire énormément et n'a physiquement pas le temps de lire un livre sur chaque sujet qui l'intéresse.

Sur celui de la libération d'entreprise, j'ai écrit deux articles académiques. Le premier, "Liberating leadership : How the initiative-freeing radical organization form has been successfully adopted", est paru en été 2009 dans la *California Management Review* quelques mois avant la parution de la version originale du livre *Freedom, Inc.* aux États-Unis. En 2010, cet article a gagné le prix annuel Syntec du Meilleur Article académique publié par un chercheur basé en France (catégorie : Management, HR, Organisation) et il a été republié en français sous le titre de « Le leadership libérateur, forme radicale d'organisation » dans *L'Expansion Management Review*.

Le choix du titre de cet article ne fut pas anodin. À la différence du titre du livre *Freedom, Inc.*, choisi en accord avec l'éditeur afin d'attirer les lecteurs potentiels, le titre de l'article reflète le sujet véritable de cette recherche : l'approche du leadership nécessaire pour mettre en place la forme organisationnelle appelée, depuis, «entreprise libérée» (traduction française de «freedom, inc.» ou de «liberated company»). J'explique aussi dans cet article comment cette recherche, visant au début à comprendre le fonctionnement des «entreprises libérées» et ayant pour objet les formes organisationnelles, est devenue, au fur et à mesure des investigations, une recherche sur le leadership, et surtout sur cette forme spécifique de leadership transformationnel que j'ai appelée «libérateur».

L'autre article académique écrit sur le même sujet s'intitule «La liberté d'action des salariés : une simple théorie ou un inéluctable destin ?» ; est paru en 2012 dans la revue *Gérer et Comprendre*.

Secundo, étant donné que la méthodologie de recherche utilisée dans ces deux articles est ethnographique (basée sur des études de terrain), il serait judicieux, pour tous les chercheurs voulant aller plus loin, qu'ils observent et étudient sur le terrain les entreprises libérées et qu'ils rencontrent personnellement leurs leaders. Voici ce que dit un grand physiologiste et Prix Nobel, Ivan Pavlov :

« Les chercheurs en sciences naturelles qui ont fait beaucoup de travail [expérimental] par eux-mêmes, en se confrontant directement au terrain, éprouvent une difficulté à communiquer sur les choses qu'ils n'ont pas examinées en personne. En effet, il y a une différence énorme entre [le savoir] qui provient de sa propre investigation et le savoir qui vient de l'écrit des autres. Cette différence est tellement flagrante qu'on devrait éprouver une vraie gêne à communiquer sur les choses qu'on n'a pas observées ni examinées en personne. »

Pour comprendre la libération des entreprises, il faut donc rencontrer, observer et étudier les leaders libérateurs – ces patrons qui ont co-construits avec les salariés ce type d'entreprises. Les étudiants de mon école qui écrivent leur mémoire de fin d'études le font, par exemple. Personne n'a dit que faire de la recherche sur le leadership en entreprise et développer sa propre compréhension du sujet était chose facile. Il y a un prix à payer pour faire progresser la connaissance.

II

Le leadership libérateur

Ewing Kauffman, créateur de Marion Laboratories et de la fondation Ewing Marion Kauffman, aimait à raconter comment, jeune marin pendant la Seconde Guerre mondiale, il avait pris l'initiative de revérifier les calculs de son officier de navigation. Ce faisant, il transgressait une importante règle de sécurité et mettait son navire en danger d'être repéré par un sous-marin allemand. En revanche, il évita ainsi à trois bateaux de sa flotte de s'échouer. Kauffman ajoutait que les initiatives à risque étaient nécessaires au démarrage d'une entreprise, même si, celle-ci se développant, cette liberté d'action tendait à se restreindre. Dans certaines entreprises, pourtant, cette liberté reste totale, comme l'illustre cette anecdote rapportée par Jean-François Zobrist, ancien numéro un de Favi, une fonderie d'alliages cuivreux de 600 salariés et 128 millions de dollars de chiffre d'affaires[1].

« En 1985, nous attendions la visite d'un ingénieur qualité de Fiat. Nous étions convenus de le prendre en charge à Roissy s'il nous informait de son heure d'atterrissage. Ce qu'il ne fit pas. Le jour prévu, j'attendis jusqu'à 19 heures, puis, pensant qu'il avait eu un contretemps, je rentrai chez moi. Quelle ne fut pas ma surprise le lendemain matin de le voir entrer dans mon bureau. Il me

1. Interviews personnelles d'avril 2005 et janvier 2006. Nous avons opté pour la forme narrative, courante dans des disciplines de terrain telles l'ethnographie ou l'anthropologie, où la recherche doit être factuelle, descriptive, et s'appuyer sur des citations.

raconta qu'il avait atterri vers 20 heures. N'ayant trouvé personne de Favi, il avait téléphoné à l'entreprise. Une voix de femme lui avait répondu. Il avait expliqué que son avion avait pris du retard mais que quelqu'un était supposé l'accueillir à l'aéroport. "Où êtes-vous?", lui avait demandé la voix avant de lui fixer un point de rendez-vous. Une dame était arrivée en voiture une heure et demie plus tard, et l'avait déposé à son hôtel en lui souhaitant bonne nuit.

"Curieusement, dit le visiteur, cette personne très aimable ne semblait pas avoir la moindre idée de qui j'étais ni de quelle entreprise je venais." Plus étrange encore, j'ignorais totalement qui pouvait être le chauffeur mystère de notre important visiteur. Après une rapide enquête, je découvris que c'était Christine, la femme de ménage. Elle nettoyait les bureaux, comme tous les soirs, quand le téléphone avait sonné. En entendant l'histoire de son interlocuteur, elle avait tout simplement pris les clés d'un des véhicules d'entreprise, était allée à l'aéroport, avait pris en charge le visiteur et était revenue terminer sa tâche interrompue trois heures plus tôt. »

Jean-François Zobrist explique pourquoi Christine n'avait parlé à personne de son initiative : « Pour elle, c'est normal. Face à un problème d'entreprise, elle n'est plus "une femme de ménage", elle est "l'entreprise". » Il ajoute qu'il ne l'a pas remerciée : « Quand vous ne punissez ni ne récompensez les gens pour leurs actions, celles-ci deviennent normales, elles relèvent du quotidien, Christine ne pensait rien faire d'exceptionnel. Ici, quand quelqu'un rencontre un problème et qu'il a une solution, il l'applique. Pas besoin de permission ni de merci. » L'auditeur de Fiat a relevé la note qualité de Favi de 10 %.

Ce n'est qu'un exemple parmi d'autres d'initiatives totalement libres et responsables des salariés de Favi, pour résoudre des problèmes, saisir des occasions, tout simplement faire leur travail. Avec les années, Favi en a tiré plusieurs avantages : une qualité exceptionnelle (l'année de notre visite, l'entreprise en était à 20 millions d'unités livrées avec zéro défaut), un parfait respect des délais et une croissance impressionnante (partant de zéro ou presque, Favi s'est emparée de 50 % du marché européen des fourchettes de boîte de vitesses et d'une part du marché chinois). Dans un marché où ses concurrents européens vendent à perte ou ont disparu, l'entreprise maintient depuis trente ans un cash-flow disponible à deux chiffres et de solides marges, tout en refusant d'augmenter le prix de ses produits, même pour prendre en compte l'inflation. En dépit de la crise économique et de la contraction du marché des pièces automobiles, Favi prévoyait en 2009 de couvrir 80 % du marché européen des fourchettes. Le fait que plusieurs de ses concurrents aient disparu lui assure au moins de préserver son volume de ventes. En outre, elle a su développer un processus totalement innovant de fabrication du fil de cuivre utilisé dans les rotors électriques. Une part significative de ses bénéfices est répartie entre les salariés sous la forme d'une prime annuelle, en général équivalente à quatre à cinq mois de salaire.

Bien que peu nombreuses, il existe des dizaines d'entreprises comme Favi. Nous évoquerons ici plusieurs d'entre elles pour mieux comprendre le style de « leadership libérateur » qui sous-tend ces formes d'organisation que nous avons regroupées sous l'appellation « forme F » pour freedom.

Menés depuis la fin des années 1950, les travaux d'Argyris, Likert ou McGregor[2] ont montré comment les formes traditionnelles d'organisation – où les gens sont confinés dans les cases d'un organigramme, le travail réduit au simple respect des règles – aboutissent, au mieux, à des sous-performances, au pire, à un échec. [...] Dans les années 1990, une nouvelle vague de chercheurs a relancé, avec les « nouvelles formes d'organisation » ou les « pratiques avancées de GRH », l'étude de formes organisationnelles alternatives valorisant l'initiative

---

2. C. Argyris, *Personality and Organization*, Harper Collins, 1957 ; *Integrating the Individual and the Organization*, Wiley, 1964. R. Likert, *New Patterns of Management*, McGraw-Hill, 1961. D. McGregor, *The Human Side of Enterprise*, McGraw-Hill, annoted edition, 2006.

au sein des entreprises[3]. Beaucoup des exemples analysés, depuis Southwest jusqu'à Toyota, présentaient des niveaux

---

3. Sur les nouvelles formes d'organisation, voir N. J. Foss, « Introduction : New Organizational Forms – Critical Perspectives », *International Journal of The Economics of Business*, Vol. 9, n° 1, février 2002 ; A. M. Pettigrew et E. M. Fenton (dir.), *The Innovating Organization*, Sage, 2000.

Sur les pratiques de GRH, voir M. A. Huselid, « The Impact of Human Resource Management Practices on Turnover, Productivity, and Corporate Financial Performance », *Academy of Management Journal*, vol. 38, n° 3, juin 1995 ; J. P. MacDuffie, « Human Resource Bundles and Manufacturing Performance : Organizational Logic and Flexible Production Systems in the World Auto Industry », *Industrial & Labor Relations Review*, vol. 48, n° 2, janvier 1995.

Sur le type « post-bureaucratique », voir C. Heckscher, « Defining the Post-Bureaucratic Type » *in* C. Heckscher et A. Donnellon (dir.), *The Post-Bureaucratic Organization ; New Perspectives on Organizational Change*, Sage, 1994. Sur les formes fondées sur les individus, voir J. Pfeffer, *The Human Equation : Building Profits by Putting People First*, Harvard Business School Press, 1998.

Sur l'entreprise individualisée, voir C. A. Bartlett et S. Ghoshal, « Beyond the M-form : Toward a Managerial Theory of the Firm », *Strategic Management Journal*, n° 14, hiver 1993.

de performance exceptionnels. Pourtant, l'adoption de ces modèles demeure limitée[4]. Ce qui soulève l'une des questions les plus intrigantes en matière de management et peut-être de société : pourquoi ces formes manifestement supérieures ne deviennent-elles pas la norme, à la place de la forme classique du management hiérarchique ?

Nous avons décidé de chercher la réponse à cette question dans la variante la plus radicale de ces modèles, que nous avons baptisée « forme F » : une forme organisationnelle dans laquelle les salariés sont totalement libres et responsables dans les actions qu'ils jugent bon, eux et non leur patron, d'entreprendre. Nous avons étudié quinze entreprises, aux États-Unis et en Europe, ayant adopté avec succès la « forme F » et trois autres qui semblent l'avoir expérimentée sans l'adopter. Les entreprises qui ont adopté la « forme F » ont réalisé une performance qui les place

4. T. Alasoini, « In Search of Generative Results : A New Generation of Programmes to Develop Work Organization », *Economic and Industrial Democracy*, vol. 27, n° 1, février 2006.

dans le peloton de tête de leur secteur. Quatre années d'études, sur le terrain, de leurs pratiques et de celles de leurs dirigeants nous ont permis de formuler la réponse suivante : pour que cette forme d'organisation soit adoptée, il faut qu'un type spécifique de leadership – que nous avons qualifié de libérateur – ait été mis en œuvre au plus haut niveau de l'entreprise. Inversement, sa non-adoption peut être rapportée au défaut de mise en œuvre de certains aspects du leadership libérateur. Bien que beaucoup des entreprises de notre panel aient déjà fait l'objet d'études – souvent sur l'efficacité de leur structure organisationnelle en matière de valorisation du capital humain –, aucune analyse, à notre connaissance, n'a porté directement sur leurs dirigeants pour comprendre ce qui, dans leur leadership, a permis à cette forme particulière d'organisation d'exister. En adoptant cette démarche, tous les leaders libérateurs que nous avons étudiés ont soit transformé un modèle hiérarchique existant, soit empêché son développement à la naissance d'une start-up. En outre, ils ont réussi à construire les « microsociétés » au sein de leur entreprise sur des valeurs souvent opposées à celles de la société dans son ensemble[5].

Le leadership libérateur

Nous avons défini la « forme F » comme une forme d'organisation laissant aux salariés toute liberté dans les actions qu'ils décident. Ce faisant, nous nous sommes fondés sur sa fonction, à l'instar des architectes qui définissent une construction à partir de sa fonction et non d'un ensemble de caractéristiques structurelles. La fonction qui définit un pont, par exemple, est de permettre le passage par-dessus un obstacle[6]. Cela dit, il existe des caractéristiques structurelles propres aux ponts, et il en est de même des organisations « forme F ».

Dans la plupart de ces entreprises, il n'y a ni organigramme ni places de parking

---

5. Voir R. E. Miles *et al.*, « The I-Form Organization », *California Management Review*, vol. 51, n° 4, été 2009.

6. En réalité, les constructions sont multifonctionnelles. Voir D. Preziosi, *Architecture, Language and Meaning : The Origins of the Built World and its Semiotic Organization*, Mouton, 1979.

réservées. Certaines n'ont pas de bureaux particuliers pour les chefs ; chacun, PDG compris, se choisit une place dans un bureau paysager. [...] Parfois, les salles de réunion portent des noms de salariés, de secrétaires souvent, plutôt que de présidents ou de scientifiques. Aucune ne possède de pointeuse. La plupart laisse les salariés déterminer leurs horaires, quand ce ne sont pas aussi leurs salaires. Dans plusieurs cas, il n'y a ni cadres, ni titres, ni rangs. Parfois, ce sont les salariés qui choisissent leurs chefs, la description de leur poste, qui inventent pratiquement leur activité. Certaines entreprises n'ont pas de département RH, ou pas de budget, voire même de service financier, et la plupart pas de procédure de planification à long terme.

Favi présente beaucoup de ces caractéristiques. Son PDG, Jean-François Zobrist, ne gère pas les salariés, au sens de vouloir les motiver. Ni lui ni personne d'autre, d'ailleurs, car il n'y a pas de cadres à Favi. Des équipes autogérées, dites mini-usines, assurent la fabrication, chacune ayant son client et son produit.

Elles se chargent aussi des achats, de la livraison, des aspects financiers, du recrutement, de la formation, etc., chacune à sa manière. Ingénieurs et spécialistes sont invités à trouver eux-mêmes où apporter leur contribution. Naturellement, on en arrive toujours à des domaines non couverts par les équipes de fabrication : R&D, initiation du lean management, méthodes d'amélioration continue… Ce qui n'est pas pris par les ingénieurs et spécialistes va à Jean-François Zobrist qui, outre sa tournée quotidienne dans l'usine pour discuter avec les salariés, investit l'essentiel de son temps dans la recherche de nouveaux marchés. En créant cette organisation « forme F », celui-ci s'était donné l'objectif de ne pas avoir à prendre de décisions opérationnelles. Il l'a atteint en trois ans.

Quad Graphics, un leader nord-américain dans l'industrie de l'impression (12 000 salariés, 2 milliards de dollars de chiffre d'affaires), possède aussi beaucoup de ces caractéristiques. Chacun, y compris le PDG, porte la même chemise et le même pantalon bleu foncé. On ne dit pas aux gens ce qu'ils doivent faire, on leur demande ce qu'ils proposent. Les ouvertures de poste sont utilisées pour promouvoir les salariés en interne, même au prix d'un gros effort de formation. [...] Quad Graphics avait des places de parking réservées à ses dirigeants. Quand nous en avons parlé avec son PDG et le directeur de la division Quad/Tech, ceux-ci ont paru surpris, assurant qu'ils n'y avaient pas réfléchi et que c'était dénué d'intérêt pour eux. Quand ensuite nous en avons discuté avec les salariés, ils ont répondu en riant que cela n'affectait en rien l'environnement global, dans lequel ils étaient totalement libres et responsables d'agir comme ils le jugeaient bon pour l'entreprise[7]. En fait, quand le fondateur et ex-PDG de Quad Graphics, Harry Quadracci, s'est lancé – après avoir quitté son précédent employeur, un gros imprimeur dont la façon de briser une grève l'avait choqué –, il n'avait pas en tête d'idée précise. Il avait juste la ferme intention de créer un environnement de travail en totale opposition avec ce qu'il

7. Entretiens avec Joel Quadracci, Karl Fritchen et les salariés de Quad/Tech, septembre 2007.

avait vécu. Il voulait une entreprise dans laquelle les gens seraient libres de prendre les bonnes décisions, « une entreprise faite par les salariés pour les salariés, et non une entreprise dirigée par une classe contre une autre ».

Tous les leaders libérateurs que nous avons étudiés ont compris la fonction déterminante de la forme d'organisation qu'ils mettaient en place. Néanmoins, dans le choix des caractéristiques de cette forme, la plupart d'entre eux semblent avoir procédé de manière empirique. Ils ont simplement gardé des éléments allant dans le sens d'une plus grande liberté, et écarté d'autres qui ne s'y prêtaient pas. Certains reconnaissent n'avoir pas complètement mis en place la « forme F », ou que celle-ci n'est pas encore étendue à toute l'entreprise. Cependant, tous fondent leur démarche sur un ensemble de critères que nous utiliserons pour caractériser le « leadership libérateur ».

Les trois conditions universelles de l'automotivation

On dit des gens qui sont totalement libres et responsables de leurs initiatives qu'ils sont automotivés. Depuis qu'en 1943 Abraham Maslow a proposé sa théorie (encore non vérifiée émpiriquement) de la pyramide des besoins[8], beaucoup de théories psychologiques ont été avancées pour expliquer l'automotivation. Le programme de recherche théorique et empirique récent conduit par Deci, Ryan et leurs associés est sans doute le plus ambitieux[9]. À la différence de Maslow – qui avait étendu la vision des behaviouristes et des psychologues, de l'homme en recherche de la paix du corps, à celle d'un homme en quête également de la paix de l'esprit et donc motivé à éliminer les tensions résultant de besoins psychologiques insatisfaits –, Deci et Ryan

---

8. Voir G. R. Salancik et J. Pfeffer, « A Social Information Processing Approach to Job Attitudes and Task Design », *Administrative Science Quarterly*, vol. 23, n° 2, 1979 ; C. O'Reilly, « Corporations, Culture, and Commitment : Motivation and Social Control in Organizations », *California Management Review*, vol. 31, n° 4, été 1989.

9. Voir E. L. Deci et R. M. Ryan, « The "What" and "Why" of Goal Pursuits : Human Needs and the Self-Determination of Behavior », *Psychological Inquiry*, n° 11, 2000.

considèrent les individus comme programmés pour la maîtrise et le bonheur[10].

Comme l'ont montré les psychologues Jean Piaget et Lev Vygotsky, dès leur plus jeune âge, les enfants s'impliquent dans des jeux de toutes sortes pour maîtriser différents aspects de leur environnement. Ils y prennent plaisir au point d'ignorer la faim, la fatigue, le risque de se faire mal[11].

---

10. On peut arguer que le besoin le plus élevé de la pyramide de Maslow, l'accomplissement personnel, n'est jamais pleinement satisfait et donc continue de motiver l'action. Mais même en ce cas la vision de Maslow est celle d'une tension que l'on s'efforce de réduire, une vision très différente de celle de Deci et Ryan.

11. Les «formes F» n'ignorent pas les besoins matériels des salariés. Les salaires versés y représentent un compromis entre le souci que le salarié ne reste pas dans l'entreprise «seulement pour l'argent» et la conscience que, «si on ne le paie pas assez, il ira ailleurs». Toutes les entreprises offrent une forme de participation aux bénéfices (programmes d'actionnariat, primes annuelles de performance). Le volet matériel est considéré en tant qu'élément d'un ensemble d'avantages dont bénéficie le salarié via la satisfaction de ses besoins universels. Beaucoup d'entreprises parlent de «revenu psychique» et pensent que leur faible turnover et l'effet «boomerang» (retour de salariés partis) sont dus à l'ensemble de ce revenu, et non uniquement à sa composante matérielle.

Les adultes recherchent de même maîtrise et plaisir dans beaucoup de leurs activités, qu'elles soient de loisirs ou professionnelles. Ces activités nécessitent ce que Deci et Ryan appellent des nutriments : « appartenance », « compétence » et « autonomie »[12].

Leurs recherches montrent qu'un environnement suffisamment nutritif, satisfaisant ces trois besoins universels, conduit les gens à s'automotiver. Traité avec considération, aidé à grandir et à s'orienter seul, l'individu trouve en lui-même sa motivation et prend des initiatives propres à accroître sa performance et améliorer son bien-être personnel. Quand, au contraire, il est contrôlé, qu'on le prive de ses droits universels, alors sa motivation vient de l'extérieur et il n'agit que dans la perspective de la

---

12. Pour Deci et Ryan, le sentiment d'appartenance est « le désir d'aimer et d'être aimé » ; la compétence est « la capacité d'agir sur l'environnement et d'atteindre les résultats souhaités » ; l'autonomie est « un désir d'organiser soi-même ses expériences et d'avoir une activité concordante avec ses propres valeurs », *op. cit.*

récompense ou de la punition, n'apportant au mieux que des gains de performance à court terme.

Leur travail sur le terrain a conduit Deci et Ryan à étendre un précédent postulat de McGregor : « La réponse à la question que les managers se posent souvent – comment motiver les gens ? – est : on ne le peut pas. L'homme est par nature motivé… Son comportement est influencé par les relations entre ses caractéristiques en tant que système biologique et son environnement… On ne le motive pas, parce qu'il "est" motivé. Quand il ne l'est pas, il est mort[13]. » McGregor avait reformulé la question en : comment créer un environnement où les gens se motivent eux-mêmes ? Deci et Ryan sont allés plus loin encore : qu'est-ce qui, dans un environnement de contrôle, empêche les gens de recevoir les bons nutriments et que faut-il reconstruire pour y remédier ?

Ce cadre théorique d'un « environnement d'automotivation nutritif et non

13. D. McGregor, *The Professional Manager*, McGraw-Hill, 1967.

hierarchique» et de trois besoins universels – égalité intrinsèque, croissance et auto-direction[14] – nous a aidés à comprendre les critères qui ont guidé les dirigeants dans la «libération» de leur entreprise.

Créer un environnement d'égalité intrinsèque

Robert Townsend, auteur du best-seller *Up the Organization*, conseillait aux nouveaux chefs d'entreprise de «supprimer tout ce qu'ils n'avaient pas aimé en tant que subordonnés et de mettre en place tout ce dont ils avaient manqué[15]». Les pratiques de travail et de management qu'il a écartées et celles qu'il a introduites dans Avis ont donné naissance à l'une des premières

14. Nous préférons ces termes à ceux de Deci et Ryan, parce que les mots autonomie et compétence ont acquis un sens spécifique en management. Ensuite, nous voulons rester proches de McGregor, qui parlait d'auto-direction et d'autocontrôle.

15. T. Peters et R.Townsend, *Winning Management Strategies for the Real World*, audiocassettes, Nightingale Conant Corp, 1986.

«formes F»[16]. Ce même critère a guidé toutes les décisions initiales des leaders libérateurs : le choix des pratiques à remplacer était déterminé par la satisfaction qu'elles apportaient au besoin des gens d'être traités intrinsèquement en égaux. Les changements les plus significatifs se situent au niveau de la parole et de l'écoute. Voici comment Jeff Westphal, dirigeant-actionnaire de Vertex, un leader des solutions et services de comptabilité fiscale (600 salariés, 100 millions de dollars de chiffre d'affaires), a commencé sa campagne de libération.

À son entrée en fonctions, en 1993, le projet phare de Vertex s'était révélé tourner au fiasco. Alors qu'il se préparait à «dire» à l'équipe qu'elle devait «redoubler d'efforts, prendre du recul, se réorganiser et… s'y remettre», Jeff Westphal se souvint de quelque chose qu'il avait lu dans *Seven Habits of Highly Effective People*, de Stephen Covey. Il tenta de se mettre à la place des autres, de les écouter, et soudain il eut

16. Gore & Associates en est une autre, mais la tâche n'était pas la même puisque Bill Gore partait de zéro.

une révélation : « J'ai pris conscience à cet instant que je n'avais jamais compris personne. Je comprenais ce que je voulais bien comprendre d'eux, et non ce qu'ils étaient réellement, ni quels étaient leurs besoins. » Aussi, au lieu de « dire, dire, dire », il décida d'essayer quelque chose de différent : « Le lendemain, j'ai commencé à écouter. Le tout premier "programme" que nous avons mis en place a été mon changement de comportement. J'ai commencé à écouter, à impliquer réellement les gens dans mes décisions, moi personnellement[17]. »

Un chef d'entreprise a beaucoup à gagner quand il écoute ses subordonnés au lieu de leur dicter ce qu'il faut faire, notamment « la puissance incrémentale de 600 cerveaux au lieu de celle de ma seule petite cervelle », souligne Jeff Westphal. Ainsi, après l'échec d'un projet de logiciel de gestion des TVA, un cadre fit observer en réunion que la tendance semblait s'orienter plutôt vers l'ERP.

« Après cet échec, je pensais qu'il fallait redoubler d'efforts, car j'ai tendance à

17. Interview personnelle, mars 2006.

m'entêter. Et puis j'ai commencé à écouter. Gerry Hurley, notre actuel vice-président marketing, avait remarqué que les choses étaient en train de changer autour de nous. Je lui ai demandé : "Que peut-on faire? Nous sommes une toute petite entreprise de 60 à 70 personnes." Il m'a dit : "Nous devons changer de vitesse et placer notre priorité là-dessus, parce que, si nous n'y prenons pas garde, nous allons au-devant de gros ennuis." J'ai écouté, et j'ai acquiescé.» Jeff Westphal a accepté l'idée qui a ouvert la voie à la croissance de Vertex : «Ce fut une sacrée bonne chose. Nous avons pu de justesse nous positionner à temps pour saisir l'opportunité ERP qui a remis l'entreprise sur les rails. Si nous ne l'avions pas fait, nous n'existerions probablement plus aujourd'hui.»

L'avantage le plus fondamental, toutefois, lorsqu'on écoute vraiment les gens, est qu'ils se sentent traités intrinsèquement en égaux. Ils sentent que leur expérience, leurs connaissances et leurs idées ont autant de valeur que celles du chef d'entreprise.

L'étape suivante est beaucoup plus difficile. Elle consiste à faire adopter cette pratique par les managers. Dans les start-up, cela signifie mettre en place des procédures rigoureuses de recrutement et de promotion des cadres – appelés «leaders» dans la plupart des «formes F» – de manière à éviter les personnalités portées sur le pouvoir et l'autorité. Dans les entreprises existantes, en revanche, il s'agit de transformer des managers «qui disent» en managers «qui écoutent», via une formation structurée ou informelle. Par exemple, ceux de Gore & Associates, spécialiste mondial des produits polymères (8 400 salariés, 2 milliards de dollars de chiffre d'affaires), avaient l'habitude de «dire»[18]. Étant tombé sur plusieurs cas de salariés maltraités et de décisions bureaucratiques, son PDG fondateur Bill Gore instaura des dîners réguliers pour développer les qualités d'écoute de ses managers. Dans d'autres entreprises, la sagesse et le non-recours à la menace ont échoué à convaincre certains managers attachés à leur méthode de commandement. Jean-François Zobrist de Favi et Robert McDermott d'USAA (aujourd'hui quatrième assureur automobile américain, avec

18. Entretien avec Les Lewis, mars 2006.

22 000 salariés pour 13 milliards de dollars de chiffre d'affaires) ont dû les muter à des postes où ils n'ont aucun subordonné (tout en maintenant leur salaire).

Un certain nombre de pratiques ont été éliminées, parce que ne satisfaisant pas au besoin d'égalité intrinsèque, notamment : la pointeuse, l'accès verrouillé aux fournitures, les postes de travail attitrés, les bureaux et places de parking réservés aux dirigeants et aux cadres, les organigrammes hiérarchisés, les titres et les rangs. De même ont été supprimés les directions RH et les procédures de management, les notes de frais détaillées, les budgétisations, les services de contrôle financier et la planification à long terme. En lieu et place ont été instaurées des pratiques où tout le monde est traité sur un pied d'égalité, c'est-à-dire comme étant aussi responsable et fiable que les leaders eux-mêmes[19]. Par

---

19. L'une des raisons invoquées pour la suppression des procédures de GRH dans des entreprises comme Favi ou GSI était que traiter les personnes comme des « ressources » introduit une inégalité intrinsèque fondamentale entre elles et ceux qui « gèrent des ressources humaines ».

exemple, on demande régulièrement aux gens sur quoi ils veulent travailler et, dans certaines entreprises, combien ils veulent être payés. Les salariés sont consultés sur les décisions qui les concernent, ont un usage raisonnable des fournitures et engagent des dépenses pour faire avancer l'entreprise dans ses objectifs. Là où la pratique des budgets s'est maintenue, il n'y a pas de critique après coup de la part des dirigeants et le budget global est établi à partir de ceux des managers qui résolvent eux-mêmes les inévitables incohérences. Ces pratiques de travail et de management n'ont pas toutes été introduites, et leur mise en œuvre est progressive. Par exemple, depuis sa création, Sol – numéro deux des sociétés de nettoyage finlandaises avec 8 000 salariés et 152 millions d'euros de chiffre d'affaires – établissait son budget global à partir de ceux, non contestés, de ses managers. En 2008, l'entreprise a renoncé au concept même de budget, en demandant à ses cadres seulement des projections de chiffre d'affaires et de profits et en leur laissant toute liberté sur les moyens de les réaliser.

Nous avons aussi constaté qu'un environnement où les personnes sont bien traitées renforce leur motivation et leur productivité, mais qu'il ne fait pas d'elles des salariés automotivés – et libres et responsables d'agir – comme ceux de la « forme F ». Prenons le cas de SAS Institute, 10 000 personnes, plus de 2 milliards de dollars de chiffre d'affaires. Son cofondateur et PDG, Jim Goodnight, avait dès le départ la vision d'une entreprise de classe mondiale dans l'édition de logiciels. Pour ce faire, il lui fallait attirer des salariés particulièrement motivés et productifs, et donc créer un environnement qui offrirait à chacun des conditions de travail et des avantages exceptionnels. « Si vous traitez les gens comme faisant une différence pour l'entreprise, alors oui, ils feront cette différence », explique-t-il[20]. Son critère initial, dans le choix des éléments de cet environnement, s'exprime dans son « principe opératoire » : faire les choses « comme il aurait voulu

20. E. Bankert, M. D. Lee et C. Lange, « SAS Institute », *International Journal of Leadership Education*, vol. 1, n° 1, 2005.

qu'elles soient s'il avait été “seulement” un salarié». D'où des avantages tels que la gratuité des repas, la semaine de trente-cinq heures recommandée et des horaires souples, des centres de santé et de mise en forme, des aides éducatives pour les enfants, des services aux personnes âgées, etc.

Jim Goodnight dit ne pas imaginer que quelqu'un puisse «vouloir changer cette culture, car elle a fait ses preuves avec le temps : les avantages et l'assurance d'un travail stimulant sont ce qui compte le plus[21]». Cet environnement a contribué non seulement à accroître la motivation et la productivité, mais aussi à abaisser le taux de départ des salariés – en dessous de 3 % en 2008, quand, dans le Research Triangle de Caroline du Nord, le secteur présentait une moyenne à deux chiffres. Reste que malgré, ces résultats exceptionnels dans cet environnement, les salariés ne sont pas traités fondamentalement en égaux[22].

21. Interview personnelle, mai 2008.

22. Avec plus de trente ans de profits et de croissance, la performance est impressionnante : 0,1 % seulement des entreprises comparables ont su maintenir un tel avantage concurrentiel.

Bien qu'il soit personnellement très égalitaire [...], Jim Goodnight n'a introduit que peu de pratiques managériales propres à satisfaire le besoin d'égalité intrinsèque des salariés (et leur besoin d'auto-direction). Par exemple, le plan de rémunération des commerciaux est intimement lié à leur volume de ventes, ceux qui n'espèrent guère de bons résultats étant ainsi poussés rapidement à la démission. Inversement, ceux qui atteignent un bon niveau, outre des primes substantielles, ont accès au « Club du président » et à de généreux avantages comme des voyages touristiques avec leur conjoint. Très critique quant à cela, Jim Goodnight a fermé le club quand il a repris personnellement la direction commerciale américaine de SAS. Globalement, néanmoins, l'approche managériale d'une motivation des commerciaux par des récompenses extérieures n'est pas remise en question.

En résumé, le premier critère d'un leader libérateur est donc l'égalité intrinsèque (ce qui n'est pas la même chose que de bonnes conditions de travail), laquelle permet aux individus de s'automotiver et d'agir librement. Mais un nouveau problème se pose alors : comment s'assurer que les salariés agissent au mieux pour l'entreprise ?

Partager une vision d'excellence de l'entreprise

Pour prendre au jour le jour les bonnes décisions, les salariés doivent savoir où se situent les intérêts de l'entreprise. Faute de quoi, ils se rabattront sur leur expérience personnelle, leur interprétation des conditions actuelles ou simplement des « économies de bouts de chandelle ». Si les économies de coût intéressent des compagnies comme Southwest Airlines[23], dont la stratégie vise à dominer le marché du low cost, elles concernent moins des entreprises comme Gore & Associates dont la stratégie se fonde sur la qualité des produits et des relations client.

Les leaders libérateurs attachent une grande importance à l'élaboration et au partage de leur vision. Nous avons observé

23. Nous n'avons pas intégré Southwest dans notre panel.

que, même si cela ne leur est pas particulier, cette vision situait leur entreprise dans les tout premiers rangs de leur secteur[24]. Par exemple, Bob Davids, le président-fondateur de Sea Smoke Cellars, une jeune société vinicole californienne qui a débuté sa production en 2003 et a figuré pendant quatre années d'affilée au palmarès des 100 meilleurs vins du monde, donne cette explication : « Au départ de chacun de mes projets… il y a un choix de qualité… Je veux me donner le temps et l'argent [nécessaires]… Se positionner en tête du marché… Dans tous les métiers et tous les marchés… il y

24. Il y a plusieurs raisons d'élaborer une vision d'excellence. L'une, commune aux leaders libérateurs et à beaucoup d'universitaires, est que pour rallier l'ensemble des salariés une vision doit être inspirante. Une autre est que le design organisationnel doit être aligné sur la stratégie. Voir J. K. Chan, S. L. Beckman et P. G. Lawrence, « Work-place Design : A New Managerial Impérative », *California Management Review*, vol. 49, n° 2, hiver 2007 ; A. C. Levin, « Changing the Role of Workplace Design within the Business Organization : A Model for Linking Workplace Design Solutions to Business Strategies », *Journal of Facilities Management*, vol. 3, n° 4, juin 2005.

a une petite place à prendre au sommet[25]. » Concevoir une telle vision, toutefois, n'est pas le plus difficile. Bien plus ardu est de la partager avec les salariés pour qu'ils se l'approprient émotionnellement.

Le leader libérateur fait partager sa vision dès le recrutement. Jeff Westphal accueille les nouveaux arrivants par un « bienvenue à Vertex, vous êtes libres de nous quitter[26] », leur signifiant ainsi que, s'ils se voyaient proposer une vision plus motivante ailleurs, rien ne les liait à l'entreprise. Vertex corrobore ses dires en aidant régulièrement les salariés qui souhaitent poursuivre d'autres buts, comme celui de créer leur propre entreprise.

Faire partager sa vision ne s'arrête pas à l'embauche et à l'intégration : beaucoup des nouvelles recrues ne sont pas habituées à la liberté qui leur est offerte et peuvent demeurer sceptiques. Il faut que les actes suivent et confirment les paroles. Par exemple, Kris Curran, l'œnologue de Sea Smoke Cellars, a testé la vision de son président. Après avoir écouté Bob Davids lors de son entretien d'embauche, elle déclara en riant : « J'ai

25. Interview personnelle, septembre 2007.
26. Interview personnelle, mars 2006.

entendu cela des milliers de fois. Ensuite le patron met 20 000 dollars de plus dans les aménagements paysagers et me refuse le tuyau à 200 dollars dont j'ai besoin[27]. » Alors, quand Bob Davids lui dit qu'elle aurait tout l'équipement qu'elle jugerait nécessaire pour une vinification de qualité exceptionnelle, elle le prit au mot et dressa une liste « extravagante » de choses. Quand elle eut fini, Bob Davids parcourut la liste article après article, discutant pendant six heures « chaque bout de tuyau, chaque pompe, chaque tonneau », puis il lui demanda : « OK, quand commencez-vous les achats ? » Kris Curran, incrédule, répondit : « Vous n'enlevez rien ? », pour s'entendre confirmer : « Non, je vous crois quand vous dites que grâce à ça on aura un meilleur vin. Je vais vous donner tout ce que vous demandez : vous ne pourrez pas me dire ensuite que vous auriez pu mieux faire si vous aviez eu les moyens… » Commentaire de la jeune femme : « J'étais soufflée, j'étais dans le métier depuis huit ans et je n'avais jamais vu personne qui tienne réellement parole. »

27. Interview personnelle, septembre 2007.

Il faut aussi que se développent dans toute l'organisation des «leaders» qui s'emploient à renforcer et à faire circuler la vision. Chez Gore & Associates, Les Lewis, «leader» de la fabrication, a très tôt appris de Bill Gore l'importance du respect des délais. Pourtant réputé pour son calme, celui-ci avait «vraiment monté le ton» en entendant quelqu'un juger «raisonnable un taux de 85% de livraisons dans les temps». Les Lewis découvrit un jour que la performance dérapait : certains nouveaux collaborateurs avaient décidé qu'un taux de 80% était acceptable si atteindre les 100% impliquait un dépassement de budget. Il leur rappela donc que le respect des délais n'était pas une «décision économique», mais relevait d'un des grands principes de l'entreprise. Les Lewis s'est assuré que les associés s'approprient la vision de Bill Gore – il n'est pas normal de livrer le client en retard – et agissent en conséquence[28].

Enfin, pour maximiser l'appropriation émotionnelle de la vision, il faut partager

28. Interview personnelle, mars 2006.

largement toute information s'y rapportant. Ainsi Rich Teerlink, ancien PDG de Harley-Davidson, organisait régulièrement des réunions dans ses usines américaines pour informer sur chaque changement et répondre aux questions. Cette pratique a été reprise par son successeur.

En résumé, faire partager une vision – depuis les entretiens d'embauche jusqu'aux actions au jour le jour – permet aux salariés de se l'approprier émotionnellement, de disposer ainsi des critères sur lesquels décider des actions les plus profitables à l'entreprise. Ce qui les aide à exercer de manière responsable leur liberté d'action. Mais en ont-ils la capacité ?

Favoriser le développement des salariés

Dans son livre de 1960, McGregor oppose une approche « agricole » du développement de l'individu à l'approche « industrielle » : « L'individu se développe vers ce qu'il est capable de devenir, pourvu que l'on crée les conditions nécessaires[29]. » Cette notion de croissance potentielle est

29. McGregor, *op. cit.*

similaire au postulat de Deci et Ryan d'un besoin universel de développement. Le leader libérateur construit un environnement qui permet aux salariés d'accroître leurs capacités.

Quand Robert McDermott en prit les rênes en 1967, USAA n'était encore qu'un petit assureur automobile sous-performant. L'homme était convaincu que tous les services dépendaient des salariés de terrain[30]. Sa vision d'USAA était celle d'une entreprise d'excellence dont les salariés seraient les meilleurs du secteur. Il commença par revoir les pratiques pour que les gens se sentent traités intrinsèquement en égaux. Il déplaça les cadres autoritaires et supprima les contrôles, aligna les salaires des femmes, majoritaires, sur ceux des hommes, introduisit la semaine de quarante heures sur quatre jours pour libérer le temps des mères de famille, etc. En répondant à leur besoin d'égalité, ces nouvelles pratiques rendaient les salariés plus réceptifs à la vision du PDG. Néanmoins,

30. Robert McDermott est décédé quatre mois après son interview en mars 2006.

la majorité d'entre eux n'avait ni les savoir-faire ni les connaissances nécessaires pour « servir au mieux les intérêts du client », face à la multiplicité des problèmes financiers et d'assurance qui se posent en temps réel au téléphone. Robert McDermott mit sur pied des actions de formation et encouragea chacun à se tourner vers ce qui l'intéressait le plus. Des accords ont été passés avec les universités locales pour que chaque salarié puisse suivre des cours (au frais de l'entreprise) sur des sujets très divers, pourvu qu'ils aient un lien quelconque avec le travail. Un soir ordinaire, 75 « classes » sont remplies au siège et, avec les programmes externes, près de 30 % du personnel USAA est en formation ou reçoivent un enseignement. Les conseillers clientèle reçoivent jusqu'à seize semaines de formation et de simulations, y compris une semaine d'écoute émotionnelle, avant qu'ils commencent à répondre au téléphone.

Traités en égaux, les salariés d'USAA étaient déjà prêts à « servir les autres comme on aimerait soi-même être servi », suivant la règle d'or de l'entreprise. L'environnement de développement personnel mis en place par Robert McDermott donnait aux salariés la capacité d'agir pour le mieux. Il existe bien d'autres exemples d'environnement offrant aux salariés des opportunités de développement pour accéder à de nouveaux emplois et acquérir toutes connaissances nécessaires[31]. Néanmoins, ceux-ci peuvent vouloir servir au mieux leur entreprise, en avoir la capacité et pourtant n'être pas en mesure de le faire faute qu'on leur ait donné suffisamment autorité à agir.

Créer un environnement d'auto-direction

Si l'environnement les empêche de se diriger par eux-mêmes – quelle que soit la satisfaction des autres besoins –, les salariés ne seront pas automotivés et n'agiront pas au mieux des intérêts de l'entreprise. Par exemple, chez USAA (essentiellement un gigantesque centre d'appels), l'environnement conçu pour répondre au besoin d'auto-direction inclut pour les conseillers la

31. Pour changer d'emploi il suffit au salarié d'informer son manager de son intention et de s'entendre sur un calendrier. Une approche très différente de la «mobilité» gérée de manière centralisée par la plupart des départements RH.

possibilité de passer autant de temps qu'ils le jugent nécessaire pour résoudre le problème d'un client – professionnel ou personnel. À la différence de la plupart des centres d'appels, qui comptent le nombre de communications à l'heure, USAA mesure la performance au nombre de problèmes résolus dès le premier appel du client. Les conseillers peuvent accorder un remboursement même si le client n'apporte pas de preuve formelle, ou annuler un contrat qu'un client a signé mais qui s'avère trop coûteux pour lui. Ils discutent avec leur manager de leurs décisions risquées ou limites pour déterminer s'ils ont finalement agi au mieux pour l'entreprise et être en mesure de « rectifier le tir » quand la situation se représentera. L'environnement vise à satisfaire le besoin d'auto-direction des salariés ; les salariés déterminent quelles actions bénéficieront le plus aux clients, et par la suite à l'entreprise. USAA venait en tête des classements *Business Week* 2007 et 2008 du service clients aux États-Unis et en deuxième place en 2009. En outre, l'entreprise a décroché le plus fort Net Promoter Score, un indicateur de la satisfaction client en étroite corrélation avec la croissance future du chiffre d'affaires.

Les environnements conçus pour satisfaire le besoin d'auto-direction diffèrent selon les entreprises. Bill Gore encourageait ses salariés en leur demandant : « Avez-vous commis une erreur ces derniers temps ? » Quand la réponse était non, il disait : « Alors vous n'avez pas pris assez de risques[32]. » De même quand Bob Davids annonçait : « Je pars pour huit mois... Si vous pensez qu'il est important de me contacter, que je suis concerné par votre problème, alors tout ce que je vous demande, c'est de vous allonger par terre. Quand ce sentiment aura disparu, vous vous lèverez, vous résoudrez le problème et vous m'enverrez un message avec la solution[33]. » Jean-François Zobrist ne veut pas être impliqué dans la moindre décision opérationnelle, de sorte que les salariés décident et agissent par eux-mêmes.

---

32. Interview de Les Lewis, mars 2006.
33. Interview personnelle, septembre 2007. Bob Davids crédite de cette approche Robert Townsend, qui est pour lui un mentor et un ami.

La non-satisfaction du besoin d'auto-direction des salariés peut conduire une « forme F » à l'échec, comme on l'a vu dans le cas d'Oticon, un leader danois des appareils auditifs[34].

En 1988, Oticon était en train de perdre son leadership européen, son avance technologique, et de l'argent. Lars Kolind, son nouveau PDG, décida donc d'en transformer « la culture d'ingénierie hiérarchique, rigide et cloisonnée » et convoqua une réunion à laquelle presque tout le monde vint. Le projet recueillit 80 % des voix, mais pas celles des cadres supérieurs. Pour les impliquer néanmoins, Lars Kolind élabora avec eux les nouvelles valeurs et normes managériales de l'entreprise. Les trois principales attentes des salariés correspondaient aux trois grands besoins d'égalité intrinsèque, de développement et d'auto-direction. Pour la première attente – être considérés comme des individus indépendants désireux de prendre des responsabilités –, les

34. Voir notamment L. Kolind, *The Second Cycle : Winning the War against Bureaucracy*, Wharton School Publishing, 2006.

salariés purent, par exemple, organiser leur propre emploi du temps, travailler là où ils le souhaitaient, et diriger un projet de nouveau produit s'ils en étaient les initiateurs. Pour la deuxième attente – se développer professionnellement et acquérir de l'expérience au sein de l'entreprise –, ils purent, par exemple, se faire accompagner par un mentor ou un expert « gourou ». Mais, sur le troisième point – avoir le plus de liberté possible tout en acceptant la nécessité d'un cadre de travail clair et structuré –, les efforts de l'entreprise tournèrent court. Certes la nouvelle organisation « spaghetti », centrée sur les projets des salariés, répondait bien au besoin d'auto-direction et, avec jusqu'à 70 projets en cours, les résultats suivaient : les délais de mise sur le marché avaient diminué de moitié et 50 % du chiffre d'affaires provenaient de récentes innovations – notamment le premier appareil d'aide auditive intra-auriculaire totalement numérique. Mais, pour surveiller et contrôler cette profusion d'initiatives et d'innovations, Lars Kolind instaura le « Products and Projects Committee » (PPC), un comité qui commença à suspendre des projets ou à les ralentir arbitrairement, sans égard aux valeurs de l'entreprise. Le PDG, pendant ce temps, était pris par des projets extérieurs d'introduction d'Oticon en Bourse, d'acquisitions et d'expansion à l'international. En 1995, les salariés appelèrent à une manifestation spontanée pour dénoncer bruyamment cette constante violation des valeurs d'Oticon. L'entreprise fut alors scindée en trois : « L'organisation spaghetti, commentera plus tard Kolind, s'est changée en lasagnes. » Le PPC fut remplacé par le Compétence Center qui, loin de mettre fin aux plaintes, les fit redoubler quand il commença à lancer de nouveaux programmes, à nommer les chefs de projet et à intervenir sur les rémunérations.

Que s'est-il passé ? Sorties par la porte, les pratiques hiérarchiques dont Lars Kolind voulait débarrasser les salariés sont rentrées par la fenêtre du PPC[35]. Naturellement, face à cette rigidité, les chefs de projet ont bientôt passé davantage de temps en

35. Lars Kolind estime qu'en dépit de ce revers son projet de débureaucratisation reste globalement un succès.

lobbying qu'à progresser dans leur tâche, le succès ne s'appréciant plus aux résultats économiques mais aux ressources extorquées au comité. Comme le résumait un salarié, « on finit par se retrouver dans une sorte d'anarchie où l'on vole les ressources que d'autres contrôlent[36] ». Plus que d'un mécanisme de marché, ces comportements sont typiques d'une organisation hiérarchique où chacun rivalise pour gagner les faveurs de son chef[37].

En résumé, satisfaire le besoin d'autoorientation des salariés est un critère

36. R. Eskerod, « Organizing by Projects : Experiences From Oticon's Product Development Function », *in* M. Morsinget K. Eiberg (dir.), *Managing the Unmanageable for a Decade*, Oticon, 1998.

37. Foss voit dans Oticon un exemple de l'impossibilité des structures « hybrides » mêlant mécanismes de marché et mécanisme hiérarchique. Il est juste que Lars Kolind suggère qu'attirant davantage de participants les projets les plus attractifs l'emportent sur les autres. Ce serait une sorte de « sagesse collective », et pas l'équipe dirigeante, qui orienterait la stratégie produits. En réalité, le PPC n'a jamais laissé jouer les « forces du marché ». N. J. Foss, « Selective Intervention and Internal Hybrids : Interpreting and Learning from the Rise and Decline of the Oticon Spaghetti Organization », *Organization Science*, vol. 14, mai 2003.

clé de réussite dans la conception d'une « forme F ». À l'inverse, ne pas l'appliquer partout est une cause d'échec, comme dans le cas d'Oticon. L'une des raisons en est l'inadéquation des efforts de Lars Kolind pour préserver la culture qu'il voulait construire.

Devenir les gardiens de la culture

Entre le moment où un leader libérateur commence à construire un environnement « forme F » et celui où la plupart des salariés sont automotivés et agissent au mieux des intérêts de l'entreprise, il peut se passer beaucoup de temps, au moins un an pour une start-up, de trois à dix pour une entreprise existante. Mais le rôle du leader se prolonge par la suite. Par exemple, dès le départ Bob Davids ne voulait pas avoir à prendre de décisions. Une fois créé un environnement qui donnait aux salariés toute liberté de décider par eux-mêmes, il endossa un nouveau rôle : « Mon travail maintenant est d'être le gardien de la culture. Je vais voir tout le monde tous les jours : "Bonjour, comment allez-vous ? Tout va bien ? Avez-vous besoin de quelque chose[38] ?"» Il exprime par une image très crue comment ce rôle n'admet aucune faille : «La moindre goutte d'urine dans la soupe, c'est beaucoup trop – et vous ne pouvez pas l'enlever.»

David Kelley, le président-fondateur et leader libérateur de l'agence de design industriel Ideo, lui fait écho : «Je considère que mon job est de maintenir la culture. C'est le plus important... Tout le reste est distraction[39].»

Il est important que le leader libérateur soit toujours en alerte. À cela plusieurs raisons. D'abord, même dans les start-up, les salariés ont tendance à regarder l'organisation d'une entreprise à travers le prisme familier des mécanismes de contrôle. [...] On ne se défait pas en deux ans d'une perspective acquise dès le jardin d'enfants, à savoir que les problèmes se résolvent par des règles édictées au sommet. C'est pourquoi Ricardo Semler, PDG de la compagnie brésilienne Semco, a créé une fondation qui gère plusieurs écoles : les enfants y sont élevés dès le plus jeune âge dans un environnement de responsabilité et de liberté plutôt que

38. Interviews personnelles, mai 2008.
39. Interview personnelle, septembre 2008.

d'obéissance et de complaisance[40]. Le leader libérateur doit rester vigilant avec les personnes formées dans le système traditionnel, pour éviter le retour subreptice des normes et règles. C'est cette vigilance qui a manqué, par exemple, à Lars Kolind dans Oticon.

Autre raison : quand reglements et règles ne sont pas réintroduites pour résoudre des problèmes économiques, elles peuvent l'être pour lutter contre des abus – ce que Gordon Forward, le précédent PDG de Chaparral Steel, une mini-aciérie texane, appelle « gérer pour les 3 %[41] ». Le PDG d'une petite entreprise nous expliquait que, pour avoir surpris une secrétaire puisant dans les réserves des fournitures pour l'année scolaire de ses enfants, il avait instauré une règle : aucun article de bureau ne serait commandé durant l'été. De cette façon, il ne resterait plus rien à détourner le 1er septembre. L'ennui, c'est que ces règles punissent aussi ceux qui n'ont rien fait de mal, même longtemps après le départ du ou

40. Voir L. M. Fisher, « Ricardo Semler Won't Take Control », *Strategy + Business*, n° 41, hiver 2005.

41. Interview personnelle, septembre 2007.

de la coupable. En outre, elles risquent de détruire un environnement dans lequel les salariés étaient traités comme intrinsèquement égaux – c'est-à-dire avec confiance et considération – et de mettre de ce fait la « forme F » en danger. Les leaders libérateurs se refusent à « gérer pour les 3 % » et préfèrent se débarrasser des éléments malfaisants. En vingt-cinq années à la tête de Favi, Jean-François Zobrist n'a licencié aucun des salariés dont le poste avait été jugé inutile – bureaucratique – mais il en a promptement « viré » trois pour malfaisance. Cette sévérité ne s'applique pas seulement aux abus sur des biens matériels, mais aussi et tout autant aux abus contre les personnes. Comme aime à le répéter Bob Davids, « il faut trancher dans le vif » quand un supérieur devient par trop dictatorial et « que les subordonnés attendent de voir combien de temps cela durera[42] ».

Dernière raison pour demeurer attentif : la tendance des salariés à laisser les problèmes immédiats prendre le pas sur la vision. On se souvient comment Les

---

42. Interview personnelle, mai 2008.

Lewis, un « leader de la fabrication », a été perturbé quand il a découvert le dérapage dans les délais de livraison, et comment il a corrigé ce problème de vision[43].

En bref, la tendance des salariés et des managers à réintroduire des pratiques hiérarchiques impose au leader libérateur un effort constant de maintien de la culture. Tous les dirigeants, cependant, n'y parviennent pas.

Le profil du leader libérateur

Le leader libérateur possède trois qualités : il cultive des valeurs de liberté et de responsabilité, il est créatif, il est sage. Les deux premières sont largement discutées dans la littérature sur le leadership et partagées par beaucoup de dirigeants. La troisième, la sagesse, l'est nettement moins[44].

On a beaucoup écrit sur le rôle des valeurs dans le leadership. Bill Gore, par exemple, notait :

---

43. Lars Kolind avait lui aussi compris l'importance d'entretenir une vision. Le problème d'Oticon est d'avoir laissé un comité de contrôle brouiller le message, et que le PDG ne s'en soit pas aperçu.

44. Voir, pour de rares exemples, J. Pfeffer et R. I. Sutton, *The Knowing-Doing Gap : How Smart*

« La liberté est la plus grande force de motivation de l'être humain. La maximisation de la liberté dans le cadre des contraintes sociétales d'une entreprise impliquant un groupe d'individus est le problème majeur du leadership dans nos économies industrialisées. La liberté est génératrice d'inventivité et de productivité[45]. »

Rich Teerlink, de Harley-Davidson, a quitté quatre postes de direction dans d'autres entreprises parce qu'elles dédaignaient ses valeurs de liberté. Beaucoup d'autres leaders de notre étude ont été gênés tant par la sous-performance chronique qu'ils percevaient chez leurs employeurs que, et surtout, par les valeurs que ces derniers cultivaient.

Il existe aussi une littérature considérable sur l'importance de la créativité. Celle-ci est

---

Companies Turn Knowledge into Action, Harvard Business Press, 2000 ; K. E. Weick et T. Putnam, « Organizing for Mindfulness : Eastern Wisdom and Western Knowledge », *Journal of Management Inquiry*, vol. 15, n° 3, 2006.

45. « The Future Workplace », *Management Review*, juillet 1986.

un phénomène à composantes multiples où personnalité, processus et environnement interagissent pour produire quelque chose de nouveau et d'utile[46]. Nous avons identifié un trait créatif particulier des leaders libérateurs : l'aptitude à redéfinir les problèmes. Les chercheurs ont isolé cette capacité parce que très souvent l'idée créative ne naît pas de la quête d'une solution mais de la redéfinition du problème lui-même. Par exemple, Robert Townsend, l'un des dirigeants d'American Express à la fin des années 1950, a redéfini la carte de crédit comme se situant au « croisement du passeport et du chèque de voyage », deux notions familières à ses patrons, et ainsi ouvert la voie au développement d'une activité énorme. Les leaders libérateurs de notre étude ont redéfini plusieurs problèmes auparavant insolubles. Au lieu de se demander comment motiver les gens, ils se sont efforcés de construire un environnement où ceux-ci se motiveraient eux-mêmes. Au lieu de chercher des moyens

46. T. M. Amabile, « A Model of Creativity and Innovation in Organizations », *Research in Organizational Behavior*, n° 10, 1988.

d'assouplir les relations entre supérieurs et subordonnés pour en « diminuer » le stress, ils se sont intéressés à transformer la relation hiérarchique en une relation égalitaire pour « éliminer » cette tension.

La troisième qualité du leader libérateur, la sagesse, recouvre un aspect paradoxal de son comportement, qui consiste à considérer une chose et son contraire. Ce qu'illustre bien Liisa Joronen, la présidente-actionnaire de Sol[47].

Liisa Joronen possède une grosse entreprise, mais elle n'a pas de voiture de fonction et se déplace en tramway. Elle a pris ses distances de la direction générale au profit de ses enfants et prétend ne pas aimer mettre trop souvent les pieds dans l'entreprise ; mais, quand elle le fait, elle savoure chaque minute qu'elle y passe. Elle vante les bienfaits de la soupe gratuite du jeudi pour les salariés et les visiteurs, mais la juge trop coûteuse pour être servie tous les jours. D'emblée, Liisa Joronen nous dit « vivre dans le chaos » mais, dans le même temps, elle insiste : « Je ne vais pas là et

47. Interview personnelle, septembre 2008.

là et là, dit-elle en agitant la main dans trois directions différentes, je vais quelque part.» Elle explique aussi que, lorsqu'elle décide quelque chose, elle abattrait des murailles pour l'obtenir, mais qu'elle ne prend «jamais de risques trop gros». Elle assure être «à l'opposé de presque tout dans la société», mais aussi «devoir se tenir en société... parce que ce sont mes clients».

D'autres résument leurs paradoxes par une formule, tel Jean-François Zobrist : «Agir sans agir est un laisser-faire qui n'est pas ne rien faire du tout, mais agir en sorte que les choses puissent se faire toutes seules[48].»

Savoir embrasser le paradoxe est la clé de la sagesse. La sagesse est très différente de l'intelligence, cette aptitude à acquérir et à traiter l'information. On peut être intelligent sans être sage[49]. Baltes et Kunzmann définissent la sagesse comme

48. M. Morel, *La Belle Histoire de Favi : L'entreprise qui croit que l'homme est bon. Tome I : Nos belles histoires, Humanisme & Organisations*, 2007.

49. R. J. Sternberg, «What is Wisdom and How Can We Develop It?», *The Annals*, AAPSS, vol. 591, janvier 2004.

« l'excellence du jugement, du conseil et du commentaire dans les situations difficiles de la vie… en combinant bien personnel et bien collectif[50] ». Ainsi la sagesse est d'un grand secours dans les cas d'incertitude, de conflit, d'objectifs divergents. Les modes de pensée holistique et dialectique en donnent une explication[51].

Pour mieux comprendre la pensée holistique, ou son absence, considérons l'« erreur fondamentale d'attribution », cette tendance à attribuer à un individu une place excessive dans l'explication d'une situation donnée sans tenir compte des circonstances et de l'environnement. Les psychologues ont d'abord pensé que l'erreur fondamentale d'attribution était effectivement « fondamentale » – un trait

---

50. R. B. Baltes et U. Kunzmann, « The Two Faces of Wisdom : Wisdom as a GeneralTheory of Knowledge and Judgment about Excellence in Mind and Virtue vs. Wisdom as Everyday Realization in People and Products », *Human Development*, n° 47, 2004.

51. R. E. Nisbett, K. Peng, I. Choi et A. Norenzayan, « Culture and Systems of Thought : Holistic versus Analytic Cognition », *Psychological Review*, n° 108, 2001.

universel de l'esprit humain – mais, au début des années 1980, la recherche a montré qu'elle était liée à la culture[52]. La pensée occidentale tend à isoler les acteurs et les objets de leur environnement, à l'inverse de la pensée des Asiatiques de l'Est, plus holistique, qui s'attache au contexte et à sa relation avec l'objet. Ainsi les Asiatiques de l'Est sont moins portés à l'erreur fondamentale d'attribution que les Occidentaux.

Pour mieux comprendre la pensée dialectique, ou son absence, considérons comment l'éducation occidentale développe la conviction qu'une chose et son contraire ne peuvent être vrais simultanément. À l'inverse, les Asiatiques de l'Est ne sont pas enfermés dans cette logique aristotélicienne. Lao-tseu, le fondateur du taoïsme, écrivait : « La force la plus grande paraît faible / Le blanc le plus pur paraît terne / Ce qui est abondant paraît vide / Ce qui est

52. M. W. Morris et K. Peng, « Culture and Cause : American and Chinese Attributions for Social and Physical Events », *Journal of Personality and Social Psychology*, vol. 67, n° 6, 1994 ; Nisbett *et al.*, *op. cit.*

stable paraît agité /Ce qui est certain paraît faux[53]. » [...]

Ces trente dernières années, les psychologues du développement ont montré que les individus les plus doués dans la résolution de problème ont un abord holistique et dialectique des difficultés auxquelles ils sont confrontés[54]. C'est-à-dire qu'ils considèrent tous les liens possibles entre le problème, les circonstances et l'environnement, et qu'ils ne craignent pas de maintenir les deux termes d'une contradiction si cela leur permet de progresser. Comprendre ces deux dimensions de la sagesse nous aide à comprendre comment les leaders libérateurs embrassent les paradoxes et l'utilité qu'ils en tirent.

La sagesse du leader libérateur explique également un autre paradoxe : la coexistence

---

53. Lao-tseu, *Tao-tö-king, The Definitive Edition*, Tarcher/Putnam, 2001.

54. P. K. Arlin, « Cognitive Development in Adulthood : A Fifth Stage? », *Developmental Psychology*, vol. 11, n° 5, 1975 ; P. K. Arlin, « The Wise Teacher : A Developmental Model of Teaching », *Theory into Practice*, vol. 38, n° 1, 1999 ; M. L. Commons et F. A. Richards, « Four Postformal Stages », *in* J. Demicket et C. Andreoletti (dir.), *Handbook of Adult Development*, Kluwer Academic/Plenum, 2003.

de la dureté et de la souplesse dans l'action. Par exemple, Jean-François Zobrist a radicalement renforcé les pratiques managériales de son entreprise sans recourir à la menace, progressivement. Néanmoins, il n'a pas hésité à prendre des mesures sévères à l'encontre de certains « petits chefs » et cela publiquement. L'incapacité à embrasser ce paradoxe est la raison pour laquelle aussi peu de dirigeants réussissent dans l'adoption d'un leadership libérateur. Comme l'écrit Burns, « les nouvelles cultures et nouveaux systèmes de valeurs prennent la place des anciens[55] ». La résistance à la « transformation » est donc normale, en particulier venant de cadres dont certains intérêts légitimes risquent d'être remis en cause. L'intelligence pure voudrait peut-être que l'on passe en force ou qu'on licencie les opposants. Mais cela conduirait à une résistance encore plus grande, ce que Rich Teerlink de Harley-Davidson résume par : « Les gens ne résistent pas au changement ;

55. Burns, *op. cit.* Burns, qui a forgé l'expression « leadership transformateur », estime la notion proche et pourtant différente de celle de « leadership transformationnel » proposée plus tard par Bernard Bass.

ils résistent au fait d'être changés[56]. » Ignorer cela ne fait que retarder le moment du retour de bâton. Lars Kolind d'Oticon, devant la résistance de ses cadres dirigeants, les a convoqués un par un dans son bureau et leur a posé un ultimatum : « Soit vous entrez dans le jeu, soit vous partez. » Tous ont accepté (théoriquement) de jouer la partie du patron, pour mieux saboter ses efforts par la suite. Jean-François Zobrist, à l'inverse, n'a jamais licencié ni ignoré ses cadres rebelles. Il leur a offert le temps et le soutien (par exemple, des formations) nécessaires pour changer de leur plein gré. Ceux qui ont refusé ont été mutés à des postes où ils n'ont pas de subordonnés, sans perte de salaire. En résumé, les leaders libérateurs se caractérisent par leurs valeurs de liberté et de responsabilité, leur créativité et leur sagesse. Plus spécifiquement, cette sagesse leur permet de résoudre beaucoup de contradictions rencontrées dans leur processus de libération. Elle leur permet en outre de combiner bien collectif de l'entreprise et bien personnel des salariés.

---

56. Interview personnelle, août 2005.

Épanouissement et excellence

Le concept de bonheur occupe une place importante dans l'histoire de la pensée humaine. Aristote y voyait le but ultime des actions humaines. [...] Pour Phelps, par exemple, si la majorité de la société vit la « bonne vie » ou éprouve le bonheur d'Aristote, alors la société et son économie peuvent être considérées comme bonnes ou justes[57]. Au niveau individuel, le bonheur est étudié dans le champ de la psychologie positive[58]. Deci et Ryan, en liant bonheur individuel et environnement de travail, apportent un cadre de réflexion pour mieux comprendre comment un grand nombre de personnes actives peuvent trouver le bonheur dans un environnement « forme F ».

---

57. J. Rawls, *A Theory of Justice*, Harvard University Press, 1971 ; E. S. Phelps, « The Good Life and the Good Economy : The Humanist Perspective of Aristotle, the Pragmatists and Vitalists ; and the Economic Justice of John Rawls », conférence dans le cycle Aristotle and the Moderns, Low Library, Columbia University, New York, 3 octobre 2007.

58. M. E. P. Seligman, *Authentic Happiness : Using the New Positive Psychology to Realize Your Potential for Lasting Fulfillment*, Free Press, 2002.

Le principal obstacle au bonheur réside dans la contradiction apparente entre intérêts individuels et intérêts collectifs. D'un côté, la poursuite des intérêts personnels est considérée depuis John Adams comme nécessaire au bon fonctionnement de l'économie. Mais elle mène, du moins à court terme, à des inégalités matérielles et à une perte de bien-être pour autrui. De l'autre, la priorité donnée aux intérêts communs, si elle paraît ouvrir une voie vers l'égalité et le bonheur, s'est révélée n'être pas un bon moteur de la performance économique. L'essentiel de la réflexion occidentale philosophique, économique et politique, y compris les récents débats sur la régulation des marchés, reprend ce paradoxe et cherche des solutions de compromis. La sagesse suggère une approche différente : trouver une solution où coexistent intérêts particuliers de chacun et prise en considération de ceux des autres[59]. La « forme F » est un exemple

59. Comme le souligne O'Reilly, les cultures d'entraide surpassent en performance et en pérennité les cultures individualistes. *In* « Organizational Ambidexterity : IBM and Emerging Business Opportunities », *California Management Review*, vol. 51, n° 4, été 2009.

de solution en interne, mais également en externe en tant qu'acteur économique.

Dans l'entreprise d'abord, la « forme F » se fonde sur la reconnaissance des besoins personnels de tous les salariés. Comme l'ont démontré Deci et Ryan, le plus sûr moyen d'empêcher quelqu'un de s'auto-motiver est de nier ses besoins personnels. En même temps, chaque salarié, participant de l'environnement de l'entreprise, doit agir pour la satisfaction des besoins universels des autres. Par exemple, il doit traiter ses collègues en égaux et les aider quand ils le demandent. Dans un environnement « forme F », on ne cherche pas le compromis ni les contreparties, la solution du paradoxe émerge d'un ensemble de « règles tacites ». Chez Gore & Associates, on attend de chaque « associé » qu'il aide le collègue qui en a besoin, d'où la règle non écrite du « seau de crédibilité ». Le « seau » se remplit chaque fois qu'un engagement est tenu, une aide apportée, il se vide dans les cas contraires. De son niveau dépend la possibilité de travailler avec les autres dans l'entreprise. Chez USAA, la règle d'or est que tout salarié traite ses collègues comme il aimerait être traité. Ces règles tacites peuvent prendre différentes appellations : le respect, la dignité, la considération, la confiance, l'honnêteté, l'équité, la courtoisie… Ces cultures sont donc des microsociétés d'individus autonomes se respectant mutuellement et poursuivant à la fois leurs intérêts propres et ceux de l'entreprise[60].

Dans l'économie ensuite, la « forme F » poursuit ses intérêts propres mais aussi, paradoxalement, ceux d'autres entreprises. Les siens, parce que sa vision la pousse à rechercher implacablement son avantage

---

60. On peut aussi les voir comme un moyen déguisé de contrôler les salariés : les politiques et schémas de motivation y sont remplacés par des règles non écrites que chacun doit respecter sous peine d'« excommunication en douceur ». Voir C. A. O'Reilly et J. A. Chatman, « Culture as Social Control : Corporations, Cults, and Commitment », *Research in Organizational Behavior*, vol. 18, 1996. Il existe toutefois plusieurs différences fondamentales. D'abord, dans la culture du contrôle, les règles sont formelles et pléthoriques, au contraire de la culture « forme F » où elles sont rares et tacites. Ensuite, dans la première elles sont conçues et imposées du haut vers le bas ; dans la seconde, elles naissent de l'interaction des gens entre eux et sont (auto-) imposées par tous les membres.

au détriment de celui de ses concurrents. Toutefois, elle est davantage respectueuse de ses fournisseurs, clients et partenaires, parce que ce qui est bon pour eux l'est généralement aussi pour elle. Ainsi, à l'instar du *keiretsu* japonais, elle développe des relations de confiance avec ses fournisseurs et les aide à s'améliorer. Elle sert bien ses clients parce qu'un client bien traité est un client qui revient. Par exemple, Jean-François Zobrist propose aux siens de reporter leurs commandes quand il prévoit que le prix – qui dépend pour beaucoup du cours des matières premières – devrait bientôt chuter ; et, inversement, de les augmenter quand il sait qu'une hausse se dessine. Sol a décidé de facturer moins que le prix contractuel à beaucoup de ses clients en difficulté, tels les hôtels et les compagnies de ferries, pour les aider à traverser la crise et les fidéliser[61]. Chez USAA, les conseillers restent en ligne aussi longtemps que nécessaire pour aider le client et lui donner

61. Entretien avec Liisa Joronen, mai 2009. Sol doit à l'initiative et à la productivité de ses salariés de demeurer profitable malgré la baisse de son chiffre d'affaires pendant la crise.

envie de revenir. Certaines entreprises vont jusqu'à aider leurs concurrents. Ainsi, chez Quad Graphics, Quad/Tech – la division qui produit et vend des équipements d'imprimerie innovants – affiche dans son hall d'entrée une rare collection de témoignages, pour la plupart de concurrents de sa maison mère reconnaissants.

Les leaders libérateurs bâtissent un environnement « forme F » dans lequel intérêt personnel et considération pour autrui se rejoignent dans les actions des salariés tant sur le plan de l'entreprise que sur celui de l'économie, en une sorte de cercle vertueux où le bonheur est à la fois facteur et fruit d'un très haut niveau de performance. Ce que Jean-François Zobrist résume en une phrase : « Il n'y a pas de performance sans bonheur. »

Méthodologie

À partir de notre définition de ce qu'est la « forme F », nous avons d'abord cherché des entreprises réputées pour avoir, à un moment de leur histoire récente, donné à leurs salariés la responsabilité et la liberté de décider. Nous avons exploré des archives de publications, ainsi que les réseaux : professionnels et économiques, puis vérifié dans des bibliographies si ces formes organisationnelles étaient potentiellement des « formes F ». Nous en avons trouvé 18.

Nous avons ensuite approché ces entreprises et rencontré celui de leurs dirigeants, actuel ou ancien, qui avait été déterminant dans la construction de cette forme d'organisation. Nous avons passé dans chacune de ces entreprises un jour ou deux à interviewer le « leader libérateur », les salariés et les cadres (dans un cas, nous avons travaillé par téléphone). Les questions pour ces interviews semi-structurées ont été préparées après lecture de toute la littérature disponible sur l'entreprise concernée. Quand le « leader libérateur » avait pris sa retraite, nous l'avons interrogé séparément (dont un par courriel). Dans les cas de Bill Gore et Harry Quadracci, décédés, nous avons demandé à plusieurs dirigeants ayant travaillé à leurs côtés de nous décrire quels en étaient les attitudes et comportements. Dans deux cas également, la « forme F » potentielle que nous voulions étudier n'existait plus dans l'entreprise depuis plus d'une décennie. Nous avons alors interrogé les leaders qui les avaient créées mais non les salariés et cadres actuels. Pour évaluer les pratiques de travail et de management qui existaient auparavant, nous nous sommes appuyé sur les témoignages oraux et écrits des salariés.

[…] Toutes les interviews ont été enregistrées puis transcrites pour analyse. Nous avons aussi collecté des documents en rapport avec notre sujet. Lorsque des clarifications sont apparues nécessaires, nous avons communiqué par téléphone et courriel avec les personnes interrogées. Les constats spécifiques à cet article ont été tirés en appliquant aux observations et documents collectés le raisonnement inductif de la méthodologie des études de terrain[62].

62. Voir notamment H. K. Klein et M. D. Myers, « A Set of Principles for Conducting and Evaluating. Interpretive Field Studies in Information Systems », *MIS Quarterly*, vol. 23, n° 1, mars 1999.

III

L'entreprise libérée : passé, présent et avenir

L'entreprise libérée rencontre un vif succès et inspire de nombreux patrons de sociétés et d'administrations. Ce phénomène reflète d'abord la tendance générale à la recherche de formes alternatives d'organisation qui permettent aux entreprises de devenir « agiles », « ouvertes », « collaboratives », voire « anti-fragiles ». Il reflète ensuite le constat que la forme traditionnelle, dite hiérarchique, ne peut être améliorée pour répondre à ces attentes[63] et doit être transformée. Mais il y a davantage d'aspects dans le phénomène de l'entreprise libérée. Ce texte propose d'en explorer quelques-uns.

La notion d'entreprise libérée

En 1957, Douglas McGregor explicite la philosophie – dite « Théorie X[64] » – qui sous-tend le modèle traditionnel des entreprises depuis la révolution industrielle. Sa croyance principale est que « les salariés ont une aversion intrinsèque pour le travail et préfèrent être dirigés afin d'échapper aux responsabilités ». Cette philosophie pose donc le problème de la direction des salariés. Sa solution est le modèle organisationnel hiérarchique, car la hiérarchie

63. Voir, par exemple, les analyses de F. Dupuy, *Lost in management : La vie quotidienne des entreprises au XXIe siècle*, Seuil, 2013 ; P.-Y. Gomez, *Le Travail invisible : Enquête sur une disparition*, François Bourin Éditeur, 2013.

64. « The human side of enterprise », Proceedings of the Fifth Anniversary Convocation of the School of Industrial Management, MIT, 9 avril, 1957 ; repris dans Douglas McGregor, *The Human Side of Enterprise*, annotated edition, McGraw-Hill, 2006.

constitue la solution mathématique permettant de diriger le maximum de salariés avec le minimum de managers[65].

Les entreprises libérées se fondent sur une philosophie différente – proche de la « Théorie Y » de McGregor – dont les croyances principales stipulent que les êtres humains aspirent à satisfaire leurs besoins universels d'égalité intrinsèque, de réalisation de soi et d'autodirection ; universels bien qu'articulés différemment selon les cultures[66]. À la différence de la Théorie X, la philosophie de l'entreprise libérée – comme la Théorie Y – ne peut pas impliquer un seul modèle. En effet, si

65. M. Halévy, *Petit traité de management postindustriel*, Dangles, 2010.

66. Psychologue de formation, McGregor a appliqué la théorie des besoins de Maslow au monde de l'entreprise. Toutefois, la théorie en psychologie de la motivation, sur laquelle s'appuie la philosophie de l'entreprise libérée, est celle de Deci, Ryan et associés : E. Deci et R. Ryan, « The "What" et "Why" of Goal Pursuits : Human Needs and the Self-Determination of Behavior, » *Psychological Inquiry*, n° 11, 2000 ; M. Gagné et E. Deci, « Self-Determination Theory and Work Motivation, » *Journal of Organizational Behavior*, n° 26, 2005.

une organisation doit satisfaire les besoins des salariés d'une manière propre à leur contexte culturel et humain (de métier, du secteur, de la région, etc.), eux seuls sauront indiquer les futurs contours d'un mode organisationnel approprié. Ainsi, le rôle du patron consiste en l'articulation de ses croyances personnelles en l'héritage humain et culturel de son entreprise pour co-construire avec les salariés un mode organisationnel unique qui, à son tour, va satisfaire leurs besoins.

Nous attestons de l'importance du rôle du patron dans l'initiation et dans le pilotage de cette transformation organisationnelle radicale, dite libération d'entreprise, car, à travers notre observation de plus d'une centaine de cas, il s'agissait toujours du patron de l'entité – une entreprise, une collectivité, ou une unité opérationnelle d'un groupe – qui l'opérait. En effet, il est le seul à avoir implicitement le mandat de transformer un mode organisationnel. Par conséquent, se demander si « toute entreprise peut devenir une entreprise libérée » n'est pas judicieux. Il est plus juste de se demander :

« Tout patron peut-il devenir un leader libérateur ? »

Concrètement, nous avons défini l'entreprise libérée comme un environnement organisationnel dans lequel la majorité des salariés sont complètement libres et responsables d'entreprendre toutes actions qu'eux-mêmes – pas leurs supérieurs ni même les procédures – décident comme étant les meilleures pour réaliser la vision de leur entreprise[67]. Il s'agit donc d'un mode organisationnel unique et quasi idéal qui pose la question : « Quel est le processus de transformation radicale qui permet de le construire ? » Concernant la définition ci-dessus, deux précisions doivent être données avant de pouvoir discuter du processus de libération.

Primo, le mot « majorité » est utilisé puisque, pour des raisons d'éducation ou

67. I. Getz, « Liberating leadership : How the initiative-freeing radical organizational form has been successfully adopted », *op. cit.*; B. M. Carney, I. Getz, *Freedom, Inc.*, Crown Business, 2009, édition revue et augmentée, Somme Valley House, 2016; *Liberté & Cie*, édition revue et augmentée, Flammarion, « Clés/Champs », 2016.

de vécus personnels, il y a aura toujours des salariés qui ne voudront pas « être responsabilisés » et qui voudront rester des « exécutants ». Toutefois, puisque le processus de libération ne force personne mais – au contraire – respecte chacun, ils vont pouvoir rester des exécutants. En revanche, ils ne pourront pas prétendre à la valorisation dont leurs collègues – qui eux ont adopté la liberté d'initiative – peuvent bénéficier. Secundo, le mot « vision », implique dans cette définition que la liberté d'initiative ne signifie nullement l'anarchie mais la responsabilité d'agir pour promouvoir la vision partagée de l'entreprise.

Le processus de libération de l'entreprise

Il y a deux préalables à la libération. D'abord, il s'agit, pour le patron, de travailler sur lui-même – son ego, son lâcher-prise : s'il pense être le plus intelligent et avoir toujours la meilleure réponse, il ne saura pas manifester de confiance envers l'intelligence des autres et les traiter comme intrinsèquement égaux. La plupart des leaders libérateurs que nous avons étudiés ont travaillé sur eux-mêmes à l'aide de coaches et, certains, à l'aide de psychothérapeutes. Ensuite, le patron doit être mandaté pour la transformation de l'organisation. La question ne se pose pas pour un patron propriétaire à 100% de son entreprise. En revanche, si un chef d'entreprise est actionnaire minoritaire ou salarié, il devra alors convaincre son conseil d'administration. De manière similaire, dans un grand groupe, le patron d'une unité opérationnelle devra convaincre la direction du groupe. L'idéal serait alors d'obtenir un support franc et public, mais dans certains cas le leader libérateur obtiendra l'accord pour expérimenter sans que les «actionnaires» se prononcent publiquement.

La libération, à proprement parler, commence par ce que l'on appelle la phase «off» ou silencieuse, pour reprendre l'expression d'Hyacinthe Dubreuil. En effet, un patron qui décide de libérer son entreprise brûle d'enthousiasme et a – naturellement – envie de le partager avec ses salariés. C'est une erreur. Leur annoncer qu'à partir de demain l'entreprise va construire une organisation fondée sur l'égalité intrinsèque, la réalisation de soi et l'autodirection et, en même temps, exiger de ces mêmes salariés de continuer le lendemain à pointer, à remplir des rapports de contrôle, à demander des autorisations et à remonter les problèmes, n'est pas une libération mais de la schizophrénie. Pour éviter cet écueil, le leader libérateur n'annonce pas la démarche – sauf peut-être à un cercle très proche de dirigeants –, mais il commence à agir pour démontrer que la satisfaction des besoins de l'égalité intrinsèque, de la réalisation de soi et de l'autodirection est possible et nécessaire. On appelle parfois ce projet « enlever les cailloux de la chaussure », car les salariés peuvent difficilement penser au grand sommet « Liberté » que l'entreprise cherche à atteindre alors qu'ils ont plein de cailloux dans leurs chaussures tout au long du chemin.

Le deuxième projet sur lequel l'entreprise peut travailler, au cours de cette phase silencieuse de libération, concerne la construction et le partage d'une vision-rêve. La vision est essentielle, car elle donne le sens, le « pourquoi » les salariés vont au travail et font ce qu'ils font. La vision fournit également aux salariés le critère qui permet de s'autodiriger, c'est-à-dire de décider si l'action qu'ils souhaitent entreprendre est bonne ou non pour l'entreprise. Nous avons observé deux manières de définir la vision. En premier lieu, la vision peut-être définie par le patron. C'est souvent le cas des patrons de start-up et de PME. En deuxième lieu, la vision peut-être élaborée à travers une démarche participative impliquant une partie des salariés ou tous. Toutefois, définir la vision ne constitue que la moitié de ce projet : elle doit être partagée par l'ensemble des salariés. Ce défi est facile si l'ensemble a participé à son élaboration, mais bien plus difficile si la vision a été élaborée par le patron ou par un petit groupe. C'est à ce moment précis que la dimension « rêve » de la vision élaborée prend toute son importance : il est en effet impossible de faire partager les chiffres et autres Ebitda[68] aux collaborateurs en sorte que cela leur tienne à cœur. Personne ne saute du lit le matin pour faire 13 % d'Ebitda !

68. Acronyme pour « Earnings before interest, taxes, depreciation, and amortization », c'est-à-dire les résultats avant intérêts, impôts, etc.

C'est une fois que les cailloux sont enlevés et la vision-rêve élaborée, puis partagée, que la libération entre dans sa phase « on » qui, souvent, démarre par ce que l'on appelle un « saut en parachute ». Il s'agit habituellement d'une journée impliquant l'ensemble des salariés lors de laquelle le patron annonce ses croyances, telles que : chacun est intrinsèquement égal ; chacun a des dons ; l'homme préfère s'autodiriger plutôt que d'être dirigé. Cette phase officielle de libération se poursuit en co-construction déjà évoquée. Les approches concrètes de co-construction varient mais, globalement, il s'agit de faire émerger des valeurs/règles de vie autour desquelles les salariés souhaitent être animés. Les réponses qui peuvent venir des ateliers varient d'une entreprise à l'autre puisque, par exemple, le besoin d'égalité intrinsèque peut être articulé autour de valeurs/règles de vie comme la confiance, le respect, la bienveillance, l'écoute, l'équité, la justice, la transparence, mais aussi la bonne humeur ou la courtoisie, « dire bonjour » par exemple… Il en va de même pour la réalisation de soi et l'auto-direction.

C'est à ce moment-là, comme le dit Burns – l'inventeur de la notion du leadership transformateur dont le leadership libérateur est la forme radicale –, que le leader « mobilise uniquement ceux qui, ne serait-ce que de manière latente, sont prêts à être mobilisés, et seulement si le cadre nouveau répond véritablement à leurs aspirations » et les « actualise »[69]. En d'autres termes, la réussite de cette phase de libération dépend du fait que les aspirations concrètes des salariés sont en train d'être satisfaites dans le nouveau cadre, le nouveau mode organisationnel. Ce que résume bien cette phrase de Fauvet : « Pour tirer pleinement parti des aspirations du corps social, le bien commun doit se faire l'écho des bonheurs privés[70]. » Notre observation des processus de libération réussis montre que c'est toujours le cas. En effet, nous n'avons jamais entendu d'ateliers de salariés qui auraient fait émerger des valeurs/règles de vie telles que la méfiance,

---

69. Dans I. Getz, *La liberté, ça marche*, Flammarion, 2016.
70. J.-C. Fauvet, *L'Élan sociodynamique*, Édition d'Organisation, 2003.

le manque de transparence, les privilèges, la méprise, etc. Bien au contraire. Mais, encore une fois, les valeurs/règles de vie concrètes qui émergent reflètent des aspirations concrètes et donc varient d'une l'entreprise à l'autre en fonction de son héritage humain et culturel.

Ces valeurs/règles de vie, une fois réduites à moins d'une demi-douzaine – pour être partagées et connues de chacun ; par exemple chez Favi : « Bonne foi, Bon sens, Bonne volonté, Bonne humeur » –, la deuxième série d'ateliers peut alors commencer. Son objectif consiste à identifier les pratiques et les symboles dans l'organisation qui ne sont pas en phase avec les valeurs/règles de vie de l'entreprise. Ainsi, une personne peut questionner le reporting comme n'étant pas en phase avec la valeur de « confiance ». S'il y a suffisamment de personnes qui partagent ce point de vue s'engageant dans l'atelier, il leur revient de proposer une nouvelle pratique qui accomplit la raison d'être de l'ancienne mais qui est en phase avec les nouvelles valeurs.

C'est là où la co-construction du mode de fonctionnement unique pour l'entreprise prend tout son sens. Ainsi, dans certaines entreprises, ce sont les places de parking attribuées qui seront remises en cause, dans d'autres, ce sera le grand bureau du directeur; dans l'une, le titre du manager, dans l'autre, le recrutement centralisé par les RH. C'est pour cela également que la libération est longue et évolutive. Par exemple, pour que les salariés remettent en cause et modifient le recrutement fait au niveau central par les RH, il faut qu'il y ait des équipes auto-dirigées qui peuvent l'assumer, ce qui demande des mois, voire des années. C'est aussi pour cette raison que, même si un groupe de salariés indique que les pointeuses ne sont pas en phase avec la valeur de confiance, ils ne parviendront pas à proposer une pratique alternative d'autocontrôle effectué par les équipes, car celles-ci n'existent pas encore. C'est pour ça également qu'il n'existe ni modèle – par exemple « pas de pointeuse » – ni méthode de libération – par exemple « première chose : on enlève les pointeuses » ou, comme l'a proclamé Gary Hamel, « première chose : virons tous les managers[71] ». C'est encore pour cela que la libération n'est jamais achevée mais représente un chemin. On peut dire en revanche, que l'entreprise a bâti un mode organisationnel de type « entreprise libérée » quand 70 à 80 % des salariés de chaque équipe respectent les valeurs/règles de vie et agissent avec liberté et responsabilité dans le but de réaliser la vision-rêve de l'entreprise.

Les antécédents de l'entreprise libérée et de leadership libérateur

Notre recherche sur l'entreprise libérée et le leadership libérateur a été conduite dans le cadre strict de la méthodologie ethnographique, dite de l'étude de terrain[72].

---

71. G. Hamel, « First, Let's Fire All the Managers », *Harvard Business Review*, décembre 2011. La proposition de Hamel est discutable mais surtout inadaptée pour libérer l'entreprise, car, dans l'entreprise traditionnelle, il n'y a pas d'équipes autodirigées ni de leaders qui peuvent assurer le travail de coordination assurés auparavant par les managers. Ce sont justement les managers qui deviennent ces leaders « serviteurs » au cœur de la libération.

72. In I. Getz, « Liberating leadership : How the initiative-freeing radical organizational form has been successfully adopted », *op. cit.*

Dans cette méthodologie, le chercheur observe une famille de phénomènes empiriques qu'il essaiera de comprendre tout en s'interdisant – bien que ce ne soit jamais parfait, on le sait – d'utiliser un modèle théorique tout prêt orientant ses observations.

Durant notre étude de terrain, nous avons aussi recueilli des sources théoriques qui ont effectivement influencé les leaders libérateurs. C'est ainsi que ces derniers ont mentionné dans le champ « organisation et leadership[73] » Lao-tseu, A. Maslow, D. McGregor, J.-C. Fauvet, S. Covey, P. Senge, Sh. Shiba, M. DePree, R. Greenleaf et – à travers Tom Peters – James MacGregor Burns[74]. Cela étant dit, de nombreux autres penseurs et praticiens, au cours de

73. Certains leaders libérateurs ont cité des influences venant d'autres champs comme le zoologiste Konrad Lorenz ou l'anthropologue Robert Ardrey.

74. Nous devons ajouter à cette liste Hyacinthe Dubreuil, qui nous a été cité par un leader libérateur en 2013, un penseur français du milieu du XXe siècle hors pair dont les travaux sont très proches du principe de l'entreprise libérée. Les travaux de tous ces

l'histoire, ont eu des idées résonnant avec l'entreprise libérée et le leadership libérateur. Nous nous limiterons ici à évoquer plusieurs sources ou auteurs qui auraient pu influencer directement les leaders libérateurs que nous avons étudiés – bien qu'ils ne l'aient pas fait.

En ce qui concerne les principes d'organisation proches de l'entreprise libérée, déjà Aristote, dans son texte « La Politique », a proposé la notion de subsidiarité comme principe d'organisation qui sollicite à la fois la hiérarchie (famille, villages…), mais aussi l'autosuffisance de chaque niveau. Au XIIIe siècle, le théologien italien saint Thomas d'Aquin reprend cette notion de subsidiarité mais l'étend au service de la personne – de chaque personne – plutôt que de clans ou de lignées.

Au début du XIXe siècle, un autre principe de l'entreprise libérée, le respect du

---

auteurs, ainsi que de plusieurs leaders libérateurs sont réunis dans I. Getz, *La liberté, ça marche, op. cit*. Pour la carte des influences des penseurs sur les leaders libérateurs, voir Figure 2 dans I. Getz, « Des salariés libres d'agir : théorie ou destin ? », *Gérer et Comprendre,* n° 27-38, juin 2012.

salarié, était au cœur de l'organisation du travail dans la filature de Robert Owen, à New Lanark en Écosse[75]. Ainsi, Owen fut le premier au Royaume-Uni à interdire les punitions corporelles des ouvriers et à former les contremaîtres à utiliser la persuasion, l'éducation et la pression des pairs plutôt que la force. Owen, à contrecœur, allait jusqu'à démettre de leurs fonctions les contremaîtres qui continuaient à utiliser des méthodes brutales et autoritaires. Il a aussi interdit de licencier les salariés qui, publiquement, s'opposaient à son mode organisationnel. *In fine*, Owen a cherché à éliminer la peur liée à la sanction de l'entreprise. Il a aussi avancé le principe de réalisation de soi en construisant la première école du soir pour les ouvriers (et l'école du jour pour les enfants qu'il a bannis de son entreprise). Malgré le fait que plus de vingt mille personnes, dont beaucoup de patrons, aient visité sa filature, aucune entreprise ne s'en est inspirée.

75. Pour plus de détails, voir J. O'Toole, *Leading change*, Balantine Books, 1995.

Un siècle plus tard, Tomas Bata est allé bien plus loin qu'Owen en utilisant dans son entreprise toute une série de principes qu'on retrouve dans l'entreprise libérée : le respect des salariés (ils s'appelaient « associés » comme ils le seront plus tard chez Gore), mais aussi la confiance envers leur intelligence (Bata disait : « La réflexion est pour les gens, le travail pour les machines »), la responsabilité (de leur équipement), l'équité (par un système de partage de gains), la réalisation de soi (les formations, les écoles), l'autodirection (les ouvriers pouvaient arrêter leur ligne de production) et des « mini-usines » semi-autonomes (mais qui continuaient de garder leurs chefs)[76]. Comme pour Owen, les usines Bata ont fait l'objet de très grands pèlerinages et ont pourtant créé peu d'émules[77].

---

76. M. Zeleny, « Bata Management System : A Built-In Resilience against Crisis at the Micro Level », *AUCO Czech Economic Review*, n° 4, 2010.

77. Une usine en France est citée par H. Dubreuil dans *L'Équipe et le ballon : l'ouvrier libre dans l'entreprise organisée*, Le Portulan, 1948. Dubreuil a fait le premier compte rendu de l'organisation de travail chez Bata en français dans son ouvrage *L'Exemple*

Dans les années 1930, le principe de l'autodirection des équipes apparaît aussi dans les directions R&D de grands groupes comme Lockheed « skunk works » ou DuPont de Nemours « task forces ». Ces modes organisationnels répondent au besoin de ces groupes d'attirer, et de garder, les ingénieurs et les chercheurs R&D sortant des laboratoires universitaires fondés sur l'autodirection et à l'incapacité de leurs propres bureaucraties hiérarchiques de relever les défis de l'innovation. Naturellement, l'organisation fondée sur l'autodirection n'est jamais devenue le principe organisationnel touchant l'ensemble de salariés de ces grands groupes[78]. Cette différence rappelle celle entre la subsidiarité au sens d'Aristote, réservée aux « clans », et la subsidiarité de Thomas d'Aquin, au

---

de Bata : la libération des initiatives individuelles dans une entreprise géante, Grasset, 1936.

78. Un phénomène très proche existe dans l'armée dont quelques unités (forces spéciales, escadrilles) sont fondées sur les principes organisationnels tels que l'équité (pas de hiérarchie de décision ; importance faible de grades) et l'autodirection (décision prise par l'équipe), mais qui n'est pas généralisée au reste des forces militaires.

service de chaque personne (la même différence s'appliquerait pour la subsidiarité au sens d'Aristote des « mini-usines » de Bata évoquées plus haut).

Un peu plus tard, dans les années 1940, Peter Drucker considérera General Motors comme un exemple de l'application du principe de subsidiarité – au sens d'Aristote, dirions-nous –, car appliqué au niveau des divisions seulement. Toutefois, Drucker conseillera fortement à GM de l'appliquer jusqu'au niveau des opérateurs : « Ne pas organiser les tâches du haut vers le bas : il faut faire l'inverse et accorder aux échelons inférieurs toute l'autorité qui n'est pas expressément... réservée à la direction générale[79]. » Pour avoir conseillé la perspective de la subsidiarité de Thomas d'Aquin plutôt que celle d'Aristote, Drucker devient persona non grata chez GM.

En plus des penseurs et praticiens que nous venons d'évoquer, les leaders libérateurs auraient pu s'inspirer de bien

79. Cité dans J.-C. Fauvet, *La Lettre de la sociodynamique,* n° 7, juin 2003.

d'autres, tel Hervé Sériyex qui a exploré les notions, proches de l'entreprise libérée, telles que la confiance ou l'intelligence collective.

En ce qui concerne les principes de leadership proches du leadership libérateur, les leaders libérateurs que nous avons observés ont évoqué Lao-tseu, M. DePree, R. Greenleaf ou James MacGregor Burns. Ils auraient pu également évoquer Mary Parker Follett qui en 1920, pour la première fois dans l'histoire, a conceptualisé le leadership dans l'entreprise et d'une façon proche du leadership libérateur. Citons à cet égard une de ses phrases, mais non des moindres : « Si le leadership n'est pas la coercition [...], n'est pas le contrôle, la protection ou l'exploitation, alors qu'est-il ? Il est, je pense, la libération[80]. »

Ils auraient pu également parler de ce même Tomas Bata qui a mis la vision (« servir le public ») comme principe qui guide l'ensemble des décisions – à la fois

80. M. Parker Follett (1924), *Creative Experience*, Peter Smith, 1951.

de la transformation et de l'opération – de son entreprise[81].

Nos leaders libérateurs auraient pu aussi mentionner Warren Bennis, l'élève de Douglas McGregor et l'auteur le plus prolifique sur le leadership au XXe siècle ; ou encore Bernard Bass, chercheur, qui, après James MacGregor Burns, a approfondi la différence entre le leadership transactionnel et le leadership transformationnel.

Enfin, ils auraient pu s'intéresser à un autre penseur majeur, Edward Deming qui a inventé une véritable philosophie d'entreprise et de leadership. Citons juste le septième de ses quatorze points fondamentaux pour transformer l'entreprise : « La nécessaire transformation du style occidental de management demande que les managers deviennent des leaders. La focalisation sur les résultats doit être abandonnée et le leadership doit être mis en place. » Malheureusement, Deming – le philosophe de la transformation du management et de l'organisation – a été trop souvent relégué aux outils de la qualité totale.

---

81. M. Zeleny (2010), *op. cit.*

Bien d'autres penseurs auraient pu inspirer les leaders libérateurs que nous avons étudiés – cependant, comme nous l'avons dit, ils ne l'ont pas fait. Par conséquent, les phénomènes organisationnels que nous avons conceptualisés sous les notions d'entreprise libérée et de leadership libérateur n'avaient comme vrais antécédents que certains penseurs et praticiens et pas d'autres. Ce sont les résultats venant de la recherche ethnographique et notre rôle consiste à s'y tenir.

Présent et avenir de la libération d'entreprises

En 1958, avec Bill Gore, la première génération de leaders libérateurs ouvre la voie. Pendant plus d'un demi-siècle, leurs entreprises libérées sont devenues de véritables lieux de pèlerinage, admirées pour leur création de richesses humaines et, en conséquence, économiques. Toutefois, elles sont restées des exceptions : quelques dizaines dans le monde, comme W. L. Gore, USAA, Sun Hydraulics, Sol, et une demi-douzaine en France, comme Favi, Sew Usocome, Bretagne Atelier et GSI.

Vers le milieu des années 2000, de nouvelles entreprises libérées – dites de seconde génération – apparaissent : une dizaine en France, comme Chrono Flex/ Groupe Inov-On, Imatech, Poult, Biose, Syd Conseil, mais aussi en Belgique (y compris un ministère), aux Pays-Bas, au Royaume-Uni, aux États-Unis…

Vers 2012, en compagnie de plusieurs leaders libérateurs de la seconde génération, nous nous sommes posé la question : « Comment augmenter la dynamique de libération en France ? » D'autres, comme Douglas McGregor, Ricardo Semler ou Peter Senge se sont posé une question similaire : « Si l'entreprise fondée sur la confiance et la liberté est un tel générateur de richesses humaines et économiques, pourquoi y en a-t-il si peu ? » La raison, ont-ils tenté de répondre, se trouve dans les croyances des dirigeants, forgées par le monde du travail (McGregor), par l'éducation (Semler) ou par l'incapacité d'apprendre (Senge). Nous avons fait un diagnostic complémentaire : le processus de libération est une telle épreuve qu'un leader libérateur en herbe tout seul ne s'y lancera pas, ou abandonnera en route. Par conséquent, nous avons adopté une solution qui consiste à créer un écosystème au service de ces leaders. Cet écosystème – composé d'acteurs indépendants mais tous passionnés – offre : des parcours initiatiques dans les entreprises libérées, des sessions de codéveloppement avec des leaders libérateurs, des échanges avec des chercheurs et experts de libération, des ressources de l'autoapprentissage, des coaches pour travailler sur leur ego et leur lâcher-prise, des spécialistes du droit du travail et même des investisseurs souhaitant soutenir financièrement les entreprises libérées.

Depuis 2012, en France, une grande quantité d'entreprises se sont lancées dans la libération, dont Michelin, Airbus, Décathlon, Kiabi, Norauto et des centaines de PME. Ces entreprises libérées de troisième génération constituent dorénavant un véritable mouvement de libération des entreprises – phénomène qui n'existe qu'en France. Mais ce n'est pas tout, car l'organisation fondée sur la confiance et la liberté ne concerne pas que les entreprises. Aujourd'hui, il y a une mairie française de taille importante qui s'est lancée dans la libération, 6 000 sapeurs-pompiers d'une Région française, des caisses de Sécurité sociale, un deuxième ministère en Belgique… Bien sûr, la libération de chacune de ces institutions présente des défis uniques – comme pour chaque entreprise d'ailleurs –, mais cela démontre que toute organisation, dans laquelle les hommes et les femmes se rassemblent pour réaliser une vision commune, peut fonctionner sur la base de la confiance et de la liberté d'initiative. Affaire à suivre, donc.

Chapitre 2

L'entreprise libérée est une philosophie

De tous les pays du monde, c'est en France où il y a la plus forte dynamique de libérations d'entreprise. Outre-Manche, on est assez surpris par ce phénomène tant la France est associée à la culture administrative et hiérarchique dans leur esprit. Ce chapitre s'ouvre justement par une explication succincte de la notion d'entreprise libérée au public anglophone. Il se poursuit avec un texte qui examine de manière fondamentale ce succès français inédit et, notamment, décrit l'écosystème de libération qui en était un facteur essentiel. Le dernier texte montre en quoi la philosophie de l'entreprise libérée s'inscrit à l'encontre de la perception négative du salarié en particulier, et de l'être humain en général.

I

Les hiérarchies ne sont pas naturelles

Généralement reconnue comme la «façon normale» de diriger une entreprise, l'organisation hiérarchique n'en est pas moins contre nature, dans la mesure où elle va à l'encontre des besoins universels des êtres humains. L'environnement de travail hiérarchisé tel que nous le connaissons aujourd'hui a émergé pendant la révolution industrielle, sous l'effet de la division du travail et du besoin de coordination qui en découlait. C'est également à cette époque que s'est développée la bureaucratie : fatigués de rabâcher les mêmes règles,

les cadres les ont couchées sur papier et les ont ainsi consacrées.

Cette structure s'est avérée idéale pour optimiser la productivité dans un contexte stable et, du moins dans les premiers temps, pour organiser le travail de salariés qui ne savaient probablement ni lire ni écrire. Mais le monde dans lequel nous vivons a changé : l'imprévisibilité croissante des marges et de la demande exige de réduire les coûts cachés générés par des contrôles non productifs. D'un côté, les entreprises recherchent plus de souplesse ; de l'autre, les salariés ne veulent plus se contenter d'obéir aux ordres, mais aspirent à faire travailler leurs méninges.

Ce que j'appelle l'« entreprise libérée » constitue une forme d'organisation plus naturelle. Les idées exposées ici se fondent sur l'observation de près de cent transformations menées dans des entreprises comme Harley-Davidson et Michelin. Il ne s'agit pas d'un modèle que l'on pourrait d'imposer à n'importe quelle entreprise, mais d'une philosophie qu'il incombe aux chefs d'entreprise d'articuler dans le contexte de leur propre établissement.

Elle consiste à conférer aux salariés une liberté et une responsabilité totales d'entreprendre l'action qui leur semble la meilleure pour leur entreprise, et non celle qui leur est imposée par leurs supérieurs ou par les procédures.

Cette philosophie est en accord avec les trois besoins universels, dont le modèle hiérarchique ne se soucie guère : 1) l'égalité intrinsèque et le respect de l'intelligence, 2) le désir de s'épanouir et de réaliser son potentiel et 3) le désir de s'autogérer.

La mise en place d'une organisation capable de satisfaire ces besoins est un processus long et semé d'embûches qui doit être conduit par le chef de l'entreprise, de préférence avec l'aide des RH. La capacité à faire abstraction de son ego constitue la principale qualité commune aux « leaders libérateurs », qui savent que l'ego les empêche de s'en remettre à l'intelligence d'autrui et va à l'encontre de la transformation. Leur seconde qualité est l'habilité politique, afin d'obtenir un mandat requis pour mettre en marche une telle transformation.

Mais, même lorsqu'un dirigeant réunit toutes ces qualités, il faut l'intervention d'un troisième élément pour déclencher la libération de l'entreprise : un moment «eurêka». J'en ai vu de deux types : des moments d'admiration et d'exaspération. L'admiration pousse en effet à l'action : un chef d'entreprise ne doit pas seulement apprécier le mode d'organisation adopté par une autre entreprise, mais il doit se dire : «Je veux être ce leader. Je veux que mon entreprise soit comme la sienne.»

L'exaspération est un moteur plus puissant encore. Si votre entreprise vous exaspère, deux possibilités s'offrent à vous : prendre le chemin de la sortie ou en repenser l'organisation de l'entreprise. Dans les deux cas de figure, la décision menant à la transformation ne vient pas de la tête, mais du cœur.

La transition vers un mode d'organisation plus libre sera inévitablement lente. Le chef d'entreprise doit commencer avec modestie et discrétion. Inutile de faire de grands discours et d'annoncer un changement radical du jour au lendemain : ce ne sera pas le cas et les salariés se sentiront découragés. Si vous commencez en revanche par les interroger sur leurs besoins et par y répondre, ils commenceront de leur côté à se sentir respectés. Parallèlement, faites-les travailler sur une vision commune pour l'entreprise : quel rêve cherchons-nous à réaliser collectivement ?

Une fois cette vision partagée, les salariés disposent d'un critère leur permettant de déterminer si une action est bénéfique ou non pour l'entreprise. L'émergence de normes comportementales nouvelles et plus naturelles entraînera ainsi une baisse du nombre de managers, de règlements et de procédures nécessaires. Ce n'est qu'à ce moment-là qu'un leader peut officiellement lancer la libération de son entreprise, en commençant par consulter ses collaborateurs sur les pratiques organisationnelles qui ne coïncident pas avec ces normes et sur celles qu'il convient d'adopter pour les remplacer.

Tout revient finalement à tenir compte des besoins universels fondamentaux et du mode d'organisation que l'on aurait naturellement tendance à adopter. Les murs dans nos maisons portent-ils des inscriptions indiquant les règlements et procédures à suivre ? Non, et nos enfants n'en sortent pas pour autant de table à n'importe quel moment. Pourquoi devrait-il en aller différemment sur notre lieu de travail, peuplé qui plus est d'adultes et non d'enfants ?

II

L'entreprise libérée : une philosophie pratique stimulée par un écosystème

Préambule

Dans une économie où la créativité est le facteur principal de la réussite des entreprises, la capacité à libérer l'initiative de chaque collaborateur est devenue déterminante. Or, si les injonctions ne manquent pas pour rendre les organisations plus «collaboratives», «agiles», «ouvertes», force est de constater que la réalité est loin de suivre. Les enquêtes auprès des salariés (p. ex., Gallup Q12), indiquent, année après année, des taux de désengagement extrêmement élevés – et donc du manque de prise d'initiative – prouvant que le mode d'organisation d'entreprise qui en est la cause reste bien ancré. La conséquence de cette réalité humaine est que les entreprises ont de plus en plus de difficulté à faire face aux enjeux économiques, sociaux et environnementaux de notre temps.

Dans ce paysage dominant lourd, il y a toutefois des éclaircies. Un mode d'organisation très différent est pratiqué depuis des décennies par certaines entreprises comme Favi ou Sew Usocome et plus récemment par d'autres, comme Chrono Flex, Poult, SYD conseil ou Imatech – pour ne citer que quelques exemples en France. Ces entreprises ont de quoi faire rêver : absentéisme quasi inexistant, innovations issues du terrain, réactivité exceptionnelle au client et au marché, relations sociales devenues humaines et fondées sur la confiance et la responsabilité… le tout pour des résultats économiques parfois spectaculaires et en touts cas toujours pérennes, même dans les temps de crise, quand certains concurrents, eux, s'effondrent. Toutes ces expériences – à présent largement documentées[1] – indiquent une voie nouvelle pour répondre aux enjeux actuels. Nous appelons cette voie l'entreprise libérée, un mode d'organisation dans lequel la majorité des salariés sont complètement libres et responsables d'entreprendre toutes les actions qu'eux-mêmes – pas leurs chefs ou les procédures – décident comme étant les meilleures pour réaliser la vision de leur entreprise.

Pourtant, malgré les résultats des entreprises libérées et leur historique déjà relativement ancien (la première entreprise à fonctionner ainsi, W. L. Gore, le fait depuis 1958), ce mode d'organisation reste encore marginal, malgré les vifs succès récents en France. C'est justement cette question de

1. I. Getz (2009), « Liberating leadership : How the initiative-freeing radical organizational form has been successfully adopted », *op. cit.* ; I. Getz, « Des salariés libres d'agir : théorie ou destin ? », *op. cit.* ; B. M. Carney & I. Getz, *Freedom, Inc.*, Crown Business, 2009/2016 [*Liberté & Cie*, Fayard, 2012)]. Voir par ailleurs les nombreux articles et reportages dans les médias sur ces entreprises (une partie est répertoriée sur www.liberteetcie.com).

la diffusion de l'entreprise libérée qui sera discutée dans ce texte. Plus particulièrement, nous traiterons deux questions que nous nous posons depuis quelques années :

- *Celle du diagnostic : pourquoi tant de chefs d'entreprise rationnels ne semblent-ils pas prendre la mesure des bénéfices bien tangibles qu'ils tireraient en libérant leur entreprise ?*
- *Celle de la solution : comment faciliter leur passage à l'acte et ainsi permettre à un plus grand nombre de salariés d'augmenter leur bien-être et leur vitalité, en créant ainsi une plus grande valeur pour l'entreprise comme pour la société ?*

Aux sources de l'entreprise libérée

Un fin observateur du monde de l'entreprise traditionnelle a fait le constat suivant : « En faisant plus de la même chose, on obtient plus de la même chose. » Ainsi, pour remédier aux difficultés de l'entreprise traditionnelle de faire face aux enjeux contemporains que nous venons d'évoquer, les chefs d'entreprise ont mis en œuvre encore plus de contrôles, plus de procédures, plus de management pour…

obtenir encore plus de déficiences. Ce cercle vicieux du « command-and-control » (donner des ordres et contrôler) a été constaté par plusieurs auteurs. Mary Parker Follett dans les années 1920 ou Peter Drucker dans les années 1940 ont déjà critiqué la bureaucratie hiérarchique. Ils avaient également formulé des propositions pour la réformer.

Par exemple, Follett a évoqué l'importance des relations de réciprocité, de la communauté, du partage d'un pouvoir non cœrcitif. Plus important encore, elle a mis en évidence la nécessité d'un leadership transformationnel pour bâtir des organisations fondées sur ces principes très différents. Quant à Drucker, dans ce que certains considèrent comme le premier ouvrage sur le management, *Concept of Corporation*, tiré de son étude de General Motors, il montre lui aussi l'importance de la confiance à l'homme de terrain et à son intelligence et il recommande à GM de pousser la décentralisation jusqu'à l'opérateur.

Ces critiques et propositions pionnières n'ont pas rencontré, à l'époque, la reconnaissance qu'elles méritaient : Follett a été oubliée jusqu'aux années 1960 et Drucker boycotté par GM.

Nous avons évoqué Follett et Drucker comme étant les premiers critiques du modèle de bureaucratie hiérarchique. Nous aurions pu mentionner de nombreux autres penseurs illustres ou des hommes d'action qui ont fait l'histoire, cependant, citer ne serait-ce que ces deux noms nous éloigne déjà des racines de l'entreprise libérée, telle que nous l'avons observée. En effet, la méthodologie de notre recherche initiale sur les entreprises libérées[2] – méthodologie appelée « étude de terrain » – nous a amenés à interroger les leaders libérateurs sur les sources théoriques qui les ont inspirés et aucun d'entre eux n'a mentionné Follett ou Drucker. Voici la liste – très courte – des théoriciens évoqués par au moins un leader libérateur parmi la cinquantaine que nous avons étudiée : A. Maslow, D. McGregor, J.-C. Fauvet, S. Covey,

2. Carney & Getz, *ibid.*

P. Senge et Sh. Shiba[3]. Bien sûr, les leaders libérateurs ne se sont pas inspirés uniquement des théoriciens : beaucoup ont puisé leur inspiration chez d'autres leaders libérateurs ou entreprises libérées. Néanmoins – et il s'agit là d'un point fondamental – c'est leur propre créativité qui leur a permis, à eux – et pas aux milliers d'autres patrons qui ont lu les mêmes livres et ont visité les mêmes entreprises – de mener la construction d'une entreprise libérée chez eux.

Nous approfondirons plus tard ce rôle créateur fondamental du leader libérateur, mais revenons à cette courte liste des théoriciens cités par les leaders libérateurs eux-mêmes. Parmi eux, c'est McGregor qui a eu le rôle le plus déterminant pour la philosophie de l'entreprise libérée.

La Théorie Y ou la proposition d'une organisation réaliste, car naturelle pour l'homme

En 1957, McGregor, professeur en Organizational Behavior au MIT depuis 1937 – et, semble-t-il, le premier de l'histoire

3. Voir Fig. 2, Getz, 2012, *op. cit.*

dans cette discipline –, donne une conférence dans laquelle il dépasse largement la critique de la bureaucratie hiérarchique et les propositions pour la réformer[4]. McGregor identifie les croyances fondamentales, la philosophie sous-jacente au modèle de la bureaucratie hiérarchique, qu'il appelle «Théorie X». Il formule aussi d'autres croyances qui lui permettent de proposer une philosophie, un esprit d'entreprise très différents. McGregor appellera cette philosophie la «Théorie Y». Celle-ci est fondamentalement équivalente à celle de l'entreprise libérée – avec une différence de taille dont nous reparlerons. S'appuyant sur la théorie psychologique de la motivation de Maslow[5], McGregor a remis en question la pertinence des croyances fondamentales des managers selon lesquelles les salariés ont une aversion intrinsèque pour le travail et préfèrent être dirigés afin d'échapper aux responsabilités. Pour McGregor, ces

4. D. McGregor (1957), «The human side of enterprise», *in* D. McGregor, *The Human Side of Enterprise*, *op. cit.*, p. 341-356.

5. A. Maslow (1943), «A theory of human motivation», *Psychological Review*, n° 50, p. 370-396.

croyances n'ont aucune substance réelle, car les aspirations des êtres humains et leurs besoins révélés par la recherche en psychologie sont tout autres : la réalisation de soi, l'autocontrôle pour accomplir les objectifs qu'ils partagent, etc.[6]. Ces croyances réalistes, fondées sur la nature humaine, constituent pour McGregor le fondement de l'état d'esprit, de la philosophie d'entreprise qu'il développe en détail dans son célèbre ouvrage de 1960 *The Human Side of Enterprise*[7]. À la suite de la parution de ce livre, McGregor devient très célèbre. Quelques années après, il reçoit le prix du Meilleur ouvrage des mains de l'Organizational

6. D. McGregor (1960), *The Human Side of Enterprise*, *op. cit. La Dimension humaine de l'entreprise*, trad. J. Ardoino et M. Lobrot, Paris, Gauthier-Villars, 1971.

7. D. McGregor, *ibid.* En même temps que McGregor les chercheurs comme Chris Argyris et Rensis Likert ont aussi formulé les théories remettant en cause l'organisation « autocratique » traditionnelle et proposant des principes de l'organisation centrés sur l'homme (voir pour les détails I. Getz (2011), « 1960s'lessons learned : Liberating leadership and transformational scholarship », *Journal of Management Inquiry*, 20 (1), p. 8-12.)

Development Council[8]. Bien plus tard, en 1993, il sera reconnu comme l'auteur de management le plus populaire de tous les temps avec Henri Fayol[9].

Malgré ces succès, McGregor a connu plusieurs désillusions. La première, mentionnée par son élève de l'époque, Warren Bennis, concernait sa prophétie selon laquelle, en dix ans, toutes les entreprises abandonneront le modèle de la Théorie X pour adopter la Théorie Y[10]. Évidemment, cette prophétie ne s'est pas réalisée. Décédé prématurément en 1964, McGregor n'a simplement pas eu le temps de voir les proportions de son erreur de prédiction ! Ce n'est pas que la Théorie Y n'était pas populaire. Au contraire, elle l'était même trop, et c'est cela qui constituait sa seconde déception.

Ce qui désolait McGregor, à propos de la popularité de la Théorie Y, c'est qu'elle

8. Une des associations les plus importantes à l'époque regroupant des dizaines de grandes entreprises américaines.

9. *The Economist* (http://www.economist.com/node/12366698).

10. E. Schein, « Introduction », *in* D. McGregor, *The Professional Manager*, New York, McGraw-Hill, 1967, p. xi-xii.

avait commencé à être vue par beaucoup comme un modèle, un système rigide exactement au même titre que le modèle de la Théorie X. Peut-être que les libellés « X » et « Y » ont amené à penser qu'il s'agissait de deux modèles opposés alors que McGregor cherchait à remplacer le modèle rigide et irréaliste, ignorant la réalité des besoins psychologiques, par quelque chose de souple et de naturel pour l'homme. Il proposait non pas un autre modèle rigide mais un cadre philosophique, un état d'esprit qui permette à chaque entreprise de développer son propre mode d'organisation en adéquation avec la « réalité humaine » des hommes et des femmes qui y travaillent et avec son contexte culturel propre. Nous verrons par la suite que l'approche de l'entreprise libérée est également vue – à tort – par certains comme un modèle et non pas comme un état d'esprit, une philosophie d'entreprise.

Mise en pratique dans les années 1960 et quelques décennies suivantes

Bien que certaines entreprises se targuent d'avoir mis en œuvre « de façon clandestine... » la Théorie Y (à l'instar de Procter & Gamble), la première entreprise largement reconnue comme ayant mis en place une organisation dans l'esprit de la Théorie Y est W. L. Gore, et ce dès sa création en 1958. Au départ, Bill Gore (et sa femme Geneviève, cofondatrice) ne se sont pas appuyés sur la théorie de McGregor, car ils l'ont découverte un peu plus tard. Cependant, cette découverte a donné un cadre conceptuel et philosophique très complet, cohérent et en forte résonance avec les croyances des fondateurs. Évidemment, pour qu'un mode organisationnel fondé sur une philosophie d'entreprise très différente soit connu et convainquant, il faut que l'entreprise qui l'adopte soit très performante, ce qui n'était pas le cas des débuts de W. L. Gore. Bâtie sur un seul produit inventé par Bill Gore – les câbles électriques enrobés de Teflon – l'entreprise a dû attendre sa seconde invention, celle du Gore-Tex en 1969 pour commencer vraiment à grandir et à être connue.

Entre-temps, un autre patron a mis en place un mode organisationnel dans l'esprit de la Théorie Y, cette fois avec une réussite immédiate. En 1962, Robert Townsend est PDG d'Avis nommé par Lazard Frères, alors son fonds propriétaire. Comme Bill Gore, Townsend suit ses convictions, proches de la Théorie Y, les ayant déjà expérimentées dans son poste précédent en tant que patron d'une division d'American Express. En trois ans, il transforme une entreprise moribonde en l'une des entreprises phares aux États-Unis. En 1965, Lazard vend Avis au conglomérat AT&T, Townsend démissionne et se consacre à la diffusion de sa philosophie d'entreprise, en écrivant notamment *Up the Organization*, paru en 1970[11]. Contre toute attente, le livre rencontre un énorme succès et reste des mois en tête du classement *New York Times* des best-sellers.

---

11. Townsend, R. (1970). *Up the Organization : How to stop the corporation from stifling people and strangling profits,* Commemorative ed., San Francisco, Jossey-Bass, 2007. *Au-delà du management : comment empêcher les entreprises d'étouffer les gens et de bloquer les profits*, Trad. P. Girard, Paris, Le Cherche Midi, 1991.

On aurait pu imaginer qu'avec une telle renommée les expériences d'Avis et de Gore auraient inspiré de nombreuses entreprises à transformer leurs propres bureaucraties hiérarchiques. Pourtant, à sa grande déception, Townsend ne pouvait citer aucune entreprise qui se soit inspirée d'Avis[12]. Cette énigme a perduré après les années 1970. Ainsi, Ricardo Semler, qui a construit dans les années 1980 une entreprise dans l'esprit de la théorie Y, Semco – et qui, comme Townsend, a écrit un best-seller sur le sujet[13] –, ne pouvait citer que la petite PME d'un ami dans le Colorado, comme s'étant inspirée de son expérience. On dit qu'il était tellement frustré par le manque d'action de transformation radicale chez les patrons qu'il a brûlé un jour tous les exemplaires de son livre en

12. Communication personnelle avec Bob Davids, patron libérateur que Townsend a appelé son « meilleur élève ».

13. R. Semler, *Maverick!*, New York, Random House, 1993. *À contre-courant, Vivre l'entreprise la plus extraordinaire au monde*, Paris, Dunod, nouvelle édition française en préparation.

sa possession[14]. Dans les années 1980 et 1990, l'énigme a continué de plus belle, même si le mode de fonctionnement de ces entreprises commençait à être de plus en plus connu, à la fois grâce aux écrits et interviews de leurs patrons et à des nombreuses visites de ces entreprises. Ainsi, des milliers de patrons du monde entier ont visité pendant cette période W. L. Gore, Semco, Chaparral Steel, Southwest Airlines et Harley Davidson aux États-Unis ou Favi en France. Malgré tout cela, un nombre infime s'en est inspiré pour transformer leur modèle rigide de bureaucratie hiérarchique vers un mode organisationnel dans l'esprit de la Théorie Y. Et pourtant, rationnels et dotés d'une grande intelligence, la plupart ont bien compris comment fonctionnaient ces entreprises.

Certains de ces patrons n'étaient pas prêts à remettre en cause leurs croyances issues de la Théorie X pas plus qu'à abandonner leur ego – nous en reparlerons.

14. Après l'écriture de ce texte, nous avons appris qu'il s'agissait non seulement de son livre, mais de tous les livres de management que Semler a brulé (communication personnelle avec R. Semler, le 14 mars 2017).

D'autres encore étaient découragés par autre chose : ayant compris comment cela marchait, ils demandaient à présent une recette pour transformer leur propre entreprise. La seule réponse qu'ils recevaient – « il n'y a pas de recette, à chaque entreprise d'inventer son propre chemin » – les persuadaient qu'une telle transformation était trop risquée. Cela leur semblait impossible sans une méthode qui garantisse le succès. Seule une infime minorité est passée à l'acte. Qui sont ces chefs d'entreprise et pourquoi sont-ils si peu nombreux ?

Leaders libérateurs

Il s'agit d'aborder ici le point qui distingue la Théorie Y de l'entreprise libérée. Nous avons déjà évoqué le fait que les deux sont des états d'esprit, des philosophies d'entreprise très proches quant aux principes naturels qui les sous-tendent. Dans la Théorie Y, ces principes sont issus des besoins psychologiques théorisés à l'époque par Maslow, tandis que, dans l'entreprise libérée, ces principes sont issus des besoins psychologiques établis empiriquement dans les travaux plus récents de Deci et Ryan[15]. Ensuite, dans les deux cas, transformer une entreprise signifie remplacer des pratiques et des symboles organisationnels qui ignorent les besoins psychologiques des salariés par de nouvelles pratiques et de nouveaux symboles qui les satisfont. Toutefois, à la différence de la Théorie Y, l'entreprise libérée est aussi une philosophie de leadership pour réaliser cette transformation.

Nous avons mentionné précédemment que McGregor était persuadé que la Théorie Y était tellement convaincante qu'elle allait conquérir massivement les esprits des chefs d'entreprise et les amener à la mettre en œuvre. Sans nul doute, s'il avait vécu plus longtemps, aurait-il mené une réflexion sur les conditions de mise en place de cette théorie. C'est justement la question que nous nous sommes posée très tôt dans notre recherche sur l'entreprise libérée et que nous vivons dans l'accompagnement de tels processus : « Comment la libération d'entreprise advient-elle ? » La réponse que

15. Carney et Getz (2009/2012), *op. cit.*, pour les détails.

nous avons obtenue dans toutes les entreprises libérées a été la même : « C'est toujours le patron qui a déclenché puis mené à bien la libération. » Ainsi, l'état d'esprit de l'entreprise libérée est indissociable du patron qui le fait sien et le met en œuvre pour libérer son entreprise. Nous avons appelé ce type de patron le « leader libérateur » et nous avons justement consacré l'essentiel de notre recherche aux leaders libérateurs et l'approche du leadership qui leur a permis de co-construire une entreprise libérée.

De manière logique, nous avons cherché à savoir si les leaders libérateurs que nous avons étudiés partagent des caractéristiques communes. Nous n'avons rien trouvé en termes dits « sociodémographiques ». En revanche, nous avons identifié trois qualités personnelles partagées par tous ces leaders : les valeurs, la créativité et la sagesse. Nous n'allons pas développer en détail ces trois qualités (le lecteur est renvoyé à Getz et Carney, 2012). En quelques mots, l'importance de la créativité est évidente à la lumière de ce qui est dit ci-dessus, l'entreprise libérée exigeant d'un leader qu'il co-crée un mode organisationnel unique pour le contexte culturel de son entreprise. La sagesse – définie par les psychologues comme « un excellent jugement dans les questions de la vie associant le bien personnel et le bien collectif » – est fondamentale, car elle permet au leader d'articuler les besoins de l'entreprise avec ses propres valeurs. Ces dernières – qui constituent en réalité la première des trois qualités des leaders libérateurs – sont à la source du processus de libération de l'entreprise. Pour qu'un patron lance une telle démarche, pour qu'il transforme son mode organisationnel fondé sur la méfiance et le contrôle en un mode fondé sur la confiance et l'autocontrôle, il doit ressentir à l'intérieur de lui-même le besoin fondamental de faire confiance à l'intelligence des gens, ce qui implique des valeurs personnelles telles que le respect, la considération, l'humilité. Ces valeurs exigent, à leur tour, une absence d'ego, car un ego trop fort ne lui permettra pas d'admettre que d'autres puissent avoir des solutions plus intelligentes que les siennes.

On peut donc en déduire que l'explication au faible nombre d'entreprises libérées ne provient pas tant d'un manque de compréhension intellectuelle que d'un manque de leaders capables de créer un mode organisationnel fondé sur la confiance et la responsabilité. Bien sûr, pour entrer dans une compréhension profonde de la philosophie de l'entreprise libérée, il faut dépasser le choc initial que peuvent causer pour la plupart des chefs d'entreprise des pratiques à contre-courant d'habitudes bien ancrées : absence de pointeuses, de titres, d'organigramme ou de symboles extérieurs de pouvoir (bureau, place de parking, etc.). Toutefois, ce choc dépassé, ces pratiques apparaissent relever plutôt du bon sens.

Prenons quelques exemples :

- *C'est du bon sens de dire qu'on ne peut pas demander à un salarié d'être responsable – du résultat de son travail – s'il n'a aucune liberté sur le « comment » ce résultat est atteint. Pour qu'il se sente responsable, il faut qu'il puisse décider des moyens, des horaires, des compétences et des objectifs intermédiaires au service de la vision sur lesquels il va se concentrer. Décider du « comment » à la place du salarié, c'est le déresponsabiliser. Pour prendre de telles décisions, il faut qu'il ait accès à toute l'information de l'entreprise, y compris financière.*

- *C'est du bon sens de dire que la seule personne qui sache ce qui la motive, c'est la personne elle-même. C'est donc du bon sens de demander aux candidats à l'embauche ce qu'ils ont envie de faire dans l'entreprise et de les aider à trouver un rôle où leur désir puisse servir la vision de l'entreprise.*
- *C'est du bon sens de dire que, si on fait confiance à quelqu'un, il n'y a pas besoin de le contrôler. Vouloir contrôler indique précisément qu'on n'a pas confiance. S'il n'y a plus besoin de contrôle, toutes les structures et les pratiques managériales dont le but est de contrôler disparaissent – et elles sont nombreuses. Une étude indique qu'un tiers du temps des dirigeants d'entreprise est consacré au contrôle à travers les outils du budget et du reporting.*
- *C'est aussi du bon sens de dire que le contraire du contrôle n'est pas l'anarchie mais l'autocontrôle. Pourquoi la majorité des conducteurs, comme chacun peut l'observer sur la route, respecte les limitations de vitesse ? On aurait tendance à répondre que*

c'est parce qu'ils ont peur du contrôle par la police ou le radar. Mais la réponse est autre : c'est parce qu'ils possèdent un outil d'autocontrôle qui est un indicateur de vitesse. Il convient donc de créer – ou de leur laisser créer – les outils qui permettent aux salariés de s'autocontrôler.

On pourrait continuer de la sorte, mais on voit déjà que tous ces principes de bon sens – bien que contraires à ce qui se pratique typiquement dans les organisations – ne sont pas difficiles à comprendre.

En revanche, il est difficile de les accepter, de les faire siens. Car ce bon sens fait partie d'une philosophie plus large, fondée sur les croyances mentionnées plus haut. Accepter ce bon sens, c'est accepter de faire confiance à l'intelligence des gens et, plus globalement, transformer son état d'esprit, sa philosophie d'entreprise et, par conséquent, son comportement.

Nous pouvons alors à présent résumer les défis rencontrés par un patron ayant compris la philosophie de l'entreprise libérée.

Les défis des chefs d'entreprise candidats à la libération de leur organisation

Nous allons lister ces défis dans l'ordre de leur résolution potentielle.

1. L'ego du patron

Il ne s'agit pas ici de ce qu'on appelle le narcissisme, qui pose, d'ailleurs, un grave problème pour l'entreprise traditionnelle aussi. Il s'agit de cet aspect de l'ego qui fait croire au chef d'entreprise qu'il ou elle possède une intelligence supérieure à celle des autres. Un tel état d'esprit et son corollaire, la croyance en ce que McGregor a appelé la « médiocrité des masses », conduisent à la méfiance envers la capacité des subordonnés de trouver de bonnes solutions.

La résolution rationnelle de ce défi aurait été d'apporter à la connaissance d'un tel patron les résultats de la recherche psychologique sur l'intelligence. En effet, lorsqu'elle est mesurée par les tests de style QI, on constate que l'intelligence est distribuée de façon inégale entre les individus. Elle est aussi très corrélée avec les résultats scolaires. Enfin, on ajoutera, à l'intention du patron, que les psychologues définissent l'intelligence comme la capacité à manipuler des symboles, numériques et verbaux. Si l'on prend l'analogie d'une voiture, l'intelligence est comme un moteur. L'erreur – dira-t-on au patron – provient de la confusion entre l'intelligence et la capacité de résolution de problèmes, cette dernière demandant à la fois l'intelligence et la connaissance – les fameux symboles – que cette intelligence manipule. Un moteur puissant sans destination ni carte permet au conducteur d'aller vite, mais aussi parfois d'aller dans le mur. C'est pour cette raison que les meilleures solutions viennent des salariés de terrain. Quand bien même leur intelligence serait moins grande, quand bien même ils prendraient plus de temps pour résoudre un problème, la vérité est qu'ils possèdent une bien meilleure connaissance des problèmes qu'ils rencontrent par comparaison avec celle des managers ou des chefs d'entreprise qui ne passent sur le terrain qu'une petite partie de leur temps.

Les patrons intelligents comprendront les considérations sur l'intelligence et la connaissance que nous venons d'exposer, puis… beaucoup les rejetteront. Certains diront : « C'est flatteur tout de même de donner des solutions », ou encore : « Ils attendent de moi la solution. » Cette réaction, les psychologues la connaissent aussi. Ce n'est pas parce qu'une personne sait qu'une chose est mauvaise, qu'elle est prête à l'abandonner, il suffit de poser la question aux fumeurs. Le vrai défi est donc le suivant : comment faire pour qu'un patron ait envie d'abandonner son ego ?

2. Le mandat de transformation

Une fois le défi de l'ego résolu, un autre défi surgit, celui du mandat pour transformer son entreprise. La situation idéale est celle d'un patron propriétaire à 100 % de son entreprise. En revanche, si un chef d'entreprise est actionnaire minoritaire ou chef d'entreprise salarié, il doit convaincre son conseil d'administration. De manière similaire, dans un grand groupe, le patron d'une unité opérationnelle doit convaincre la direction du groupe. On dit souvent que le pouvoir – ici de transformer l'entreprise – ne se donne pas, mais qu'il se prend.

3. Le démarrage

Si le patron a le mandat, le défi suivant est de décider par où démarrer la libération. L'habitude mentale des chefs d'entreprise consiste à appliquer des recettes, des méthodes, des processus, souvent en s'appuyant sur un consultant pour la mise en œuvre. Or, dans un projet de libération, ils se trouvent face à une démarche de création, et même de co-création, dont ils sont les (co-)auteurs. Le chemin n'est ni tracé, ni connu, ni garanti, et c'est bien plus difficile. Créer n'est pas la même chose que gérer « un processus de mise en place d'un nouveau modèle organisationnel », pour reprendre des termes familiers aux patrons. Pour la culture française en particulier, il existe aussi ce problème de l'écart entre la pensée et l'action, surtout lorsque cette dernière doit être créative et collaborative. Notre système éducatif fait croire souvent qu'il suffit d'avoir compris pour que les choses se fassent. Un patron doit souvent se faire violence pour arrêter de vouloir tout modéliser et tout prévoir, comme pour commencer à agir par la vision et l'intuition.

Il s'agit donc d'un processus d'apprentissage, et d'un apprentissage très profond et difficile. Trois fondamentaux de l'apprentissage des adultes nous paraissent ici importants à rappeler :

- *L'apprentissage ne se réalise que s'il est connecté à une forte automotivation. Nous avons abordé ce sujet à l'instant à travers la question du courage d'exiger un mandat ou, bien entendu, celle de l'abandon de l'ego. Nous observons que les libérations réussies ne « tombent pas du ciel ». Elles se font le plus souvent à partir d'un terreau préparé – aussi bien chez le chef d'entreprise que dans les pratiques des entreprises, nous en reparlerons.*
- *On apprend mieux en faisant (« learning by doing »). Le caractère radical (au sens de l'étymologie du mot* radix, *racine) de l'entreprise libérée fait qu'un patron ne peut jamais se sentir tout à fait prêt pour pareille aventure. S'il faut faire pour apprendre, que convient-il de faire – ou d'arrêter de faire – pour se lancer ? Nous aborderons cette question plus en détail, mais on peut souligner déjà*

la pertinence du précepte de Jean-François Zobrist, le leader libérateur de Favi : « Faire en allant. »

• *Enfin, l'apprentissage est un phénomène social. On apprend mieux en équipe. Or, les leaders vivent une solitude importante. Même dans des réseaux de chefs d'entreprise où il y a beaucoup de proximité et de partage, il est rare que les apprentissages proposés aient la profondeur de ce qui est requis pour libérer son entreprise. Ouvrir de tels espaces d'apprentissage est fondamental si l'on veut amplifier le phénomène.* In fine, *chaque chef d'entreprise sera seul face à son propre projet, mais cela aide de le vivre si l'on voit en même temps d'autres patrons libérateurs avancer dans leurs entreprises. Les erreurs ou les victoires des uns servent à tous.*

En France, jusqu'à 2012, plusieurs actions visaient les chefs d'entreprise pour les aider à réaliser cet apprentissage et pour les engager à libérer leurs propres entreprises. Ces actions ont contribué à la diffusion des idées et des pratiques liées à l'entreprise libérée mais pas à la résolution des défis que nous avons mentionnés. Ces actions étaient de plusieurs types :

- *les leaders libérateurs, dits de première génération, ont relaté leurs expériences à travers leurs articles et leurs livres*[16] ;
- *les chercheurs ont décrit les principes des entreprises libérées, ainsi que des démarches de libération*[17] ;
- *les leaders libérateurs*[18] *et les chercheurs ont donné des conférences dans des réseaux des patrons, comme l'APM ou le CJD, ainsi que dans des entreprises ou des fédérations professionnelles ;*
- *les entreprises libérées ont accueilli des centaines de visites de chefs d'entreprise.*

Sans nul doute, ces moyens ont permis à un grand nombre de patrons d'être sensibilisés sur le sujet, voire de le comprendre en profondeur. Cependant, comme nous

16. Notamment Jean-François Zobrist, *La belle histoire de Favi : l'entreprise qui croit que l'homme est bon. Tome 1, Nos belles histoires, op. cit.*

17. Par ex., Carney et Getz (2009/2012), *op. cit.* ; I. Getz, « La botte secrète : avoir des salariés impliqués et plein d'initiatives », *Les Échos*, 7 décembre 2006, p. 10-11 ; Getz (2009) ; Getz (2012), *ibid.* ; L. Marbacher, « Des salariés libres dans des entreprises prospères », *Enjeux-Les Échos*, janvier 2010.

18. Notamment Michel Munzenhutter, Jean-Michel Queguiner et Jean-François Zobrist.

l'avons constaté à l'époque avec quelques collègues, sauf en de rares exceptions, ces moyens n'ont pas contribué au passage à l'acte de libération et ce à cause des défis évoqués plus haut.

Nous avons formulé une solution possible à cette problématique en l'envisageant sous la forme d'un écosystème.

L'écosystème de la libération d'entreprise

Plusieurs considérations nous ont amenés à engager une telle action. La première était d'observer que si les chefs d'entreprise pouvaient surmonter seuls les défis évoqués, nous aurions vu l'émergence de nombreuses entreprises libérées. Le deuxième point qui nous a menés à cette idée de bâtir un écosystème était que le leader doit toujours être au centre, car c'est d'abord à lui de se transformer, d'obtenir le mandat et de mener la libération. De ces deux réflexions initiales est née la notion d'écosystème de la libération d'entreprise, dont les éléments principaux pourraient permettre de répondre aux défis évoqués de l'ego, du mandat et du démarrage. Il consiste essentiellement en une communauté de pratiques qui permet l'échange avec des pairs et la mise en commun de ressources et d'expériences de libération.

L'écosystème a été initié en 2012 et est entretenu aujourd'hui par une communauté de pratique composée des leaders libérateurs dits de la « seconde génération » ainsi que des deux auteurs de ce texte. Tous ses membres se réunissent pour des échanges d'une journée tous les deux mois, la moitié de ces journées se déroulant dans une entreprise/organisme en voie de libération. La vision de cette communauté est de partager son expérience et sa passion pour la libération d'entreprise, et de la faire vivre. Au-delà de la facilitation de l'écosystème de la libération pour les patrons de PME et d'unités opérationnelles, la communauté accueille, depuis 2015, pour une journée, des patrons de grandes organisations pour travailler sur leur problématique de libération.

Voici quelques éléments supplémentaires de l'écosystème qui représentent autant de ressources à disposition des patrons libérateurs :

- *Une communauté privée Google + « Entreprise libérée » a été lancée en août 2014, mobilisant depuis cette date 1 200 membres*[19], *dont de nombreux chefs d'entreprise. Dispersés partout en France, voire dans le monde, ils y trouvent un espace fécond pour partager leurs questions, demander des conseils, faire profiter les autres de leur expérience.*
- *De nombreux coaches aident les patrons libérateurs dans leur travail sur soi ; plus généralement, les principales fédérations de coaches en France ont manifesté une attitude très favorable vis-à-vis de l'entreprise libérée.*
- *La communauté RH dont les principales associations et manifestations (ANDRH, Congrès HR, Congrès international francophone des ressources humaines, congrès RH régionaux) diffusent auprès des DRH et autres acteurs RH la philosophie de l'entreprise libérée. Beaucoup de DRH sont aussi à l'origine de la diffusion de cette philosophie dans leur entreprise, voire de son application aux côtés du DG.*
- *Plusieurs organisations syndicales explorent avec intérêt l'entreprise libérée.*

19. En septembre 2017, leur nombre est de près de 1500 (NDE).

- *Plusieurs parcours d'initiation et de partage communs aux acteurs de libération de plusieurs entreprises libérées ont été créés.*
- *De nombreux journalistes particulièrement intéressés par la libération des entreprises.*
- *Enfin, il faut noter l'intérêt et les convergences entre la philosophie de l'entreprise libérée et deux mouvements en plein développement dans les entreprises : le mouvement Agile, une démarche organisationnelle portant sur la gestion de projets – en particulier dans le monde du développement informatique – et le mouvement BBRT (Beyond Budgeting Round Table), dont le propos est d'éliminer le processus budgétaire des entreprises, y compris cotées, et de le remplacer par des pratiques financières basées sur la confiance dans le respect total des régulations.*

Tous les éléments de cet écosystème – qui est en évolution permanente – représentent autant de communautés apprenantes[20],

20. F. Kofman et P. M. Senge, (1993), « Communities of çommitment : The heart of learning organizations », *Organization Dynamics*, 22 (2), p. 5-23.

dans lesquelles les échanges se font de plain-pied, en fonction des centres d'intérêt et dans une logique de partage de l'expérience au fur et à mesure.

Pour ne mettre en lumière ici qu'un aspect des apports de cet écosystème, notre étude des entreprises libérées de la « première génération[21] » n'a relevé aucune entreprise ayant été libérée en moins de trois ans. C'est-à-dire que, dans ces entreprises, la majorité des salariés n'avaient pas acquis la liberté et la responsabilité complète du « comment » avant trois ans. Or, nous comptons à présent deux exemples parmi les entreprises libérées de la deuxième génération qui l'ont été en six mois. Bien sûr, aucune libération n'est jamais terminée à 100 %, mais le fait que quelques entreprises ont pu être libérées si vite est imputable, selon nous, à l'écosystème sur lequel leurs leaders libérateurs se sont appuyés dans leur apprentissage. Plutôt que procéder par essais et erreurs, comme l'ont fait la plupart des leaders libérateurs de la première génération, leur

21. Carney et Getz (2009/2012), *ibid.*

action a été grandement accélérée et facilitée par l'écosystème de libération, sans pour autant éliminer toutes les erreurs, inévitables, voire nécessaires, dans une démarche créative.

La section suivante donnera un aperçu des principaux points de repère d'une démarche de libération, certains étant issus de l'expérience de cet écosystème.

Les points de repère d'une démarche de libération

Comme nous l'avons déjà dit, l'entreprise libérée est une philosophie, un état d'esprit. C'est pour cela qu'il n'y a pas de modèle de l'entreprise libérée, ni de méthode pour libérer une organisation. Ceux qui voudraient le faire croire sont des bonimenteurs. Le fondement même de la démarche s'appuie sur la créativité des personnes qui font l'entreprise, à commencer bien sûr par son patron. On ne peut pas imaginer de limiter cette créativité avec telle ou telle méthode. De même, la libération de l'entreprise n'est pas une révolution, mais plutôt une transformation radicale. La différence est de taille. Les révolutions ne sont pas respectueuses du passé, au point qu'elles n'hésitent pas à éliminer certains de ceux qui le représentent. La transformation radicale, elle, s'appuie sur le contexte culturel hérité par l'entreprise et donne aux salariés l'occasion de le faire évoluer et de trouver, d'inventer leur place dans une nouvelle organisation co-créée.

Nous indiquons ici quelques-uns des premiers pas de la libération, où la créativité du leader libérateur en herbe se manifeste dans sa recherche du pont entre le contexte culturel hérité et l'organisation libérée envisagée.

1. Créer la vision-rêve

Abandonner son ego ne signifie pas renoncer à son rôle irremplaçable de leader, au contraire. Le premier rôle du leader est d'élaborer – seul (on parle alors du leader visionnaire) ou avec les autres – la vision-rêve, la destination qu'il cherchera à partager et à atteindre avec tous les salariés et qui leur procurera à la fois le sens et le critère pour exercer leur liberté du « comment ». En d'autres termes, la vision-rêve donne aux salariés le sens, la destination commune – première composante de la communauté qu'est une entreprise libérée. Et c'est au leader de la porter et de l'incarner. Il le fera parfois envers et contre tous les « petits chefs » qui trouveront des arguments pour mitiger – et donc pour annihiler – la vision fondatrice, qui responsabilise et libère l'action de chacun. Car la bureaucratie hiérarchique n'est pas remplacée par l'individualisme naïf : « Il n'y a plus de chefs, donc je fais ce que je veux. » La liberté d'action est exercée dans la responsabilité, responsabilité de faire de son mieux pour réaliser la vision de l'entreprise. En d'autres termes, la liberté est ordonnée au bien commun, pour reprendre une expression fort ancienne. C'est le rôle de la vision d'entreprise que de décrire ce bien, ce destin, ce rêve commun.

Là encore, il convient d'être précis. La vision n'est pas un plan stratégique. Un plan stratégique ou le fameux Ebitda ne parlent pas au cœur des gens – un rêve si. Lorsque Favi inscrit dans sa vision le rêve de « rester à Hallencourt », c'est parce que cet attachement au territoire parle au cœur des salariés picards et de leurs familles. Il s'agit non seulement d'eux-mêmes, mais aussi des « enfants de [leurs] enfants ». Cela étant dit, la vision-rêve n'exclut pas les indicateurs qui permettent aux acteurs de chaque niveau de mesurer comment ils avancent vers la vision-rêve. Par exemple, chez Favi, pour mesurer cet avancement, les opérateurs se servent du « nombre de pièces produites à l'heure » et les leaders de mini-usines regardent le cash-flow généré.

La question se pose souvent de savoir s'il faut que la vision soit élaborée par le patron seul, avec un groupe de cadres de l'entreprise, ou éventuellement avec tout le monde. Nos observations et notre expérience font apparaître la tendance suivante : plus l'entreprise est petite, proche de la start-up, plus l'élaboration est l'affaire de son seul patron fondateur et « visionnaire », comme c'était le cas, par exemple, pour Bob Davids et ses entreprises. Plus l'entreprise est grande et plus il est important d'impliquer le plus grand nombre dans l'élaboration de la vision, y compris, bien sûr, les partenaires sociaux. Chez Harley-Davidson, par exemple, ce processus d'élaboration de la vision a duré deux ans à travers de nombreuses réunions et concertations. Il est évident que l'appropriation de la vision sera plus forte lorsque davantage de collaborateurs auront participé à son élaboration.

2. Faire émerger les valeurs et les règles de vie

Apres la vision partagée, la deuxième condition de réalisation d'une entreprise libérée est que les personnes qui y travaillent constituent une communauté. D'un point de vue anthropologique, toute communauté, qu'il s'agisse d'un village ou d'une tribu polynésienne, se définit par les normes de comportement et les valeurs que tous ses membres partagent. Dans les communautés naturelles, ces normes ont mis des siècles à émerger. La tâche créative des patrons libérateurs est de les faire émerger dans un temps court. Cette tâche, a priori impossible, ces patrons parviennent à l'accomplir, grâce à la nature universelle de tous les besoins humains, comme nous l'ont démontré les travaux des psychologues Deci et Ryan. Tous les êtres humains possèdent trois besoins fondamentaux : être respecté, réaliser son potentiel et s'auto-diriger. Dans notre expérience, à la question : « Quelles valeurs doivent nous animer ? », les salariés, réunis pour y réfléchir, utilisent souvent des mots différents mais qui se réfèrent peu ou prou à ces trois besoins. Ainsi, le respect est exprimé par les valeurs de confiance, de bienveillance, du « bonjour » le matin ; la réalisation du potentiel est exprimée par les valeurs d'épanouissement, de « grandir ensemble », de permettre au talent de chacun d'éclore ; et enfin, l'autodirection est exprimée par les valeurs d'autocontrôle des moyens et des conditions de travail, de liberté d'initiative, d'autonomie.

À la différence de l'élaboration de la vision, qui peut se faire par le patron seul ou avec les autres, ce dernier ne peut pas élaborer les valeurs mais seulement les faire émerger ou les découvrir. De manière exceptionnelle, un leader seul pourrait les définir s'il connaît très bien les gens de l'entreprise, leurs us et coutumes, leurs traditions, s'il est « l'un des leurs ». Nous avons plutôt observé les leaders faisant émerger les valeurs à partir d'échanges impliquant le plus grand nombre. Ainsi, chez Poult, dès 2005, c'est un travail très participatif (les 900 salariés y ont contribué) qui a fait émerger les valeurs de l'entreprise. Chez Favi ou Sew, les valeurs ont émergé d'une façon progressive et en constant dialogue avec tous. Chez GSI, Jaques Raiman[22], disparu en 2015, a participé à plus de 300 journées de travail sur les valeurs avec autant d'équipes.

3. « Brûler les vaisseaux »

Nous avons déjà évoqué ce point à demimot lorsque nous avons parlé de la vision du chef d'entreprise. À notre connaissance, il n'y a pas d'exemple d'entreprise libérée pour laquelle il n'y ait pas eu, d'une manière ou d'une autre, une prise de risque majeure. Comme nous l'avons dit plus haut, les valeurs de salariés sont universelles et latentes, et émergent sous des dénominations

22. Leader libérateur de GSI en tant que DG puis président de 1971 à 1995 (NDE).

variées. Toutefois, nous ne connaissons aucune, parmi toutes les entreprises libérées que nous avons observées ou avec lesquelles nous avons travaillé, dans laquelle la valeur de la confiance/considération/respect n'a pas émergé comme l'expression du besoin fondamental de l'égalité intrinsèque. Or, qui dit traiter les gens avec confiance/considération/respect a comme conséquence directe – sous peine de violer le bon sens – de démanteler l'ensemble de pratiques et de symboles qui l'empêchent. Cela veut dire tout simplement supprimer dans l'entreprise tous les processus, les habitudes ou les symboles qui traduisent de la méfiance, du manque de respect ou du manque de considération – bref, tout ce qui sert à contrôler les gens. C'est pour cela – et non pas pour des raisons dogmatiques – que toutes les entreprises libérées s'attaquent aux hiérarchies inutiles ou aux procédures bureaucratiques qui entravent l'initiative. Une telle transformation est évidemment un risque, que certaines entreprises ont appelé le « saut en parachute ».

Bien sûr, ce démantèlement de la hiérarchie bureaucratique ne doit pas se faire nécessairement avec des effets d'annonce tonitruants. Il est souvent préférable d'instaurer un climat de confiance et de considération en travaillant, par exemple, sur les conditions de travail inadéquates, les « petits cailloux dans la chaussure ». Ainsi J.-F. Zobrist (Favi) a commencé, par exemple, ce démantèlement en murant la fenêtre qui donnait du bureau de l'ancien directeur sur l'atelier et qui servait à surveiller les ouvriers. M. Munzenhutter (Sew Usocome) a simplement commencé par garer sa voiture chaque jour sur le parking des ouvriers. C. Collignon (IMA Technologies) a quitté son bureau du dernier étage – place naturelle dans la hiérarchie – pour le mettre au rez-de-chaussée, puis au milieu de tous. Cependant, à un moment donné, la bascule vers l'entreprise libérée est officialisée par une transformation organisationnelle majeure. C'est le cas, par exemple, de Chrono Flex (groupe Inov-On) qui date parfaitement le moment où on ne fera plus marche arrière, comme le raconte son leader libérateur Alexandre Gérard[23] :

23. http://liberation-entreprise.org/notre-aventure/

> « Janvier 2012 : notre premier saut en parachute se déroulera en deux heures. Les équipes décideront par elles-mêmes : combien de speed-boat (de régions) ; quel sera le rôle du capitaine du speed-boat ; et enfin elles coopteront un capitaine, la personne qui incarne le mieux le job et qui prendra un mandat de trois ans. Dans le même temps, j'annonce que je ne prendrai plus de décisions business. »

Bien entendu, la prise de risque du « non-retour », du « saut en parachute », concerne le chef d'entreprise en premier lieu, nous l'avons dit. Mais, lorsque le saut est annoncé, le frisson est ressenti par chacun : rien ne sera plus vraiment comme avant. Lorsqu'on écoute les salariés raconter leur histoire, ils désignent souvent ce moment comme celui où ils ont compris que la libération n'est pas un énième projet de changement, qui accouchera d'une souris. Lorsque l'usine Poult de Montauban ferme pendant une journée pour réfléchir en dehors de l'entreprise tous ensemble sur l'autonomie, il y a de la nervosité dans l'atmosphère avant de commencer la réunion :

même si son déroulement est bien préparé, personne ne peut prédire son issue. Tant que la parole n'est pas laissée totalement libre, nul ne sait vraiment ce qu'il y a dans la tête des autres !

Au-delà de ces premiers pas (travail du chef d'entreprise sur lui-même, vision-rêve, valeurs, phase silencieuse, phase de rupture), on peut signaler ici d'autres aspects observés de façon récurrente et dans lesquels le leader a un rôle particulier : être le gardien de la vision et des valeurs, veiller à la qualité des relations, tenir bon dans les tempêtes, maintenir l'ouverture et rester vigilant.

Pour terminer, nous allons à présent situer la libération des entreprises dans le contexte de notre époque et de ses enjeux économiques et humains.

Les raisons de la libération d'entreprises aujourd'hui et son impact économique et humain

Aujourd'hui l'entreprise libérée rencontre beaucoup d'intérêt, voire un enthousiasme majeur. Plus important encore, le nombre d'entreprises qui se lancent concrètement dans la libération est en croissance constante. Chaque semaine, nous prenons connaissance d'une ou plusieurs entreprises qui ont entamé leur libération – et nous ne prétendons pas avoir une vue exhaustive du phénomène. Comme nous l'avons évoqué ci-dessus, l'écosystème a constitué un facteur important de cette accélération, mais il n'est, à notre sens, certainement pas le seul.

En effet, les alternatives – théoriques et surtout pratiques – au modèle traditionnel d'organisation hiérarchique sont apparues quasiment avec la naissance de celui-ci. Au début du XIXe siècle, Robert Owen a déjà construit et conceptualisé les usines et les communautés d'ouvriers ; dans les années 1820, c'est le tour de Charles Fourier et de ses phalanstères ; dans les années 1830, c'est l'université autogérée de Thomas Jefferson en Virginie. Au XXe siècle, pour ne citer que quelques praticiens et théoriciens, c'est Bata et ses usines d'avant la Seconde Guerre mondiale, c'est McGregor dans les années 1960, la sociocratie de Gerard Endenburg aux Pays-Bas dans les années

1970[24], l'approche sociodynamique et d'auto-organisation de Jean-Christian Fauvet dans les années 1980[25], c'est Tom Peters et ses équipes autogérées dans les années 1990[26], Garry Hamel et sa fin du management dans les années 2000[27]... Et pourtant, malgré leur statut des véritables stars – à l'exception de Fourier et d'Endenburg –, aucune de ces alternatives n'a suscité une adhésion pratique importante.

---

24. A. G. L. Romme, « Domination, self-determination and circular organizing », *Organization Studies*, n° 20, 1999, p. 801-832.

25. J.-C. Fauvet, *L'Élan sociodynamique*. Édition d'Organisation, 2003.

26. T. Peters et R. H. Waterman, *In search of excellence : Lessons from America's best-run companies*, Harper Collins, 1982. T. Peters, *Liberation management : Necessary disorganization for the nanosecond nineties*, Knopf, 1992. Le titre de ce dernier livre a été traduit dans l'édition française par *L'Entreprise libérée* ce qui récemment a créé quelques confusions. Certains pensant que Peters décrit dans son livre des entreprises fondées sur la liberté. Ce n'est pas le cas. Les mots « freedom » ou « liberation » n'apparaissent jamais dans l'index long de vingt-cinq pages. La seule entrée proche y figurant est « liberation management » et elle renvoie à la postface du livre.

27. G. Hamel, *The Future of Management*, Harvard Business Review Press, 2007.

Par exemple, les organisations patronales ont rejeté les approches proposées par Owen et plus tard par McGregor. Owen ainsi qu'Endenburg ont fait du lobbying politique pour modifier les lois en faveur des modes d'organisation d'entreprise qu'ils prônaient – Endenburg avec succès aux Pays-Bas en créant le nouveau statut d'entreprise « sociocratique » – sans toutefois susciter beaucoup d'adhésions. Peters et Hamel, appelés aux États-Unis des « über gurus » et publiant régulièrement dans les pages de la *Harvard Business Review* et dans d'autres titres de la presse influente auprès des patrons, n'ont pas réussi, eux non plus, à susciter la mise en œuvre de leurs thèses.

Nous avons décrit l'écosystème qui a contribué à l'essor des entreprises libérées depuis 2012 en France et ailleurs. Toutefois, un autre facteur important a contribué à cet essor : le changement d'époque. Le prospectiviste Marc Halévy considère que ce tournant est survenu en 2005[28], et qu'il

28. M. Halévy, *Petit traité de management post-industriel*, Dangles, 2010.

a été bien sûr exacerbé du fait de la crise financière. Selon Halévy, mais aussi selon J.-F. Zobrist, par exemple, vers le milieu des années 2000 l'imprévisibilité et la turbulence du monde sont devenues telles que le modèle de la bureaucratie hiérarchique, qui, jusque-là, parvenait à absorber les coûts cachés du contrôle et à s'adapter vaille que vaille, a atteint ses limites. On a vu des groupes auparavant intouchables comme Kodak, Sony, Nokia Mobile, PSA, SFR, Areva s'effondrer ou perdre leur indépendance de façon précipitée. En effet, la bureaucratie hiérarchique est le contraire de l'entreprise agile, réactive, résiliente, voire anti-fragile – pour prendre le concept de Nassim Taleb –, capable de s'adapter, voire de profiter de l'environnement turbulent. Il ne s'agit donc pas seulement d'entreprises qui ont le dos au mur, mais aussi de celles qui, conscientes de leur inadéquation à notre époque, ont décidé de transformer leur modèle de bureaucratie hiérarchique.

Les patrons libérateurs donnent des explications différentes des bénéfices qu'ils espèrent récolter ou récoltent déjà pour l'entreprise. Toutefois, ils se retrouvent tous dans une sorte de chaîne naturelle de bénéfices de l'entreprise libérée.

Le premier bénéfice consiste en la création d'un mode organisationnel naturel pour l'homme – c'est un bénéfice humain. Comme nous l'avons déjà largement expliqué, le modèle traditionnel de la bureaucratie hiérarchique ne saura pas satisfaire – par la nature de ce modèle fondé sur la méfiance et le contrôle – les besoins psychologiques universels des salariés. Il ne les satisfait pas, parce qu'il est tourné uniquement vers les besoins de l'entreprise. Ainsi, l'entreprise part du besoin de l'actionnaire, par exemple l'atteinte d'un Ebitda à 11 %, pour concevoir un modèle économique et des processus qui permettent d'espérer le réaliser, pour ensuite déterminer les ressources nécessaires pour faire marcher ces processus. La dernière de ces ressources est la ressource humaine. Dans ces conditions, il est normal que les « besoins de la ressource humaine » soient une notion marginale, voire incongrue. Ce n'est pas le cas dans l'entreprise libérée qui commence par créer un mode organisationnel qui satisfait aux besoins naturels des salariés. Le constat de ce bénéfice – dans les faibles taux d'absentéisme et de turnover, mais aussi dans le changement de posture, dans la fierté des gens ou simplement leurs sourires – ouvre la possibilité de récolter les bénéfices économiques qui en résultent.

En effet, dans l'entreprise libérée, les salariés automotivés et engagés jouissent de la liberté et de la responsabilité complètes, d'entreprendre toute action qu'eux-mêmes estiment la meilleure pour l'entreprise. S'ils partagent la vision-rêve de l'entreprise, il est naturel que, chaque jour, ils fassent de leur mieux pour la réaliser – plutôt que de faire le « minimum syndical » comme le dit si bien l'expression. Ainsi, la vision détermine la forme du principal bénéfice économique.

Par exemple, si la vision est d'« enchanter le client » comme chez Imatech, les actions des salariés contribueront à l'excellence du service, et donc au bénéfice économique qui en résulte. Si la vision est « d'être la compagnie aérienne la moins chère », comme chez Southwest Airlines, les actions des salariés contribueront à la productivité et à la croissance, et donc au bénéfice économique qui en résulte. En résumé, les bénéfices économiques ne sont pas le but mais la conséquence des bénéfices humains qui viennent d'être décrits.

De manière plus générale, l'impact des entreprises libérées va bien au-delà de ces bénéfices humains et économiques. Dans notre société, l'entreprise libérée est peut-être le dernier lieu où beaucoup de jeunes peuvent trouver des repères qu'ils n'ont reçu, ni dans leur famille, ni à l'école. L'entreprise libérée est aussi, peut-être, un moyen de réformer le service public, car elle a démontré sa pertinence dans cet univers, apparemment symbolique de la bureaucratie hiérarchique et du « commande-et-contrôle », comme des ministères ou même la marine[29]. Si l'entreprise libérée réussissait dans la Sécurité sociale française – où plusieurs démarches en ce sens sont initiées –, les impacts seraient

29. David Marquet. *Turn the Ship Around! : How to Create Leadership at Every Level.* New York, Penguin, 2012.

énormes, à la fois pour la qualité du service public, pour les finances de l'État et pour l'indépendance économique, et donc politique, du pays.

Nous restons donc optimistes sur le fait que la dynamique de libération déjà à l'œuvre va se poursuivre, tout en gardant bien à l'esprit que – comme le dit le leader libérateur Bob Davids – « ce qui est le plus rare sur la planète, ce n'est ni le pétrole, ni l'argent, mais bien le leadership libérateur ».

III

Les regards positifs de l'entreprise libérée

L'entreprise libérée offre des regards positifs sur l'homme, le travail, le patron, le manager et sur l'employeur. Une utopie ? On pourrait le croire s'il n'y avait pas des faits pour prouver le contraire.

Les entreprises libérées existent depuis 1958 et W. L. Gore, le fabricant de Gore-Tex. La première génération – allant du cinquième assureur américain USAA au leader mondial du design Ideo, des industriels Semco au Brésil et Favi en France au leader mondial de jouets Radica Games en Chine – a fait preuve d'une incroyable création de richesses humaines et, par conséquent, de richesses économiques, pendant des décennies. Depuis 2005, la deuxième génération est apparue avec Poult, Chrono Flex, Imatech en France, le ministère belge de la Sécurité sociale ou encore le géant indien de l'informatique HCL. Enfin, depuis 2012, la troisième génération d'entreprises libérées a constitué, surtout en France et en Belgique, un véritable mouvement avec Airbus, Decathlon, Kiabi, Michelin, le ministère belge des Transports, quelques caisses de la Sécurité sociale française, et des centaines de PME. Il est trop tôt pour établir le bilan de cette dernière génération, mais comment expliquer cette multiplication d'entreprises libérées et surtout en France, pays peu connu pour son regard positif sur le travail ?

En 2009, dans un article académique pour le *California Management Review*, j'avais introduit le concept d'entreprise libérée comme étant une forme organisationnelle dans laquelle la majorité des salariés sont totalement libres et responsables des actions qu'ils jugent meilleures pour l'entreprise.

C'est là une définition philosophique, qui n'évoque pas les caractéristiques structurelles d'un modèle – comme l'absence ou la présence d'une hiérarchie ou d'une pointeuse – mais une finalité : offrir la liberté d'action et la responsabilité qui va de pair. De pair, car on ne peut pas exiger du salarié d'être responsable d'un résultat s'il n'a pas la liberté du « comment » l'atteindre. Une véritable liberté, et non pas seulement un peu d'autonomie. C'est le rôle du leader libérateur d'articuler ce concept philosophique dans le contexte humain et culturel de son entreprise en co-construisant avec les salariés un mode unique de fonctionnement. Il n'y a pas de modèle de l'entreprise libérée, ni de méthode pour la construire.

L'entreprise libérée tire son premier regard positif – sur l'homme – des travaux du professeur de management[30] à la Sloan School of Management du MIT, Douglas McGregor. En 1960, il a contesté le

30. De comportement organisationnel (NDE).

regard traditionnel – mais infondé, selon lui – que l'entreprise portait sur l'homme. Notamment l'idée que les salariés auraient une aversion intrinsèque pour le travail et préféreraient être dirigés afin d'échapper aux responsabilités. À la place, Douglas McGregor a offert un regard réaliste – fondé sur la recherche psychologique – de l'homme. En avançant le postulat que les salariés cherchent à avoir des responsabilités, qu'ils sont intelligents et créatifs.

Le deuxième regard positif est sur le travail. Lieu de souffrance (*tripalium*) ou obligation, le travail est vu différemment au sein de l'entreprise libérée : c'est un lieu de satisfaction des besoins psychologiques des salariés, comme l'égalité intrinsèque, la réalisation de soi ou l'autodirection. La « vie bonne », au sens d'Aristote, peut avoir lieu au travail, et pas seulement après celui-ci.

Le troisième regard positif est sur le patron. Nombre de patrons jouissent d'une image positive auprès de leurs salariés en raison de leur intelligence, voire de leur autorité, des performances de l'entreprise ou des conditions de travail offertes aux salariés. L'entreprise libérée offre une dimension supplémentaire. Les salariés apprécient leur patron parce qu'il les aime, pas tant en discours qu'en actes. Ainsi, il ne dicte jamais les solutions mais les sollicitent. Il n'ordonne jamais mais attend que l'action émerge. Il attribue les bons résultats aux salariés et les échecs à lui-même. Enfin, il s'occupe des besoins psychologiques des salariés, tout en s'assurant qu'ils ont les moyens matériels suffisants.

Le quatrième regard positif est sur le manager. Nombre de managers sont appréciés par leurs subordonnés. Cependant, le rôle même du manager – ordonner et contrôler – est une des principales sources de stress au travail, car il empêche le salarié d'avoir un réel contrôle sur ses tâches. Dans l'entreprise libérée, le manager joue un rôle différent. Leader au service de son équipe, il leur fournit ce dont ils ont besoin – informations, connaissances, outils – pour que tous puissent donner le meilleur d'eux-mêmes. Naturellement, il est apprécié.

Enfin, le cinquième regard positif de l'entreprise libérée est sur l'employeur. Les conflits sociaux secouent beaucoup d'entreprises. La situation dans les entreprises libérées est différente. Quand Stéphane Magnan a été nommé PDG de Montupet (conception et production de pièces de fonderie), son entreprise intégrait trente jours de grèves dans la planification annuelle de production. Quelques années plus tard, les grèves avaient disparu. Bien sûr, l'entreprise libérée paie des salaires équitables au regard des contributions et du marché du travail. Mais elle le fait non pas pour obtenir la «paix sociale» mais pour éliminer cet obstacle qui l'empêcherait de poser au salarié la seule question qui compte : «Comment souhaitez-vous contribuer à la réalisation de notre vision commune?» Le sens retrouvé et la satisfaction de ses besoins psychologiques fondent le regard positif du salarié sur son employeur.

Pourquoi maintenant et en France?

Douglas McGregor avait prédit, en 1960, qu'il ne faudrait que dix ans pour que les principes d'autodirection et d'auto-contrôle triomphent dans toutes les entreprises. Pourtant, entre 1960 et 2012, les entreprises qui les ont adoptés ne se sont comptées qu'en dizaines. Pourquoi a-t-il fallu un demi-siècle pour que naisse un véritable mouvement de libération des entreprises et pourquoi majoritairement en France ?

D'abord, parce que la bureaucratie hiérarchique, idéale pour optimiser les coûts, s'avère incapable de faire preuve de la créativité et de l'agilité qui sont nécessaires face à la demande individualisée et incertaine. De même, elle ne permet pas de développer l'intrapreneuriat qui lui est essentiel pour faire face aux technologies qui ébranlent les activités traditionnelles. Enfin, elle n'attire plus les salariés (surtout les jeunes) qui ne veulent plus être de simples exécutants et veulent avoir à la fois de la liberté et de la responsabilité dans l'action. Ils veulent l'entreprise des pairs, pas l'entreprise du père.

Ces tendances lourdes existent dans tous les pays développés. La raison pour laquelle des centaines d'entreprises françaises sont en train d'abandonner la bureaucratie hiérarchique est double. D'abord, un écosystème a émergé en France pour aider les leaders libérateurs en herbe. Ensuite, la France est probablement le pays qui a le plus besoin de l'entreprise libérée. Selon le baromètre de Gallup, les salariés français sont les moins engagés d'Europe : seuls 9% d'entre eux le sont. Et le rapport sur la compétitivité globale du Forum mondial place la France en 51ᵉ position (sur 140 pays) en ce qui concerne la « volonté de déléguer l'autorité dans l'entreprise » et à la 116ᵉ place quant à la « coopération dans les relations salariés-employeurs ».

Les salariés de tous les pays désirent trouver un sens à leur travail et assouvir leurs besoins psychologiques. Partant de loin, les salariés français – et leurs patrons – ont peut-être plus soif qu'ailleurs de travailler dans une entreprise aux regards positifs.

Chapitre 3

Il n'y a pas de modèle d'entreprise libérée

« C'est quoi le modèle de l'entreprise libérée ? » doit être la question que j'ai le plus entendue. Ma réponse arguant que « ça n'existe pas » n'a pas toujours été accueillie avec compréhension. Cela tient à ce que j'appelle l'« intoxication par les modèles » qui dure depuis un siècle au moins. Le premier texte de ce chapitre explique comment se débarrasser de cette intoxication. Le deuxième texte est de nouveau écrit pour le public outre-Manche qui, depuis qu'il a quitté l'Union européenne, démontre un intérêt croissant pour les innovations organisationnelles de France. L'article relate des exemples de libérations d'entreprise et illustre en quoi chaque entreprise suit son propre chemin de libération et construit son propre et unique mode d'organisation libérée. Le chapitre se clôt par un texte qui discute de l'apport de Tom Peters à l'évolution de la pensée managériale. Fustigeant depuis 1980 le modèle traditionnel de l'entreprise, il ne cessait de proposer des modèles alternatifs. Mais bien qu'aucun de ces modèles ne se soit imposé, l'histoire retiendra, comme il le dit lui-même, son souci immuable de l'homme dans l'entreprise.

I

Comment se désintoxiquer des modèles

Bâtir une organisation de travail idéale soulève chez un patron d'entreprise de nombreuses questions : Par où commencer ? De quoi ai-je besoin ? Comment procéder ? Ces questions sont légitimes. Mais se poser des questions doit-il pour autant immédiatement orienter un patron vers la recherche d'un modèle tout prêt et d'une recette pour le mettre en place ?

Beaucoup d'immeubles qui nous entourent se ressemblent, beaucoup de restaurants offrent les mêmes plats. Certes, cette offre ordinaire a sa place, mais ni l'architecture ni la cuisine ne seraient admirées si elles n'existaient pas en tant que phénomènes culturels et s'il n'y avait pas des créateurs qui ont inventé leurs propres solutions. La «cuisine d'auteur» en témoigne, aussi bien que ces immeubles «d'architecte» qui arborent le nom de leur créateur sur leur fronton.

Le modèle minimise l'implication du patron

Mais, à la différence des architectes et des chefs cuisiniers, rares sont les patrons qui imaginent bâtir l'organisation de leur entreprise sans un modèle et une méthode pour la mettre en place. Bien sûr, il est très utile d'avoir des modèles dans les domaines des SI (systèmes d'information) ou de la «supply chain» (chaîne logistique). Mais peut-on et doit-on tout modéliser dans l'entreprise?

Sommes-nous à ce point les suiveurs inconditionnels de Taylor? C'est bien lui, persuadé de la toute-puissance de l'approche scientifique des modèles dans l'entreprise, qui a convaincu Harvard de lancer le premier MBA de l'histoire en 1908.

Il sera tentant d'accuser les MBA d'être à l'origine de cette addiction des managers et des dirigeants aux modèles. Toutefois, les écoles d'architecture enseignent aussi les approches développées par les architectes comme Le Corbusier ou par les mouvements comme le Bauhaus. Mais cela n'empêche pas de nombreux architectes de chercher leurs propres chemins créatifs plutôt que de suivre ceux déjà parcourus. Et, si les écoles de cuisine enseignent aux chefs en herbe à reproduire les recettes d'Auguste Escoffier (1846-1935), cela n'empêche pas ces derniers de rêver et d'inventer leurs propres recettes.

En vérité, si les patrons sont tant attachés aux modèles, c'est qu'ils y trouvent des avantages. Bâtir une organisation avec un modèle, c'est plus rapide. Inventer, faire des essais, commettre des erreurs, cela demande bien plus de temps qu'appliquer un modèle tout prêt. C'est aussi moins risqué : le modèle a déjà été testé, et ses applications antérieures permettent d'estimer l'investissement nécessaire. Enfin, le modèle minimise l'implication du patron : il peut confier sa mise en place à quelqu'un d'autre, interne ou externe.

Hiérarchie

Mais si l'on est fidèle aux principes enseignés dans les MBA, pour prendre une bonne décision, il ne faut pas considérer que les avantages. Or les modèles présentent bien des inconvénients et des limites, surtout quand il s'agit de modéliser l'organisation de travail. En théorie, l'organisation de travail vise un mode de coordination des acteurs de l'entreprise pour maximiser leur performance collective. En théorie aussi, la majorité écrasante des entreprises et des administrations n'utilise qu'un seul modèle – la hiérarchie – devenue, par conséquent, le modèle dominant.

Il est intéressant que ce modèle ait émergé, selon le philosophe et physicien Marc Halévy, comme réponse au problème que se sont posé les premiers patrons au début de la révolution industrielle et de la division du travail : « Comment coordonner le maximum de personnes avec un minimum d'encadrants ? » La solution mathématique est la hiérarchie. On attribuerait même, en partie, au modèle hiérarchique le grand progrès des pays industrialisés, car il maximiserait la performance collective des acteurs de l'entreprise.

Mais lisons ce que Bill Gore, le patron fondateur de W. L. Gore & Associates, dit de ce modèle :

> « Toute organisation couronnée de succès comporte, par-delà la façade de la hiérarchie autoritaire, une structure [qui se fonde sur] les interactions entre les individus, l'engagement personnel dans les responsabilités partagées par le groupe, le leadership naturel et la discipline imposée par le groupe. Ce type d'organisation est performant et la majorité d'entre nous sont ravis de “contourner” les procédures officielles et de choisir la méthode la plus simple et la plus directe. Le détournement légendaire des procédures militaires officielles par les sous-officiers en est un exemple. Tous les leaders militaires judicieux utilisent secrètement [cette structure implicite]. »

Et puisqu'on parle de l'armée, à laquelle on attribue l'idée même de coordination par l'encadrement, citons Colin Powell, l'ancien chef d'état-major des armées des États-Unis : « Les organigrammes et les beaux titres ne comptent presque pour rien. »

Un organisme vivant et évolutif

Mais, au-delà de l'armée, toute personne qui a travaillé dans une entreprise sait que si la coordination ne reposait que sur les lignes hiérarchiques d'un organigramme, l'entreprise serait vite paralysée. Derrière chaque hiérarchie formelle, il y a un mode d'organisation implicite. Certains sont fondés sur les intérêts politiques, d'autres sur des attachements tribaux. D'autres encore sont fondés sur les valeurs dont parle Bill Gore.

Et puisque les interactions sont rarement figées, l'organisation est du coup un organisme vivant et évolutif. Modéliser le vivant peut avoir un certain intérêt, mais modéliser un collectif humain ? C'est dangereux, car cela mène à l'instrumentalisation des hommes, qui deviennent des ressources, des biens, voire des simples pièces d'un mécanisme.

Ce « vivant » incarné dans le mode implicite d'organisation est en conflit avec le modèle hiérarchique officiel, et il en paie le prix. Il y a d'abord les conséquences, démontrées par la recherche, du stress au travail, allant des somatisations légères – mal du dos, eczéma, insomnie – aux maladies cardiaques. Or la cause principale du stress au travail est le manque du contrôle sur ses propres activités, contrôle exercé par le supérieur. Maximisons-nous la « performance collective » quand tant de ses acteurs sont malades ?

Mais le contrôle dû à la subordination – l'essence même de la hiérarchie – a des conséquences encore plus graves. Voici ce que dit Hyacinthe Dubreuil (1883-1971), un ancien syndicaliste et grand penseur d'entreprise :

> « Deux cents ans de frénésie productive ont noyé notre esprit dans la technique. La substance de nos cervelles semble maintenant faite de poulies et d'engrenages. Les appels du cœur y ont été réduits au silence, et c'est un miracle si les ouvriers n'y ont pas entièrement capitulé, alors que tout semblait fait pour les ensevelir dans la nuit de l'esprit. »

Maximisons-nous la « performance collective » quand tant de ses acteurs sont traités en individus sans âme ni intelligence ?

Les patrons pourraient ne pas voir ces inconvénients, s'ils abordaient le problème de l'organisation de travail comme des ingénieurs du génie civil, en appliquant le modèle traditionnel – le modèle hiérarchique. Mais chaque entreprise ou administration n'est pas simplement un énième chantier. C'est un collectif d'hommes et de femmes, avec son héritage humain et culturel unique. Plutôt que d'imposer un modèle, un patron peut devenir un architecte, un leader créatif qui impliquera les collaborateurs dans la co-invention d'un mode unique d'organisation qui reflète cet héritage.

Certes, cela prend plus de temps, un temps qu'on ne peut prévoir. Ce mode résulte d'une co-construction qui dépend du rythme auquel les gens changent leurs comportements. Co-construction qui implique aussi l'étude des chemins des autres pour s'en inspirer. Mais s'inspirer n'est pas copier une recette.

Oui à la subsidiarité

Dire non à la subordination, c'est rejeter le modèle hiérarchique. Dire oui à la subsidiarité, ce n'est pas appliquer un nouveau modèle mais inventer un mode d'organisation fondée sur la confiance et unique pour chaque collectif d'hommes et des femmes. L'homme politique Georges Clemenceau (1841-1929) a dit : « Les cimetières sont pleins de gens irremplaçables, qui ont tous été remplacés. » Une phrase qui s'appliquait au modèle traditionnel, avec son organigramme et ses postes.

Peut-on créer des modes d'organisation qui soient des communautés dont chaque membre est irremplaçable ? Des modes d'organisation qui permettront à la communauté de se recomposer, de trouver une autre manière d'accomplir l'activité d'une personne qui l'a quittée ? Mais qui feront de cette personne elle-même – et de tous ces liens qu'elle a construits – quelqu'un d'irremplaçable, quelqu'un qui a enrichi l'héritage unique de cette entreprise[1] ?

---

1. La plupart des citations sont issues de *La liberté, ça marche !*, *op. cit.*

II

C'est quoi la libération d'entreprise ?

Selon le dernier sondage de Gallup sur l'engagement au travail, seuls 17 % des salariés britanniques se sentent engagés au sein de leur entreprise, 57 % se sentent désengagés et les 26 % restants « activement désengagés », selon l'euphémique formulation de Gallup. Comment ces chiffres se traduisent-ils au niveau des résultats d'une entreprise britannique moyenne ?

Imaginez un canot sur lequel huit rameurs s'entraîneraient, loin au milieu d'un lac, en vue d'une grande course. Vous entendez le coup de sifflet puis, perplexe face au spectacle qui se déroule sous vos yeux, vous faites remarquer à l'entraîneur : « Le canot n'a pas l'air de bouger. » Celui-ci vous répond : « C'est parce que je ne vous ai pas expliqué ce qui se passe sur le canot : on ne le distingue pas d'ici, mais le premier homme rame vraiment très énergiquement; les cinq suivants se contentent de plonger régulièrement leurs avirons dans l'eau pour faire croire au premier qu'ils travaillent dur, tandis que les deux derniers rament énergiquement… mais dans l'autre sens. Vous me dites que ce canot n'avance pas ? Il s'agit donc d'une bonne journée, parce qu'il est plus fréquent de le voir reculer. »

Une relation de confiance

Cette métaphore reflète-t-elle la réalité ? Une étude a estimé que 2 % seulement des entreprises dépassaient largement leur concurrence sur une période de dix ans et que seul 1 % des entreprises parvenaient à survivre pendant quarante ans sans faire faillite ni être rachetées.

Si la plupart des entreprises aspirent à devenir des championnes, peu atteignent toutefois cet objectif. C'est la volonté d'élucider ce mystère qui nous a poussés, mon coauteur Brian Carney et moi, à entreprendre une recherche de quatre ans sur près de trente entreprises très variées que nous avons qualifiées de « libérées. » Cette expression renvoie à une entreprise dont les salariés ont la liberté et la responsabilité d'entreprendre ce qui leur semble le mieux pour l'entreprise, et non ce qui leur est imposé par leurs supérieurs ou par les procédures. Sans aller jusqu'à les comparer à d'anciennes prisons, les entreprises libérées relâchent la pression qui pèse sur les deux principaux facteurs de performance, à savoir le sens de l'initiative et le potentiel des salariés, que la structure de commandement-et-contrôle des entreprises traditionnelles contribue au contraire à étouffer.

En tant que chercheurs, nous avons commencé par essayer de découvrir un modèle de l'entreprise libérée, mais en vain. Ces entreprises peuvent présenter des points communs : la plupart de celles que nous avons étudiées (mais pas toutes) se caractérisaient ainsi par un petit nombre de niveaux hiérarchiques, par l'absence de places de parking attitrées ou par l'absence de pointeuses. Il existe même en Belgique un ministère « libéré » du Transport, dont le DRH ne peut pas se prononcer sur l'utilisation ou non de la pointeuse par ses fonctionnaires. Certains d'entre eux se sont en effet plaints de la présence de pointeuses, qui trahissaient selon eux un manque de confiance à leur égard. Le ministère leur a donc suggéré d'entrer par l'accès de droite s'ils souhaitaient pointer et par l'accès de gauche s'ils ne le souhaitaient pas. Étant donné que 19 % des salariés en utilisent encore, contre 40 % l'année précédente, le DRH ne peut pas se prononcer sur l'utilisation ou non des pointeuses au sein de son ministère.

Cela dit, nous n'avons pas été surpris par l'absence d'un modèle commun à toutes les entreprises libérées. La définition de l'entreprise libérée exposée plus haut ne mentionne aucune structure ni organisation, mais deux concepts philosophiques qui vont de pair : la liberté et la responsabilité. Sans la responsabilité, la liberté se mue rapidement en anarchie ; à l'inverse, la responsabilité d'obtenir des résultats sans la liberté de choisir comment les produire n'est qu'une chimère. Au sein de grands groupes et administrations, il incombe donc à chaque entreprise et à chaque unité opérationnelle d'élaborer son propre mode de fonctionnement libéré en articulant cette philosophie dans son propre contexte humain et culturel.

Il y a quelques années, Michelin a ainsi lancé sa révolution à partir de six usines implantées dans six pays différents et libres de procéder à leur façon. Les transformations y sont placées sous la conduite de leurs directeurs respectifs, un enseignement clé qu'il convient de tirer de notre recherche.

Quel leaderhip ?

L'objectif de notre projet dépassait la simple recherche de points communs dont il est question plus haut : ce que nous voulions, c'était comprendre comment mettre en place ce type d'entreprise. Nous avons remarqué que toutes les libérations réussies concernaient des entreprises bâties par leur patron, que nous avons surnommé « leader libérateur ». On peut par exemple penser à des directeurs d'usine chez Michelin ou Airbus ou encore à des PDG de petites et moyennes entreprises comme Harley-Davidson ou de start-up comme Ideo ou W. L. Gore. À l'origine de l'invention du Gore-Tex, cette dernière n'est évidemment plus une start-up mais en était bien une en 1958, lorsqu'elle a adopté son mode d'organisation fondé sur la liberté et la responsabilité.

À l'heure actuelle, W. L. Gore emploie dix mille personnes dans une dizaine de pays, mais elle a commencé avec trois membres sous la forme d'une entreprise libérée. Elle se caractérise par l'absence de hiérarchie, d'organigramme, de titres, de rangs et même de descriptions de poste ; les « emplois » y sont même remplacés par des « engagements. » Un emploi vous est donné par le patron, il figure dans une case sur un organigramme ; un engagement, en revanche, est librement consenti. N'oubliez pas qu'il n'y a pas de chefs… Et malgré le maintien de ce mode d'organisation libéré pendant près de soixante ans, ou plutôt grâce à lui, l'entreprise figure désormais parmi les plus innovantes au monde, avec un taux de croissance annuel moyen de 15 % et des ventes désormais supérieures à 3 milliards de dollars.

Harley-Davidson, Gore ou Ideo ne sont pas les seuls exemples d'entreprises à avoir pu maintenir leur position de leaders de marché pendant des décennies grâce à leur mode d'organisation libéré, contre toute attente. Aujourd'hui, c'est au tour de centaines d'entreprises et d'administrations de se lancer dans leur propre libération en mettant en place un environnement qui donne tous les matins aux salariés l'envie d'aller travailler et de faire de leur mieux. Grâce à cette décision, elles enchaînent elles aussi les victoires contre toute attente.

III

Management libéré : faut-il lire Tom Peters?

L'enquête de la Fondation nationale pour l'enseignement de la gestion des entreprises (Fnege) sur l'impact de la recherche en management a posé à 1 600 managers français et diplômés d'écoles de gestion la question suivante : «Selon vous, quel est le penseur, auteur ou chercheur vivant, qui a le plus d'influence au monde dans le champ du management?» Sur le podium du Top 50, sans grande surprise, on retrouve Michael Porter, Henry Minzberg et Clayton Christensen, tous professeurs dans les grandes universités nord-américaines.

Plus intéressant est la dixième place. On y retrouve Tom Peters, le premier des gourous du management de cette liste. Consultant, ancien de chez McKinsey, il a inauguré dans les années 1980 cette classe de penseurs non académiques. Une primauté qui lui est parfois contestée par Peter Drucker. Mais, à la différence de ce dernier, le monde de l'entreprise a entretenu une véritable relation amour/haine avec Tom Peters, surtout aux États-Unis.

Dans les années 1980, et pour la première fois depuis la Seconde Guerre mondiale, la « Corporate America » a commencé à douter d'elle-même. Au-delà de leurs automobiles et transistors, ce sont les méthodes de gestion des Japonais qui ont démontré leur supériorité sur les États-Unis. Certains ont souligné que ces méthodes provenaient des théories de l'Américain Edward Deming simplement pour admettre que c'est encore pire que cela : les entreprises américaines sont tellement aveuglées qu'elles ne sont même pas capables de reconnaître les idées qui sont devant leurs yeux.

Promu gourou

Et voilà que dans ce paysage lourd surgit Tom Peters avec un message rassurant : il y a aux États-Unis des dizaines d'entreprises excellentes dont les leçons devraient être apprises par tous. Il n'en fallait pas plus à ce pays foncièrement optimiste – ce que les Européens perçoivent parfois comme de la naïveté – pour que le livre coécrit par Tom Peters et Robert Waterman rencontre un succès phénoménal et que lui-même – ne ménageant pas ses efforts pour sillonner le pays – soit promu gourou.

Mais ce succès populaire avait une face d'ombre. Selon les propres mots de Tom Peters, son livre, *In Search of Excellence*[2], constituait une attaque frontale contre le « modèle rationnel » de l'entreprise et la « planification stratégique ». Or, il s'agissait de piliers pour les entreprises occidentales. Rien d'étonnant dans le fait que les préceptes organisationnels de Tom Peters, bien que populaires, étaient rarement mis en œuvre, tout comme vingt ans plus tôt

2. *Le prix de l'excellence,* 2e édition, Dunod, 2004.

les préceptes de Douglas McGregor (1906-1964).

Il faut admettre que Peters ne faisait pas tout pour se faire accepter. Au contraire : son feu d'artifice incessant de propositions avait de quoi perturber.

Messages perturbateurs

Primo, il ne faisait jamais dans la dentelle. Exemple : « On ne fusille pas les salariées qui font des erreurs. On fusille ceux qui ne prennent pas de risques. » Ou encore : « Vous prenez l'initiative ou… vous êtes viré par vos coéquipiers. » Tom Peters concédait que ses messages fassent peur pour ajouter, aussitôt, que le temps des messages réconfortants était révolu.

À sa décharge, il s'appliquait ses principes. Salarié de McKinsey, il publia dans *The Wall Street Journal* une tribune pour affirmer que les « plans stratégiques » ne servent à rien – domaine principal de conseil de son employeur. Un an après – et un an avant la parution de son livre – il devait quitter McKinsey.

Secundo, Tom Peters, l'impatient, n'attendait pas qu'on assimile ses messages dérangeants pour en rajouter une couche. Dans un de ces livres, tous les titres des chapitres sont composés d'un terme perturbateur en soi, précédé par un « au-delà » : « au-delà de la décentralisation », « au-delà de l'empowerment », « au-delà de la désintégration »...

Tertio, il se contredisait et à dessein. Cinq ans après avoir introduit le concept de l'excellence, il déclare qu'il n'y a pas d'entreprises excellentes et qu'il faut viser la flexibilité... Puis la désorganisation. Puis l'enchantement du client... Et, lorsqu'il n'abandonnait pas ses concepts, il les critiquait.

La liberté de faillir

Ainsi, dix ans après avoir promu les équipes autogérées, il écrivait que ces équipes sont un « édifice à mi-chemin de la hiérarchie » en ajoutant que « là où il reste de la hiérarchie on ne pourra jamais repenser les fondamentaux du management ».

Enfin, et pour aggraver son cas, Tom Peters est capable de faire évoluer sa pensée au sein d'un même livre. Ainsi, dans la préface de *Liberation Management*[3], il écrit que ces 800 pages ne portent que sur un seul sujet : la mode. Que toutes les entreprises évoluent dans un environnement qui ressemble à celui des maisons de haute couture ou des studios de Hollywood. Que pour y réussir elles doivent libérer leur flaire, leur bravade, leur piratage et leurs jeux de hasard.

Puis, tout au long de ses 47 chapitres, il passe d'un sujet à l'autre en consacrant, selon ses mots, 50 % du livre aux structures organisationnelles. Notons – car le titre français induit une confusion – que Tom Peters n'y mentionne jamais la liberté en tant que principe d'organisation. Pire encore, il n'utilise jamais dans le livre le terme « freedom », ou du moins pas avant la postface et le titre de son dernier paragraphe : « Freedom to Fail ».

Tom Peters y raconte comment, lors d'un séminaire en 1991, un manager dit à ses collègues : « Aucun de vous ne capte les propositions de Peters, mais elles sont

3. *Entreprise libérée : Liberation management*, Dunod, 1993.

tellement libératrices.» «Et c'est comme ça, dit-il, qu'est né le titre de ce livre» : un ouvrage qui a commencé par «la mode» et qui a terminé «par la liberté de faillir».

Tom Peters, tout comme Douglas McGregor qui a influencé sa pensée, fait partie des génies des principes organisationnels, les deux s'arrêtant à la porte de principes de leadership nécessaires pour construire les organisations qu'ils préconisaient. En 2005, Peters a écrit un court essai *Leadership* qui résume les traits de bons dirigeants, mais ce n'est pas un livre sur les principes du leadership transformationnel, tel que le nomment les chercheurs.

Parce que Tom Peters ne cesse de nous interpeller et de nous provoquer, parce qu'il reconsidère constamment notre, et sa, façon de penser l'entreprise, parce que beaucoup de ses idées organisationnelles commencent seulement à voir le jour, parce que des centaines des leaders ont décidé de transformer leurs entreprises – pour tout cela, il faut lire ou relire Tom Peters.

Chapitre 4

Tout patron peut-il devenir un leader libérateur ?

La situation suivante m'est arrivée bien des fois. Après avoir montré à mon interlocuteur l'existence d'entreprises libérées – qu'elles sont bien une réalité et non un « mythe » –, celui-ci me demande : « Mais toute société peut-elle devenir une entreprise libérée ? » L'occasion se présente pour moi d'introduire dans la conversation l'acteur clé de toute libération – le leader libérateur – en disant que la vraie question est un peu différente : « Tout patron peut-il devenir un leader libérateur ? »

Ce chapitre comprend six textes, chacun répondant à sa façon à la question ci-dessus. Plus précisément, chacun explore les différents paramètres de ce qui fait d'un patron un leader libérateur. Un de ces textes est coécrit avec le doyen des leaders libérateurs en France, Jean-François Zobrist, qui ne cesse depuis plus de trente ans d'interpeller les patrons en les incitant à vivre leur vie différemment et à co-construire un environnement où leurs salariés puissent faire de même.

I

Ce rêve qui est la liberté et le bonheur

Pourquoi les termes, tous positifs, d'autonomie, de participatif, de satisfaction, de bien-être, de pyramide inversée… sont facilement adoptés dans la sphère professionnelle, tandis que la liberté et le bonheur ne le sont pas vraiment ? Les révolutionnaires américains et français du XVIIIe siècle n'ont pas agi au nom de l'autonomie et du bien-être des citoyens, mais bien au nom de la liberté et du bonheur !

Le lecteur pourrait m'objecter que la transformation de l'entreprise n'est pas une révolution et que les patrons ne sont pas des révolutionnaires. Regardons de plus près chacun des deux points.

La transformation n'est pas une révolution

Il est juste de dire que la transformation, aussi radicale soit-elle, n'est pas une révolution, car elle ne peut user de violence et, pour réussir, elle cherche à évacuer la peur de l'entreprise – pas à la réintroduire. Les appels du type « commençons par virer tous les managers » sont des beaux pitches mais de piètres principes de transformation. Rappelons que la libération de l'entreprise vise à créer l'environnement organisationnel dans lequel la majorité de salariés sont complétement libres et responsables d'entreprendre toute action qu'eux-mêmes – pas leurs chefs ou les procédures – estiment comme la meilleure pour leur entreprise. Ce qui ne veut pas dire qu'il faut virer tous les chefs. Ces managers, qui ont de précieuses compétences et une expérience de l'entreprise, deviennent des leaders au service des équipes autodirigées. Ce n'est pas simple, certains n'y parviennent pas et préfèrent évoluer sans équipe – ou même demandent de partir – mais c'est leur choix. La première fois que quelqu'un – tel un manager qui n'arrive pas à changer son comportement directif – sera remercié, la peur sera de retour et sonnera le glas de la libération.

Libérés de leur patron

Le deuxième point, celui à propos de patrons révolutionnaires, est plus nuancé. De qui les salariés sont-ils libérés ? De prime abord, des chefs et des procédures qui leur dictent comment faire leur travail. Mais, *in fine*, ils sont libérés de leur patron. C'est bien lui qui est au sommet de la pyramide hiérarchique et est le garant ultime du respect de toutes les procédures. La libération implique donc le démantèlement complet de cette bureaucratie hiérarchique et la construction d'une organisation radicalement différente. C'est pour ça que les entreprises libérées évitent les termes qui rappellent l'« ancien régime » : la pyramide, même inversée, les règlements, les zones autonomes, la satisfaction des salariés… Non pas qu'ils ne soient pas positifs, mais tout simplement parce que ces concepts indiquent qu'il ne s'agit pas de la transformation radicale de l'organisation, fondée sur la liberté et la responsabilité complètes. Pour ne reprendre que le terme d'« autonomie », qui signifie que quelqu'un continue de détenir l'essentiel du pouvoir, un salarié autonome est-il complètement libre et complètement responsable de ses actes dans ces conditions ? Ce qui nous amène aux patrons révolutionnaires.

L'abandon de l'égo

Abandonner le pouvoir de décision est un acte révolutionnaire. Il l'est d'autant plus que, pour beaucoup de patrons, cet acte implique l'abandon de l'ego, peut-être la chose la plus essentielle et la plus difficile à accomplir dans la libération de l'entreprise. Quand on a réussi à construire une entreprise ou qu'on a réussi à monter à son sommet en tant que salarié, tout est fait pour que l'ego se développe, pour qu'il soit flatté par l'extérieur. Mais, tant que cet ego existera, il poussera toujours le patron à remettre en cause les décisions de ses collaborateurs, quand il n'hésitera pas à tout simplement leur dire ce qu'il faut faire. C'est ce que les patrons libérateurs rapportent comme le plus dur à faire dans la libération : écouter sans parler, s'autocensurer en permanence, laisser les collaborateurs faire des erreurs pour qu'ils puissent apprendre, ne pas venir dans l'entreprise …

Un tel changement du comportement n'est rien d'autre qu'une révolution, une révolution interne, dans la tête et le cœur du patron. C'est aussi le prix pour la liberté et le bonheur de tous dans l'entreprise, y compris de ce dernier.

II

De la renaissance[1]

La renaissance représentée par un professeur chevelu à la génération montante des patrons (I. Getz)

Ce professeur, fort de vingt ans d'observation et d'étude de plusieurs centaines d'entreprises et de leurs patrons, partage les leçons qu'il a apprises avec ses étudiants. Il le fait dans l'une de ces prestigieuses écoles

1. La première partie de ce texte a été écrite par Isaac Getz dans le style et en écho à la deuxième partie écrite par Jean-François Zobrist, les deux parties formant un tout. Jean-François Zobrist a accepté qu'elle paraisse dans ce livre (NDE).

de management ou de gestion, notions différentes mais qui ont vécu toutes les deux. Il partage aussi de plus en plus ces leçons avec les patrons de PME, de filiales des grandes entreprises, mais aussi des CPAM ou des patrons de syndicats (non, ce n'est pas une faute de frappe).

Quand il commença à le faire vers 2007 – c'est-à-dire à parler des patrons qui ont arrêté de manager ou de gérer les salariés pour se mettre à leur service –, il craignait de se faire rejeter. Il pensait au patron libérateur brésilien Ricardo Semler racontant comment il s'était fait huer par le public des patrons. À la surprise du professeur chevelu, ce ne fut jamais le cas. Au contraire, l'intérêt et, parfois, l'enthousiasme étaient réels pour la libération d'entreprise, ces lieux où les salariés sont libres et ont l'entière responsabilité de prendre les décisions qu'ils jugent les meilleures pour leur entreprise. Plus tard, un homme et chercheur formidable, Marc Halévy, lui expliqua qu'autour de 2006 le modèle traditionnel de l'entreprise – dit de la hiérarchie bureaucratique – avait cessé d'être adéquat à un monde de plus en plus complexe et turbulent et que cette inadéquation croissait d'année en année. Mais, même sans connaître à l'époque les raisons de cet intérêt, cela réjouissait le professeur chevelu. À quelques conditions près.

Certains échanges avec les patrons amenaient des nuages dans ce ciel ensoleillé :

« — C'est bien mais vous ne parlez que des entreprises américaines ou scandinaves.

— Favi est en Picardie. »

Ou encore :

« — Ça peut marcher en Picardie peut-être, mais avez-vous des exemples en Normandie ?

— Non. »

Et d'autres dans la même veine :

« — Intéressant, mais avez-vous des exemples de PME ?

— Les grandes entreprises libérées étaient des PME avant et ont joui de taux de croissance organique moyen de 15 %. »

« — Le modèle fait sens, mais avez-vous des exemples dans les services, l'industrie, la haute technologie, les entreprises familiales, les filiales de grands groupes, les Scop, les services publics… ?

— J'ai étudié une cinquantaine d'entreprises libérées dans quatre pays, avec une grande diversité de secteurs, de tailles et de gouvernances. Mais ce n'est qu'un échantillon qui ne peut pas couvrir tous les cas d'entreprises. »

Comme ces échanges se reproduisaient régulièrement, le professeur chevelu, qui dans sa jeunesse a obtenu un doctorat en psychologie, s'est demandé ce que voulaient vraiment dire ces questions. Il se rappela alors un fait connu des psychologues : il est difficile pour les gens d'admettre qu'ils ne veulent pas faire une chose que les autres jugent comme bonne. Pour sortir de cet embarras, les gens évoquent alors un argument objectif justifiant pourquoi ils ne peuvent pas le faire, une excuse en quelque sorte. Ce que lui rappela un autre phénomène.

La fonderie du petit patron naïf et paresseux, alias Jean-François Zobrist, fut visitée par des milliers de patrons du monde entier. Combien s'en sont inspirés pour libérer leur propre entreprise? Le professeur chevelu en connaissait deux, un en Alsace et un en Bretagne, et le petit patron naïf et paresseux en connaissait encore quelques-uns.

C'était la même situation par rapport aux dizaines d'autres entreprises libérées étudiées par le professeur chevelu et visitées par des dizaines de milliers de patrons, sans que beaucoup agissent à leur retour, ce qui souleva chez le professeur chevelu cette interrogation : pourquoi, parmi le très grand nombre des patrons qui intellectuellement apprécient l'entreprise libérée, si peu passent à l'action de libération ?

Dans son livre *Liberté & Cie*, le professeur chevelu s'est déjà penché sur une question proche ; les facteurs déclencheurs de la libération, en faisant l'hypothèse de deux émotions spécifiques. La première est l'exaspération, qui n'est pas une critique, c'est-à-dire l'exaspération du patron par la bureaucratie hiérarchique. La deuxième est l'admiration, qui n'est pas une appréciation, c'est-à-dire l'admiration par le patron d'autres patrons qui ont déjà libéré leurs entreprises. Ces deux émotions déclenchent l'action alors que les réactions de critique et d'appréciation ne déclenchent rien. Ces quelques dernières années, le professeur chevelu a eu la chance d'observer une dizaine de patrons qui ont éprouvé l'une ou l'autre de ces émotions et se sont lancés dans la libération. « Mais pourquoi eux et pas les autres ? », continuait-il à s'interroger.

La réponse est venue un jour toute seule. Lors de l'une de ces tables rondes auxquelles le professeur chevelu est invité de temps en temps, après avoir expliqué le concept de l'entreprise libérée, on lui a posé cette question :

« — Quel est le premier acte de courage d'un leader libérateur ?

— Abandonner son ego. »

Cette réponse a surgi toute seule. En effet, juste avant, le professeur chevelu avait expliqué que la première étape de la libération d'entreprise consiste en l'élimination de toutes les pratiques et de tous les symboles managériaux qui font ressentir aux collaborateurs qu'ils sont traités avec un manque de respect, de confiance, de bienveillance. Il avait insisté aussi pour que cela commence par le numéro un, qui doit arrêter de prendre des décisions dans le périmètre de responsabilités de ses collaborateurs. Il avait même suggéré que le patron devrait dire : « C'est vous qui êtes en charge de ce périmètre. J'ai confiance que si vous prenez un peu de temps vous trouverez la solution. » Faire le contraire, c'est signifier à tous que c'est le patron qui est le plus intelligent – ce qui est flatteur pour son ego. D'où la nécessité de l'abandonner.

Le professeur chevelu commença à le répéter à chaque fois et il se rendit compte que les patrons réagissaient différemment par rapport à ce défi. Pour certains, il était simple d'abandonner leur ego. Untel s'était immédiatement séparé de sa Jaguar, voiture de fonction de son prédécesseur, en la troquant pour une Picasso. Un autre avait commencé son mandat de DG en garant sa voiture dans le parking des ouvriers plutôt que dans celui réservé à la direction. Certains allèrent même jusqu'à l'abandon de leur bureau en s'installant parmi leurs collaborateurs. C'était simple pour eux parce qu'ils ne se voyaient pas comme des êtres supérieurs – avec des droits supérieurs – et, surtout, parce qu'ils comprenaient que tous ces signes de pouvoir constituaient autant de barrières qui empêchaient les collaborateurs de parler spontanément et en confiance à leur patron. Enfin, c'était simple pour eux parce que naturel pour ces derniers d'aller chaque matin à la rencontre de leurs salariés pour les entendre et les écouter. Comme l'a dit Robert Townsend, le patron libérateur d'Avis dans les années 1960 et auteur d'un livre édifiant, *Au-delà du management* : « Rien n'est plus révélateur pour les salariés que le regard fuyant du patron. »

Pour d'autres, comme put s'en rendre compte le professeur chevelu, abandonner leur ego était très difficile, au point que certains patrons durent travailler de longs mois, des années même, avec des coaches, voire des psychanalystes. Comme l'a dit au professeur chevelu l'un de ces patrons : « J'ai compris que le problème, c'était moi. » Warren Bennis, l'élève de Douglas McGregor, l'inventeur de la Théorie Y, a dit que se transformer, se réinventer, est la condition-même pour pouvoir transformer son entreprise. D'où la phrase du professeur chevelu : « Libérer l'entreprise commence par libérer le patron. »

Il y a aussi une autre raison que le professeur chevelu observa, empêchant les patrons d'arrêter de prendre des décisions à la place de leurs subordonnés. C'est le sentiment de la maîtrise des risques que le pouvoir de la prise de décision procure et le sentiment de vulnérabilité si ce pouvoir est abandonné. Comme l'a dit un leader libérateur : «Le plus dur au début, c'est l'autocensure.» Pas simple de passer à côté de quelqu'un qui est en train de commettre une erreur et de ne rien dire. Le professeur chevelu partagea alors deux remèdes susceptibles de soulager la souffrance infligée par la vulnérabilité. Primo : «N'avez-vous jamais commis des erreurs? Et ces erreurs ont-elles coûté plus ou moins que l'erreur de ce collaborateur?» Secundo : «Que voulez-vous dans votre entreprise : qu'un seul cerveau pense ou 499 cerveaux?» Ce n'est pas pour dire que l'entreprise n'a pas besoin du cerveau du patron. Au contraire, il est essentiel dans deux domaines dits «régaliens», mais pas dans le fonctionnement de l'entreprise. Même plus : l'entreprise libérée marche mieux quand le patron n'est pas là.

Puis le professeur chevelu précisa les deux domaines régaliens du patron libérateur :

– élaborer et partager la vision de l'entreprise pour que chaque collaborateur ait des critères pour juger si son action est bonne pour l'entreprise ; il sera ainsi dans les conditions d'exercer sa liberté et sa responsabilité ;

– construire et maintenir l'environnement organisationnel (les normes partagées du comportement) de l'entreprise.

Pour le premier domaine régalien, il vaut mieux passer beaucoup de temps dehors. Pour le deuxième, c'est comme pour un beau jardin : beaucoup de travail au début et moins après.

Pour conclure, le professeur chevelu ajouta qu'abandonner son ego permettait de devenir potentiellement le patron libérateur. Pourtant, il faut en plus élaborer et partager la vision, puis construire et maintenir un environnement organisationnel de confiance, de développement personnel et d'autodirection afin de réellement devenir un patron libérateur. Personne ne pourra faire ce travail dur et essentiel à la place du patron. Ce n'est donc pas pour tous les patrons.

Cela étant dit, le professeur chevelu observa une vraie génération montante de quelques dizaines de patrons libérateurs qui se lancèrent dans la libération ces dernières années avec succès. Dans le langage du professeur chevelu, cela veut dire que ces patrons ont vu leurs hommes et femmes changer, devenir fiers, beaux même. Ils ont vu aussi, par conséquent, les résultats de leur entreprise décoller. Sans être surpris. Ce n'est en effet pas un ou quelques cerveaux qui peuvent faire décoller une entreprise mais tous les cerveaux ! Et c'était le job de ces patrons de créer des conditions pour les libérer.

Le professeur chevelu conclut alors un peu énigmatiquement :

« La vulnérabilité est une résultante de l'abandon de l'ego et elle est aussi une porte vers l'amour. »

La renaissance présentée par un petit patron naïf et paresseux à la génération montante (J.-F. Zobrist)

Ce petit patron, fort de quarante-deux ans d'expérience en PME, témoignait parfois dans de prestigieuses écoles dites de « management », science des hommes, alors qu'elles ne sont que de gestion, science des chiffres.

Récemment, il témoigna dans l'une de ces institutions, devant vingt-huit étudiants salariés, en cinquième et dernière année d'une formation en alternance (trois jours en entreprise et deux dans cette université). En attendant que tout le monde s'installât, il interrogea les uns et les autres sur leur fonction dans leur entreprise respective : vingt titres et fonctions bizarres, toutes de contrôle, incompréhensibles pour le petit patron, et huit qui faisaient des choses qu'il comprenait. Il s'étonna qu'un seul, le chef de fabrication, créât de la valeur. Parmi les choses incompréhensibles, un jeune homme était «contrôleur de gestion achat»... Renseignement pris, il vérifiait que les achats étaient conformes au budget en volume et montant.

«— Comment peut-on savoir à l'avance ce que l'on va acheter? On achète quand on a besoin, or comment peut-on prévoir les besoins?

— Ben, par le budget!

— Cite-moi un exemple.

— Ben, si on a prévu 400 000 euros de publicité, ou 250 000 euros de petits outillages, je vérifie qu'on n'a pas dépassé ce montant!

— Comment peut-on prévoir un an à l'avance les besoins en publicité? N'y a-t-il pas des années où les circonstances font que 200 000 euros suffisent et d'autres où, à cause de l'évolution de l'environnement, il faudra 600 000 euros ? Et idem pour l'outillage ? T'as déjà acheté ?

— Ben non, mais il n'est pas nécessaire de savoir faire ce que l'on contrôle pour contrôler ! »

Une autre jeune femme déclara travailler au service RH d'un groupe par ailleurs en très mauvaise posture :

« — Sais-tu que RH signifie "rendre heureux", car n'y a pas de performance sans bonheur, que le bonheur des uns fait le malheur des autres, et que le bonheur des improductifs, dont les contrôleurs, fait le malheur des ouvriers qui, eux seuls, créent de la valeur, et ce faisant nourrissent les contrôleurs ?

— Ben…, dit-elle en écarquillant les yeux, arrondissant la bouche et passant en apnée.

— Par exemple vous arrive-t-il de mettre un couple dans la même équipe ?

— Peut-être, je n'ai jamais vérifié.

— As-tu déjà imaginé ce que cela signifie, que l'on réveille les enfants à 4 h 30 pour les conduire chez la nourrice, où ils se rendorment jusqu'à 7 h 30 pour aller à l'école? Penses-tu que la maman et le papa soient heureux et motivés?»

Après cette entrée en matière provocante, le petit patron leur expliqua que tous les quarante ans environ l'espèce humaine changeait de cycle. Pendant des temps immémoriaux, le changement de cycle se faisait par une guerre et que, lui, le petit patron, né en 1944, avait innové en cassant ce cycle et en inventant la société de consommation/production et que, quarante ans plus tard, ce cycle se fermait, était moribond, pour faire place à un nouveau cycle que sa génération, fière d'avoir «désinventé» la guerre, était incapable d'imaginer.

La seule chose qu'il pressentait est que jamais dans l'histoire la société n'avait eu si peu de productifs et autant de contrôleurs tétanisant les productifs. Pendant des millions d'années, tout le monde chassait ou cueillait, même le chef, et pendant les quelque quinze mille ans d'agriculture, à la noblesse et l'Église près, tout le monde cultivait, même la majorité du clergé par les frères et sœurs convers.

Et leur promo était à l'image de cette société moribonde : un productif direct, huit assistants (achats, qualité, etc.), vingt contrôleurs !

Il leur conta alors l'histoire d'une fonderie picarde qui, au début des années 1980, revint au basique de l'entreprise. Il leur rappela qu'une entreprise est une machine à créer de la valeur. Les gens les plus importants sont donc, dans le cas de la fonderie, les ouvrières et les ouvriers qui, seuls, créent de la valeur et doivent être heureux, car il n'y a pas de performance sans bonheur, que ce sont les ouvriers heureux qui font les clients heureux et que ce sont les clients heureux qui font les actionnaires heureux. Il leur rappela aussi que, pour être heureux, il faut être libre du « comment », et donc librement s'auto-organiser, mais pour ce faire chacun doit savoir pour qui et pourquoi il travaille afin de pouvoir organiser son « comment faire ». Pour que les ouvriers sachent pour qui ils travaillent ont été créées des mini-usines, entités de 30 à 40 ouvriers, attachées à un client (PSA, Renault, Audi, etc.) ou à un marché (compteurs d'eau, moteurs électriques, alliages antibactériens, etc.).

Pour qu'ils sachent pourquoi, et qu'ils aient les éléments pour définir au quotidien leur « comment travailler », le télex, puis le fax, et enfin l'ordinateur ont été installés au milieu de la mini-usine.

Il leur conta que, comme les ouvriers étaient libres et pleins de bon sens (chose qui ne s'apprend pas à l'école), très vite il avait remarqué que, en accord avec leurs compagnons, c'étaient toujours les mêmes qui étaient de nuit pendant deux ou trois ans parce qu'ils avaient un projet : retaper une maison, un bateau, etc. Ainsi, les autres ne travaillaient que la journée et alternaient comme ils voulaient par consensus, de gré à gré, tous les quinze jours, tous les mois, à leur guise ; ce faisant, ils n'étaient pas fatigués et c'est sûrement pour cela que le taux de fréquence et de gravité des accidents était le tiers, voire le quart, de la corporation des fondeurs.

De même, il avait constaté que, rapidement, pour éviter la lassitude, les ouvriers avaient pris l'habitude de changer de poste toutes les heures ; ainsi, non seulement leurs conditions de travail s'amélioraient, mais ils avaient aussi une connaissance intime de l'ensemble du processus, ce qui leur permettait, en cas de constat, par eux seuls, d'incident qualité (car, depuis 1983, chacun contrôle et règle sa machine) de corriger la déviance immédiatement et rapidement, sans tensions, en toute convivialité.

C'est cette même connaissance de l'ensemble des *process* qui leur permettait librement et rapidement de mettre en œuvre des actions de modifications et d'améliorations qu'ils jugeaient utiles de faire comme il le voulaient, sans aucun contrôle, car, dans cette fonderie, personne ne s'arrogeait le droit de juger les idées d'un autre, chacun pouvait passer à l'action librement et, chaque année, un jury d'ouvriers jugeait de la meilleure action d'ouvrier mise en place. Le lauréat se voyait attribuer une voiture et, pour un an, la seule place de parking réservée de toute l'entreprise. C'est ainsi que 60 à 70% des actions d'amélioration du confort, donc de la productivité, résultaient d'actions d'ouvriers librement exécutées.

Devant le scepticisme de son auditoire, le petit patron les informa qu'en trente années d'expérience de cette pratique, il n'avait jamais vu une action d'ouvrier mise en place qui ne soit pas rentable, alors qu'il avait souvenance d'une machine fort coûteuse issue du bureau d'études qui marchait tellement mal qu'on avait été contraint de rapidement la ferrailler !

Comme la fonderie fabriquait d'excellents produits, il fallait de bons vendeurs pour valoriser ces produits et, pour être performants, ces commerciaux devaient eux aussi être heureux et donc ne pas subir de contraintes ni de tensions et être libres eux aussi. C'est pourquoi personne n'avait d'objectif individuel, et tous et chacun, du DG aux commerciaux, ingénieurs d'études et ouvriers, avaient le même objectif : « Toujours plus et mieux pour mon client (interne ou externe) à Hallencourt (le village qui vit de la fonderie). » En corollaire, tous, y compris le DG, avaient strictement la même prime, au centime près.

Comme le diable est dans les cloisons et qu'entre le commercial qui prospecte, le service gamme, le chef de projet et les achats, il y a des cloisons, donc des diables, toutes ces fonctions ont été supprimées ; chaque commercial, un par mini-usine, prospecte librement, prend ses billets d'avion, fait ses gammes, définit avec ses ouvriers les meilleurs flux et les meilleures machines, les achète, sélectionne les fournisseurs de composants, les audite, négocie les prix, bref fait tout en toute autonomie, sans aucun contrôle.

De plus, il a son bureau au milieu des machines de sa mini-usine, car sa fonction est, certes, de préparer l'avenir de chacun dans notre beau village d'Hallencourt, mais c'est aussi de faire entrer le dehors dedans, de multiplier les contacts entre la mini-usine et son client, comme d'aider chacun à s'ouvrir sur l'évolution du monde – par exemple, accompagner les ouvriers lors de voyages d'étude et de formation au Japon, pays « Mecque » de la productivité intelligente.

Dans cette fonderie, il y a donc 13 mini-usines, 13 commerciaux et pas de chef de fabrication, directeur technique ou directeur commercial qui, pour justifier leur fonction, créeraient des contraintes qui empêcheraient d'entendre les contraintes clients. Il y a certes deux animateurs (d'*animare,* «donner une âme»), mais ils n'ont aucun rôle hiérarchique.

Qu'y a-t-il d'autre? Un gros bureau d'études (5% des effectifs) divisé en deux équipes, depuis trente ans, car ce sont nos cerveaux autant que nos mains qu'il faut mettre en équipe pour accélérer et dupliquer les actions mises en place par les ouvriers et répondre rapidement aux rêves des clients. Il y a des agents qualité et de maintenance, un pour une ou deux mini-usines (en fonction de la complexité de leurs produits et machines) qui sont rattachés aux mini-usines et au milieu des ouvriers. Le seul service qui subsiste est la comptabilité (2% des effectifs) qui informe chacun des résultats financiers de ses efforts. Et c'est tout!

Cette fonderie dégage donc 85% de productifs, ce qui n'est pas mal pour une entreprise qui, par jeu, a toujours été la première certifiée en France (ISO 14001 en 1994 et QSE en 2002), qui fournit plus de 50% du marché automobile européen et se diversifie en permanence en innovant pour rester dans son village : venant du sanitaire, elle est passée aux compteurs d'eau, puis à l'automobile, et elle va vers l'écologie, avec ses moteurs électriques à très haut rendement, et vers la santé, avec ses alliages qui tuent les bactéries.

Bien sûr, bien sûr, on ne peut pas aller vers la confiance par la liberté de chacun sans quelques éléments de cohérence. C'est pourquoi, dans cette fonderie, chacun vient évidemment pour y gagner sa vie mais aussi pour un rêve partagé : « Se développer, être heureux, s'épanouir dans son village d'Hallencourt. »

Et puis, comme tout système, toute entité n'existe que parce qu'elle est bordée par deux limites avec lesquelles on ne transige pas. La fonderie respecte ces deux valeurs limites. Ce sont ces limites qui font l'entité et fixent la latitude de liberté de chacun. Le petit patron expliqua à cette future élite, dont curieusement aucun n'était marié, que, quand ils se marieraient, ils constateraient que le couple n'est couple que parce qu'il est bordé par deux valeurs : la fidélité, morale, intellectuelle, physique ; le respect de l'autre, la tendresse, la gentillesse. Si l'on sort de ces limites, cela devient autre chose qu'un couple. Il en est de même pour les judéo-chrétiens dont les valeurs limites sont : « Ne fais pas à autrui ce que tu ne voudrais pas qu'on te fît » et : « Aime ton prochain comme toi-même. » Les Américains ont, quant à eux, de façon formelle, deux limites : la liberté et le respect absolu de la propriété privée.

De bonne foi, quand il a vu, lui, le petit patron, des choses incroyables dans les années 1960-1970, à savoir qu'un ouvrier pouvait s'acheter une voiture ou une maison, il a cru que cela allait durer et il les a éduqués, eux, les étudiants, avec deux valeurs limites, stupides, anti-darwiniennes : « tout prévoir » et « toujours chercher le zéro risque ».

Dans la fonderie ces deux valeurs sont :

– « L'homme est bon », car il est bon l'homme, et seul parmi les mammifères à prendre soin des faibles, des blessés, des vieux ! Comme il est bon, dans la fonderie, il n'y a aucun contrôle du temps, des coûts ou des actions ! Tout contrôle est immédiatement supprimé.

– Quoi que l'on fasse, cela doit « servir l'amour d'un client » interne ou externe : tout papier, procédure, action qui ne sert pas un client est immédiatement supprimé.

Ce sont ce rêve partagé et ces deux valeurs limites qui cadrent la liberté d'action sans aucun contrôle, en toute liberté.

Le petit patron leur fit deux recommandations :

– L'une était de sortir de leur bureau, d'aller quotidiennement sur le terrain des productifs qui les nourrissent, d'entrer « dans leur bocal », de discuter de tout sauf de travail, sauf si ce sont eux qui abordent le sujet, de se nourrir des signaux faibles émis par les uns et les autres ; et ils verront qu'un jour ils régurgiteront tous ces messages subliminaux en action conforme à leurs désirs inexprimés.

– La deuxième est de ne jamais chercher à améliorer l'existant, mais d'imaginer une autre chose plus simple et plus performante.

De même que la république n'est pas l'extrapolation de la monarchie, et a tué la monarchie, la mini-usine a tué les services réception, fonderie, usinage, finition, assemblage, RH, qualité, enchaînement de services et de pouvoir là où le temps de défilement était de l'ordre de dix jours. Si on avait, à coups de Lean, Agility, 6 Sigma et autres tartes à la crème, tenté d'améliorer ce temps de défilement, il aurait été ramené avec des tonnes de tensions et de traumatismes à huit jours, alors que la mini-usine l'a ramené, en six mois d'actions spontanées, sans investissement, à un jour !

En conclusion, il insista sur le fait que le processus de basculement vers une autre société était déjà engagé et que les deux mille malheureuses familles qui basculaient quotidiennement dans le traumatisme majeur du chômage en étaient les malheureux témoins.

Il leur dit qu'il leur laissait un monde à bâtir, un monde forcément plus frugal qui passerait sans doute de la possession à l'usage, donc au partage, donc à l'échange altruiste, mais un monde sans contrôle, un monde de confiance réciproque par la liberté d'action de chacun, liberté bordée, rendue cohérente sans doute par deux valeurs simples : liberté et surtout fraternité.

Il leur rappela qu'il fallait faire vite, car les armes que l'on a données aux pays émergents, dont la Chine, se retournent contre nous, avec cependant plein de difficultés : leur mauvaise formation, un pouvoir oligarchique diffus qui nie la fraternité pour garder ses avantages pléthoriques. Il leur laissait un monde où un entrepreneur ne peut plus créer 10 000 emplois, mais où 1 000 entrepreneurs devront créer chacun 10 emplois de niche ; un monde où les politiques de tous bords, comme les syndicats, ont désenchanté l'entreprise et qu'eux, l'élite de demain, devront tout faire pour la réenchanter, en faire un lieu d'épanouissement.

Cette renaissance de ce monde, n'ayant plus les moyens de nourrir les structures pléthoriques de contrôle, rendra impératif de revenir à l'ancestrale confiance par la liberté de chacun.

III

De l'entreprise du père vers l'entreprise des pairs

« Chef, on fait quoi ? » Depuis la révolution industrielle, cette phrase raisonnait parfaitement dans l'entreprise. Le travail divisé en de nombreuses tâches a posé le défi de leur coordination et le rôle du chef a constitué la réponse à ce défi.

Le chef investi de l'autorité et de la compétence dans l'entreprise – comme le père dans la famille – a conduit à l'entreprise « hiérarchique ». Mais, même compétents, les chefs se sont vite aperçus qu'ils ne peuvent pas être partout, tout le temps. Alors, ils ont créé des procédures – « les horaires de travail et les sanctions pour les retards », « la politique des congés », « la politique de rémunérations » – qui ont conduit à l'entreprise « bureaucratique ». Depuis son apparition elles ne cessent de croître, car tout problème conduit à une nouvelle procédure.

Une montre suisse

Soyons justes : les bureaucraties hiérarchiques ont fait progresser l'humanité. Depuis les années 1820, pour la première fois dans l'histoire, cet efficace mode d'entreprise a permis à une partie significative de la population de vivre dans la dignité. Telle une montre suisse, il est réglé pour satisfaire les besoins clairs et prévisibles du marché. Bien sûr, cet idéal ne dure pas infiniment : seul 1 % des entreprises survit encore après quarante ans. Cela dit, pendant ces quarante ans de vie, les entreprises rémunèrent les actionnaires et les salariés.

Le problème est que les entreprises croient que cette stabilité va continuer. Elles le font pour le besoin de leur boucle classique « remontée de l'information – délibération de chefs – communication de décisions et procédures vers le bas ». Si les faits du terrain les pressent et leur demandent des actions immédiates, elles en sont incapables et préfèrent souvent les rejeter.

Des salariés libres et responsables

Mais nous avons rencontré des dirigeants qui ont accepté les faits – stabilité qui disparaît, besoin d'agir dans l'instantané, incapacité pour la bureaucratie hiérarchique de le faire.

Aussi, ils savaient que ce sont les salariés en première ligne qui identifient les problèmes et les opportunités et qui sont à même d'apporter les solutions immédiates. Ainsi, ces dirigeants ont décidé de transformer leurs entreprises pour libérer l'initiative et la responsabilité de ces salariés. De l'« entreprise du père », elles sont devenues l'« entreprise des pairs » – des salariés libres et responsables d'entreprendre toute action considérée comme bonne pour l'entreprise.

Quant aux chefs, ils ont évolué vers un rôle de leaders au service de leurs équipes. Certains n'ont pas réussi et ont demandé à évoluer vers des rôles transverses, sans responsabilité d'encadrement. Mais personne n'a été laissé au bord de la route.

Le besoin déclinant du « père »

La bonne nouvelle est que les entreprises libérées s'établissent toutes au sommet de leur secteur, avec des taux de croissance organique moyens de 15 % et des marges hors comparaison avec la concurrence. La moins bonne nouvelle est que la libération d'entreprise est hasardeuse et longue – de trois ans pour les PME à dix ans pour Harley-Davidson. Notre recherche visait justement à fournir quelques principes pour accélérer cette transformation en évitant aux patrons des écueils et des tâtonnements. Un patron, Alexandre Gérard, dit s'être inspiré de notre ouvrage pour libérer son entreprise Chrono Flex de 300 personnes en moins d'un an. Comme l'un des indicateurs principaux de la libération est le besoin déclinant du « père », Alexandre a pu assumer pleinement le rôle du vrai père en amenant toute sa famille en voyage autour du monde pendant un an. Quant à son entreprise – autodirigée par les salariés-pairs –, elle a décollé.

IV

Comment devient-on un leader libérateur ?

Bob Davids, un des leaders libérateurs que j'ai étudiés, a dit : « Ce n'est pas de pétrole ou de nourriture dont on manque le plus dans ce monde – c'est de leadership. »

Depuis la publication de *Liberté & Cie*, et depuis que s'est enclenché un véritable mouvement de libération d'entreprise en France et en Belgique, de nombreux patrons me demandent comment libérer leur entreprise, et si le mouvement peut toucher toutes les entreprises. On ne peut pas leur répondre, car il n'y a pas de modèle d'entreprise libérée, et pas de méthode pour la construire.

J'ai défini l'entreprise libérée comme étant une forme organisationnelle dans laquelle la majorité des salariés sont totalement libres et responsables des actions qu'ils jugent meilleures pour l'entreprise. C'est là une définition philosophique, qui n'évoque pas les caractéristiques structurelles d'un modèle – comme l'absence ou la présence d'une hiérarchie ou d'une pointeuse – mais une finalité : permettre la liberté et la responsabilité de l'action. Il n'y a pas de modèle de l'entreprise libérée et c'est justement le rôle du leader libérateur d'articuler ce concept philosophique dans le contexte humain et culturel de son entreprise en co-construisant avec les salariés un mode unique de fonctionnement.

La question plus fondamentale pour un patron, c'est comment devient-on un leader libérateur ?

L'étape initiale est le travail sur son ego, et le fait d'apprendre à lâcher prise. Mais le leader libérateur doit aussi faire l'effort d'appropriation de la philosophie qu'est l'entreprise libérée pour pouvoir l'articuler par la suite au contexte humain et culturel de sa propre entreprise.

C'est de là qu'est venue l'idée de *La liberté, ça marche !* : recueillir des textes qui pourront faciliter le leader libérateur en herbe à se familiariser avec cette philosophie.

Les inspirateurs des leaders libérateurs

Pour les choisir, fidèle à la démarche de terrain, j'ai cherché des textes sur le leadership qui ont fait leurs preuves en influençant les premières générations de leaders libérateurs. Je suis convaincu qu'ils pourront être aussi utiles à la génération actuelle.

Prenons, par exemple, Hyacinthe Dubreuil. Je ne citerai que deux extraits venant de son livre de 1948, *L'Équipe et le ballon : l'ouvrier libre dans l'entreprise organisèe*.

Le premier pose le diagnostic :

> « Deux cents ans de frénésie productive ont noyé notre esprit dans la technique. La substance de nos cervelles semble maintenant faite de poulies et d'engrenages. Les appels du cœur y ont été réduits au silence, et c'est un miracle si les ouvriers n'y ont pas entièrement

capitulé, alors que tout semblait fait pour les ensevelir dans la nuit de l'esprit. »

Le deuxième offre une solution :

« [Développer] au maximum, dans les méthodes d'organisation selon lesquelles le travail s'accomplit, les possibilités de la liberté de l'homme... C'est dans les ateliers que l'élaboration de cette puissance divine devra tout d'abord commencer. »

Tous les extraits qui figurent dans le chapitre consacré à ce penseur, ancien syndicaliste, sont de cette pertinence. Ils ne viennent que d'un seul livre et Dubreuil en a écrit vingt ! La plupart de ses propos n'ont rien perdu de leur justesse : combien de penseurs des années 1930-1940, voire après, peuvent en dire autant ? Comment un penseur de cette envergure a-t-il pu être à ce point ignoré, puis oublié ? *La liberté, ça marche !* a offert la première republication de ses pensées depuis ses publications originales. J'ai également coorganisé le 24 novembre 2006 à l'ESCP Europe un colloque-hommage à son œuvre.

La clé pour maximiser la liberté et le potentiel humain

Au-delà des réflexions de penseurs de libération, j'ai aussi inclus dans *La liberté, ça marche !* celles de plusieurs leaders libérateurs eux-mêmes.

On y trouve, par exemple, un texte inédit de Bill Gore, le fondateur de W. L. Gore, qui fabrique le Gore-Tex et qui est depuis 1958 la première entreprise libérée de l'histoire. Gore était un adepte d'une approche socratique fondée sur le dialogue oral permanent avec les salariés de l'entreprise. C'est sa femme et proche associée Geneviève Gore qui a assemblé ses pensées et discours dans un document interne, distribué aux salariés en 1976. Il résumait sa philosophie d'entreprise, qu'il appelait l'« organisation en treillage ».

Voici le diagnostic de Bill Gore :

« Toute organisation… comporte, par-delà la façade de la hiérarchie autoritaire, une structure en treillage. Ce type d'organisation est performant et la majorité d'entre nous sont ravis de “contourner” les procédures officielles et de choisir la méthode la plus simple et la plus directe. »

Et la solution :

« La simplicité et l'ordre des organisations hiérarchiques les rendent irrésistiblement tentantes. Elles s'opposent pourtant aux principes de la liberté individuelle et étouffent le développement créatif de l'homme... étant donné la complexité des entreprises évoluant dans le contexte scientifique et industriel actuel, c'est un vrai défi que de maximiser la liberté et le potentiel humains. Mais l'attachement à la valeur humaine impose qu'on s'attelle à cette tâche. »

Bill Gore a démarré sa société avec trois personnes et elle compte aujourd'hui plus de 10 000 « associés », dans plus de 50 entités, sur quatre continents. Son leadership libérateur a inspiré les trois « leaders présidents » qui lui ont succédé, ainsi que tous les autres « leaders naturels » dans l'entreprise. L'entreprise n'a toujours pas de hiérarchie, mais des niveaux différents de responsabilité exercés par des leaders qui émergent. Même le président y est coopté et pas désigné. Le leadership de Bill Gore a aussi inspiré de nombreux leaders à l'extérieur qui ont libéré à leur tour leurs entreprises.

Un architecte créatif observe, apprend, et s'inspire des édifices construits par d'autres et des courants de philosophie de l'architecture dont il visite des expositions. De la même façon, pour qu'un patron qui cherche à libérer son entreprise puisse devenir un leader libérateur, il doit se nourrir des réflexions et des expériences des autres.

Le livre *La liberté, ça marche !* se veut une exposition de la pensée des inspirateurs du mouvement de libération des entreprises. Je n'étais que le commissaire de cette exposition à laquelle j'invite le lecteur.

V

Réflexions sur le leadership positif

Le livre sur le leadership, *Réinventer le leadership*[2], constitue un projet ambitieux, complet et d'actualité. Ambitieux, car il réunit plus de quatre-vingts auteurs, et rares sont les recueils, en dehors des encyclopédies, qui réussissent cela. Complet, car il donne une place aux penseurs et aux chercheurs théoriciens, aux chercheurs qui étudient le terrain et, surtout, aux praticiens. Cela aurait été une omission

2. S. Frimousse et Y. Le Bihan, *Réinventer le leadership*, Éditions EMS, Paris, 2017.

majeure si un ouvrage sur le leadership ne donnait pas la parole aux leaders : il suffit de penser aux écrits de Max DePree ou de Ricardo Semler. Enfin, il est d'actualité, et cela dans deux sens. Littéralement, nous vivons dans l'époque qui remet enfin ouvertement en cause les postures autoritaires ou « hautes », et pas seulement dans le monde de l'entreprise. Il suffit de voir le succès que rencontre le livre de Céline Alvarez, *Les lois naturelles de l'enfant* (2016), qui remet en cause le manque d'écoute et de considération des enfants par les éducateurs. Mais il est d'actualité aussi parce que cela fait près de deux mille cinq cents ans que l'on attend que le vrai leadership – qu'il s'appelle positif, serviteur ou libérateur – remplace le non-leadership. C'est Lao-tseu, le fondateur du taoïsme, qui a opposé les puissants, qui usent et abusent de leur force, aux sages leaders que les gens oublient à la fin, ce qui était justement leur objectif. Le temps est venu de donner la place qu'il mérite au leadership positif.

Mes recherches et mes observations des leaders libérateurs m'ont fait penser à plusieurs dimensions « positives » du leadership. Je vais les partager ici.

Le leader positif croit-il que l'homme est bon ?

Jean-François Zobrist, leader libérateur de Favi, dit que « l'homme est bon ». Au premier regard, il s'agit d'une opinion rousseauiste, mais les quelques faits suivants vont atténuer cette impression. Par exemple, Zobrist raconte qu'il a licencié des salariés pour faute grave sans la moindre hésitation. On est loin de la vision idyllique d'un salarié incapable de mal agir, ou d'un salarié dont les mauvaises actions ne lui sont pas imputables, et sont au contraire excusables pour maintenir l'idée que, « fondamentalement », l'homme est bon. Ensuite, il y a cette autre phrase de Zobrist qu'on cite moins : « L'homme est comme on le considère. »

En d'autres mots, pour Zobrist, si on le considère comme bon, digne de confiance, voulant faire du bon travail, il y a des fortes chances qu'il se révélera ainsi. À l'inverse, si on le considère comme mauvais, tricheur et paresseux, il se révélera ainsi également.

Être un leader positif c'est donc très différent d'un regard philosophique naïf sur l'humanité. Au contraire, un leader positif a un regard réaliste et volontariste. Réaliste, puisqu'il croit que dans chaque personne il y a du bon et du mauvais. Volontariste, puisqu'en vrai leader – à la différence d'un philosophe passif – il s'appuie sur sa croyance pour bâtir un environnement de travail où c'est le bon qui ressort plutôt que le mauvais.

Ce n'est pas simple, car le modèle traditionnel d'entreprise – comme l'a si bien expliqué Douglas McGregor avec la Théorie X – suppose que l'homme est tricheur, paresseux et irresponsable, et ce modèle s'est construit pour contrôler et parer à toutes ses « déficiences » humaines. Or, en suivant Zobrist, ces croyances exercent un effet autoprophétique. Un environnement de méfiance et de contrôle stimulera et révélera les mauvais côtés de l'homme. Ainsi, il ne se passera pas beaucoup de temps avant que ces « leaders négatifs » ne remarquent que la queue devant la pointeuse ne cesse de s'allonger quinze minutes avant la fin du travail. Par conséquent, un leader positif ne commencera pas par déclarer que l'homme est bon mais par agir pour transformer l'environnement de travail qui traite l'homme comme mauvais. Cette transformation, je l'ai appelée libération d'entreprise car il s'agit de libérer les salariés, entre autres, de la méfiance et des contrôles tatillons qui pèsent sur leur vie au travail. On comprendra aussi pourquoi j'ai qualifié le leadership libérateur comme étant la forme radicale du leadership transformationnel.

À l'origine de la notion de leadership transformationnel il y a deux grands chercheurs : James MacGregor Burns et Bernard Bass. Burns a toute suite défini le leadership transformationnel comme visant à bâtir une société dans laquelle les membres pourront satisfaire leurs besoins élevés, au sens de Maslow. Il l'a opposé au leadership transactionnel de *quid pro quo* entre les leaders et leurs « followers ». En revanche, Bass n'a pas inclus les besoins élevés dans sa définition initiale du leadership transformationnel. Il a insisté sur la capacité du leader à obtenir la confiance, le respect et l'admiration des « followers » pour qu'ils dépassent leurs intérêts personnels pour le « bien commun ». Ainsi, selon cette définition initiale de Bass, Hitler était un leader transformationnel. Par la suite, Bass a changé d'avis et a fait évolué sa conception de leadership transformationnel vers celle de Burns.

Ce n'est pas un débat théorique stérile qui n'intéresse que les chercheurs. Admettre que les leaders transformationnels sont uniquement ceux qui sont capables de « mobiliser les masses » pour le « bien commun » mène inévitablement à l'instrumentalisation des êtres humains. Et, selon Levinas, cette instrumentalisation appelle inévitablement la violence vis-à-vis de l'homme. On prête à Staline – le frère jumeau de Hitler au XXe siècle – cette formule : « Là où il y a un homme, il y a un problème. Pas d'homme – pas de problème. » La voie de l'enfer est pavée de bonnes intentions, utilisées par les pseudo-leaders pour mieux instrumentaliser et manipuler les « masses ». Je terminerai ces réflexions sur la question de savoir si l'homme est bon en citant un grand talmudiste, Berekhia, qui commente la création du premier homme, Adam, par

Dieu : « Il se dit : Si je le crée, des iniques apparaîtront dans sa descendance. Si je ne le crée pas, comment les justes pourront-ils en être issus ? » Alors, dit Berekhia, « Dieu détourna sa face de la voie des méchants, associa à son œuvre l'attribut de compassion et créa l'être humain[3] ».

Le leader positif croit-il que l'homme est intelligent ?

Une des rencontres de dirigeants qui m'a amené à découvrir le sujet du leadership libérateur a eu lieu en 2005, dans une usine de l'équipementier Dana en Belgique. Le directeur industriel nous a expliqué que grâce à la transformation qu'ils avaient opérée, il n'avait pratiquement plus rien à faire. « D'ailleurs, ajouta-t-il, les opérateurs font de toute façon ce qu'ils veulent. » Face à notre incrédulité, il nous a invités à voir par nous-mêmes. En entrant dans l'usine, il nous demande de choisir un opérateur, et il lui dit : « Ce tabouret ne doit pas être là. » Ce à quoi, sans même un regard pour son

3. Cité dans C. Bensaïd et P. Bebe, *L'Autre, cet infini. Dialogue autour de l'amour et de l'amitié*, Robert Laffont, 2013, p. 26.

directeur, cet opérateur répond : « Moi, ce tabouret me va très bien où il est. » « Vous voyez, nous dit notre hôte, faussement désemparé, ils ne m'écoutent même pas. » Au-delà de l'effet surprenant, voire déroutant, qu'un tel dialogue peut produire chez les observateurs, il révèle un vrai paradoxe : pourquoi les patrons conduisent-ils une transformation qui les rend superflus ? Pour le résoudre, il faut s'attaquer à une autre croyance – à côté de celle selon laquelle l'homme est mauvais – qui fonde le modèle traditionnel de l'entreprise : le supérieur est plus intelligent que son subordonné, et l'homme le plus intelligent dans l'entreprise, c'est son patron.

Écoutons un grand penseur et précurseur de l'entreprise libérée, Hyacinthe Dubreuil :

> « Je m'incline..., mais seulement jusqu'à un certain point, devant les fameux "infinitifs" dans lesquels Fayol a résumé la doctrine administrative de l'entreprise moderne : prévoir, organiser, commander, coordonner, contrôler. Car on me permettra de constater que cette célèbre formule suppose cette

toute-puissance de l'intelligence… de l'omnipotence qui prétend tout voir et tout diriger.

C'est la formule par laquelle nous nous efforçons de construire une organisation dans laquelle nous voudrions que rien ne soit laissé au hasard, car nous pensons que l'abandon à la liberté et à la spontanéité équivaudrait à se livrer à des caprices inconsidérés.

C'est l'autorité en vertu de laquelle on demande aux hommes… d'exécuter exactement ce qu'on leur ordonne, c'est-à-dire avec une passivité qui est contradictoire à l'initiative qu'on les exhorte à montrer d'autre part[4]. »

Selon le modèle d'excellence EFQM, qui s'ouvre par la section « Leadership », les leaders des organisations excellentes doivent créer une culture « d'implication, d'entrepreneuriat, d'autonomie, d'amélioration et de responsabilité par leurs actions, leur comportement et leur exemple ». L'entreprise belge Dana citée tout à l'heure était justement la lauréate du prix EFQM

4. Cité dans I. Getz, *La liberté, ça marche !*, *op. cit.*, p. 55-56.

qui est donné chaque année à une seule entreprise européenne par secteur (industrie, finance, etc.). Pourquoi elle et pas des centaines d'autres qui postulent pour ce prix, le plus prestigieux en Europe? Mon explication est que ses dirigeants ont compris que tant que par leur comportement ils voudront communiquer à l'ensemble de salariés que ce sont eux les plus intelligents dans l'entreprise, ils n'auront jamais de culture de la liberté d'initiative et de la responsabilité et, par conséquent, la culture d'entrepreneuriat, d'amélioration continue et de créativité qu'ils recherchent.

Ils étaient donc les bons élèves de Deming dont la philosophie fonde le modèle EFQM (et ses prédécesseurs prix Deming au Japon et prix Baldridge aux États-Unis). Deming disait : «C'est celui qui fait, qui sait.» Et le dirigeant qui croit à ça doit changer son comportement. En d'autres mots, les dirigeants, pour devenirs des vrais leaders, doivent renoncer à leur ego, à cette conviction qu'ils sont les plus intelligents. C'est cette conviction qui les pousse à vouloir tout diriger et tout contrôler, et qui a pour conséquence l'infantilisation et la déresponsabilisation des salariés qui agissent en simples exécutants aux antipodes des « entrepreneurs » et « innovateurs » qui sont recherchés. Est-ce simple ? Certainement pas, car tout dans l'entreprise traditionnelle renforce la croyance dans l'omnipotence des dirigeants.

Écoutons de nouveau Dubreuil :

> « Et, si extraordinaire qu'une pareille déclaration puisse paraître à des chefs d'aujourd'hui, on peut affirmer sans crainte d'erreur qu'il viendra un temps où l'on reconnaîtra que chaque équipe voit mieux et sait mieux… ce qu'elle doit faire que la Direction qui prétend encore la gouverner de loin. Mais quelle audace faudra-t-il pour entrer dans cette voie ! Pour franchir ce Rubicon… Nous prétendrons sans doute longtemps encore ne nous fier qu'à l'intelligence, bien que sa débilité évidente nous ait déjà causé tant de déboires[5]… »

Cela a été écrit en 1948. Aujourd'hui nous avons des centaines d'exemples de dirigeants qui ont résolu leurs problèmes

5. *Ibid.*, p. 57.

d'ego, et ont réussi à lâcher prise, souvent avec l'aide experte d'un coach. C'est le prix à payer si le dirigeant va au-delà du simple appel à l'intelligence collective et se met à créer un environnement de travail qui donne tous les jours des preuves aux salariés que l'entreprise fait confiance à leur intelligence. À commencer donc par sa propre transformation, par sa façon d'agir avec ses collaborateurs.

Le leader positif croit-il que l'homme est créatif ?

Ça paraît comme une évidence : toute personne positive croit au potentiel créatif de chaque individu. Mais nous ne parlons pas ici juste d'une personne mais d'un leader qui doit prouver sa croyance par les actes. La question devient alors : que fait le leader pour que chacun réalise son potentiel créatif et au travail ? Un petit détour par la recherche en créativité s'impose ici. Un des résultats les plus robustes de cette recherche consiste en l'absence de la corrélation entre l'intelligence et la créativité. Certes, il faut un certain niveau d'intelligence pour pouvoir créer, mais au-delà de ce seuil, plus d'intelligence chez une personne ne contribue pas à davantage de créativité. La créativité – la capacité à générer des productions originales et utiles – dépend d'autres facteurs. Parmi eux, la motivation intrinsèque joue un rôle essentiel. On n'achète pas la créativité à coups d'*incentives* et autres carottes. Le défi devient alors de construire un environnement de travail dans lequel le salarié sera continuellement mis au défi et aura envie de trouver par lui-même des solutions aux problèmes qu'il rencontre. Sans cet environnement, le salarié ne pourra pas réaliser son potentiel créatif au travail et cherchera à le faire ailleurs, au travers de ses activités extraprofessionnelles.

Beaucoup de leaders positifs se rendent compte du défi que représente la construction d'un environnement propice à la créativité. Une de leurs actions principales consiste à cultiver ce que Jean-Christian Fauvet appelle le « vide contrôlé », et que je préfère appeler le vide guidé. Le leader cultive ce vide en refusant de donner des solutions aux problèmes et aux opportunités qui émergent. Et il le fait non pas parce qu'il n'a pas de solutions, car souvent il en a, mais parce qu'il sait que toute créativité de son équipe commence par un problème ou une opportunité en attente de solutions. Ainsi, plutôt que de donner la solution, il dit à l'équipe : « J'ai confiance que si vous prenez un peu de temps vous trouverez la solution. » En même temps, le leader guide cette recherche de solutions. Il le fait en partageant avec l'équipe la vision de l'entreprise. L'appropriation par l'équipe de cette vision lui procure le critère pour évaluer si les solutions originales qu'elle génère sont utiles pour l'entreprise. Par conséquent, en cultivant et en guidant le vide, le leader construit un environnement de travail propice à la créativité de son équipe.

À partir d'un certain moment, la construction de cet environnement peut produire un cercle vertueux de créativité. En effet, l'équipe qui trouve de plus en plus de solutions aux problèmes qu'elle rencontre par elle-même devient autodirigée. Ceci permet au leader de passer de plus en plus de temps à l'extérieur pour capter les évolutions des marchés, des technologies et des sociétés. Or ces évolutions constituent autant de problèmes et d'opportunités potentiels pour les activités de son équipe et, par conséquent, autant de sources de la créativité de cette dernière. Des opportunités et des problèmes potentiels qui deviennent réels une fois que le leader les partage avec son équipe. En résumé, le leader positif croit au potentiel créatif de son équipe et le révèle grâce à l'environnement de travail qu'il construit : le vide qu'il guide et les informations externes qu'ils partagent.

Le leader positif est-il efficace ?

Question légitime, puisque le leader fait partie d'une entreprise ou d'une administration, qu'il a donc des obligations de performance, et que son organisation est à la recherche d'approches pour les atteindre. L'approche la plus répandue consiste à partir des objectifs quantifiés – souvent financiers – de la performance. Ensuite, les dirigeants conçoivent le modèle économique qui réalise théoriquement ces objectifs. L'étape suivante consiste à élaborer les processus dit « business » nécessaires pour mettre en place ce modèle.

Enfin, il faut préciser les ressources requis par ces processus dont les dernières sont les ressources humaines. Parfois, on qualifie cette approche d'utilitaire, voire financière, et elle est désignée comme la cause de la financiarisation de l'économie et de la société. Pour ma part, je la vois davantage comme une approche mécaniste, car elle conçoit l'organisation comme une machine dont le fonctionnement peut être parfaitement décrit et la performance calculée et mesurée. Toutefois, il existe une approche différente à la performance. Elle n'est pas fondée sur le calcul et la mesure mais sur une croyance qui consiste en deux postulats. Le premier est que la performance résulte de l'épanouissement des hommes. En d'autres mots, si l'entreprise offre un environnement de travail qui satisfait les besoins universels des salariés, ces derniers auront envie de venir au travail chaque matin et de donner le meilleur d'eux-mêmes. Ce postulat est soutenu aujourd'hui par un large corps de la recherche empirique en psychologie.

Le deuxième postulat part du bon sens. Il considère que, si la majorité des salariés donnent le meilleur d'eux-mêmes pour réaliser la vision de l'organisation, la performance sera élevée. Ce deuxième postulat ne peut être démontré ou calculé et c'est cela qui empêche vraisemblablement beaucoup de dirigeants d'épouser la croyance tout entière.

En effet, depuis Aristote, en passant par les Lumières, et jusqu'aux triomphes de la science du xxe siècle, nous recherchons des modèles théoriques, voire des mécanismes, pour tout phénomène. Comme le dit John Rayner, «nous aimons à penser que nous sommes potentiellement au moins omniscients. C'est pourquoi tout ce que nous ne pouvons pas comprendre ou démontrer ou mesurer, nous avons tendance à le rejeter comme fantaisie[6]». Pour autant, le leader positif ne s'abstient pas d'apporter les démonstrations, ou plutôt les illustrations, que sa croyance est bien fondée. Comme le dit un grand journaliste d'investigation, et premier résistant antinazi mort pour la France, Xavier de Hauteclocque, «les considérations les plus subtiles ne valent

6. Dans Bensaïd et Bebe, *op. cit.*, p. 124.

pas un fait[7] ». Ainsi, les leaders positifs sont des « conteurs positifs ».

Ils évoquent, comme Stéphane Magnan, PDG de Montupet, cet ouvrier qui ne baisse plus les yeux quand il lui adresse la parole, comme Jean-François Zobrist, les opératrices qui ont commencé à mettre du rouge à lèvres, comme Stanislas Desjonquères, PDG de Biose, les ouvriers qui « bombent le torse ». Ou Carlos Verkaeren, PDG de Poult qui raconte comment un jour un opérateur a confié à son DRH un secret que même sa famille ignorait – qu'il ne pouvait pas lire et écrire – en lui demandant de lui apprendre. Toutefois il se peut que, malgré toutes ces illustrations, le leader positif ne parvienne pas à convaincre son interlocuteur du bien-fondé de sa croyance selon laquelle un salarié épanoui résulte en une meilleure performance. Cela signifie tout simplement que cet interlocuteur n'entre pas en résonance avec cette croyance. *In fine*, la croyance n'est pas un sujet intellectuel mais émotionnel, voire

7. *In Aigles de Prusse*, Éditions de la Nouvelle Revue critique, 1932, p.12.

viscérál. Les croyances d'abord, les actions ensuite.

Le leader positif est-il un Don Quichotte?

On admettra donc qu'à la différence d'un modèle économique la justesse d'une croyance ne peut pas être démontrée a priori. Mais, alors, le leader positif peut-il admettre que sa croyance a échoué si la performance n'est pas au rendez-vous? Ou, a contrario, le leader positif est-il un Don Quichotte qui persévère malgré les échecs multiples simplement parce qu'il croit? À l'instar du grand penseur de leadership James March, je considère que le leader positif est un Don Quichotte. En accord avec l'approche utilitaire de la performance, presque tous les patrons agissent car ils attendent de leurs actions une utilité. Pas Don Quichotte. Tout ce qu'il fait ne donne aucun résultat. Alors pourquoi le fait-il? Par amour : son rêve et ses convictions. On peut rétorquer que beaucoup de patrons aiment leur entreprise, comme Don Quichotte aime sa Dulcinée. Ils ont même une carte de visite : directeur general de la Dulcinée. Plus sérieusement – ou pas – leur approche utilitaire à leur objet d'amour les amène à définir… les objectifs du rendement de leur Dulcinée, puis d'implanter des *process* pour garantir le rendement attendu et, enfin, fournir les ressources dont ces *process* ont besoin, y compris, les ressources humaines. Une servante éventuellement…

Ce n'est pas que les actions utiles n'ont pas lieu d'être. Elles ont lieu d'être. Mais elles ne font pas un vrai leader. Comme les objectifs ambitieux sont rarement atteints, les actions utiles vont vite désillusionner un patron. Il sera déçu par sa Dulcinée « au faible rendement ». Pas un vrai leader. Bien sûr qu'il corrige ses actions, car il s'appuie sur le bon sens. Mais il est juste que parfois un vrai leader soit pris pour un fou par son banquier, son expert-comptable, même son époux, ou épouse. Mais il avance car il est habité par son rêve et sa foi positive selon laquelle les gens sont dignes de confiance, possèdent des dons et aspirent à la liberté.

En somme, le leader positif est habité par l'amour des étoiles et des hommes.

VI

Faire confiance est-il vraiment dangereux ?

Nombre de parents savent aujourd'hui que commander ses enfants, voire crier sur eux pour qu'ils obéissent, donne des résultats à court terme ; à long terme, c'est contre-productif. Les travaux de psychologues du milieu du xxᵉ siècle, tels Erik Erikson ou Françoise Dolto, nous ont appris que les parents trop restrictifs ou trop exigeants empêchent leurs enfants d'acquérir le sens de l'autonomie, d'avoir confiance en eux, ainsi que d'avoir confiance dans les autres.

Toutefois, ce savoir sur l'éducation des enfants n'a pas été accepté facilement. Comme l'a dit un grand zoologiste du XIXe siècle : « Toutes les fois qu'un fait nouveau et saisissant se produit dans la science, les gens disent d'abord : Ce n'est pas vrai. Ensuite : C'est contraire à l'ordre et à la religion. Et à la fin : Il y a longtemps que tout le monde le savait ! »

Il y a encore des parents convaincus qu'il faut être derrière le dos de leur enfant, qu'éduquer autrement conduit à l'anarchie et serait contraire à l'« ordre » pédagogique de l'école (ils n'ont pas tort sur ce point). D'autres parents approuvent des approches préconisées par les psychologues. Mais les pratiquent-ils ?...

L'éducation des enfants n'est pas l'objet de ce texte : nous nous intéressons à l'entreprise libérée. Mais les parallèles sont saisissants. La philosophie de l'entreprise libérée – entreprise dont la majorité des salariés sont complètement libres et responsables d'entreprendre toutes actions qu'eux-mêmes, pas leurs supérieurs ou les procédures, décident comme les meilleures pour la vision de leur entreprise – a eu des prédécesseurs déjà au milieu du XXe siècle.

Son prédécesseur le plus connu, Douglas McGregor (1906-1964), est un psychologue américain qui a conçu la « Théorie Y ». Moins connu, l'ancien syndicaliste et penseur français Hyacinthe Dubreuil (1883-1971) dessine un peu plus tôt l'entreprise fondée sur la liberté et la responsabilité des ouvriers.

Une « évidence »

H. Dubreuil reprend les trois phases ci-dessus – rejet, danger, évidence – en écho à sa propre théorie, en indiquant que celle-ci est pour le moment jugée comme fausse ou dangereuse, craignant surtout qu'elle soit bientôt galvaudée par d'« habiles compilateurs ». Il a eu à la fois tort et raison.

Tort, car dans les années 2000 encore, l'organisation de l'entreprise fondée sur la confiance et la responsabilité était perçue comme marginale, une curiosité due essentiellement à la personnalité charismatique de quelques patrons tels Ricardo Semler au Brésil ou Jean-François Zobrist en France.

Raison, car ces dernières années, avec des centaines d'entreprises qui mettent en place la philosophie de l'entreprise libérée, cette dernière commence à devenir un danger, voire une « évidence ».

Inspirer une vision

A priori, l'entreprise libérée est dangereuse. Comment peuvent se sentir les cadres à qui leur patron annonce qu'ils n'ont plus de pouvoir de décision, que dorénavant ils doivent être au service des équipes qu'ils étaient habitués de contrôler? Ou, encore, lorsque ce patron dit aux cadres du contrôle financier que ce dernier ne sert à rien car tous les chiffres sont faux?

Cette crainte va être exacerbée par des articles enflammants comme ce « Première chose, virons tous les managers » de Gary Hamel, publié par la *Harvard Business Review*. Notre expérience de l'entreprise libérée nous dit le contraire.

Voilà ce qu'explique Alexandre Gérard qui dirige – pardon, coanime – Chrono Flex, une PME de service de plus de 300 salariés : « Il est vrai que, pour ne pas faire faillite durant l'année 2009, nous avons alors procédé à de nombreux – trop nombreux – licenciements, mais personne n'a été licencié dans le cadre de la démarche de libération amorcée en 2010.»

En même temps, cette transformation radicale – comme tout vrai changement – a demandé la redéfinition des rôles des acteurs de l'entreprise. Le PDG n'est plus celui qui, au sommet de la pyramide, commande tout. Ainsi, Alexandre Gérard décrit son rôle comme celui «d'inspirer une vision qui sera co-construite par les équipiers, faire émerger les valeurs, puis être leur gardien suprême.»

À l'autre extrémité, les salariés de terrain – chez Chrono Flex, les mécaniciens – ne sont plus de simples exécutants. Comme l'explique A. Gérard, «organisés en équipes autodirigées – appelées "speed boats" – ils assurent à la fois les interventions et la relation client dans leur zone géographique, mais aussi dessinent leurs véhicules d'intervention, choisissent les fournisseurs ou encore définissent les investissements.»

Que sont devenus les anciens chefs? Comme chaque «speed boat» a besoin d'un capitaine ou d'un « team leader », chaque équipe en a coopté un. « Son travail, précise A. Gérard, n'est pas de donner des ordres mais d'animer son équipe par la vison et dans le respect des valeurs, d'être à son service et de l'aider à grandir. » Ce rôle est complexe et ce n'est pas parce qu'on est coopté qu'on sait le faire.

Travailler sur l'ego

Rappelez-vous les parents qui perdent souvent patience et forcent l'obéissance. C'est justement pour ça – pour éviter d'infantiliser et de déresponsabiliser les salariés – qu'on a besoin des leaders. Mais c'est une tâche difficile et, pour l'apprendre, tous les capitaines ont reçu des formations et ont même été coachés (notamment, pour travailler sur leur ego, travail déjà facilité par leur cooptation à travers l'élection sans candidats).

« Chez Chrono Flex, raconte Gérard, deux anciens responsables d'équipe ont été élus. Mais ce n'est parce que les autres anciens chefs de service ne font plus d'encadrement que leur expérience et leur compétence ne sont pas respectées. » Au contraire, l'entreprise leur a permis de choisir des rôles créateurs de la valeur économique correspondant à leurs envies.

Alexandre Gérard poursuit : « Par exemple, Arnaud, le directeur commercial (ces titres sont toujours nécessaires vis-à-vis du monde extérieur alors qu'ils n'ont plus cours en interne) incarne et anime le sens du service client. Pour autant son rôle est de guider, conseiller, challenger les équipes sur le sujet et non de décider seul quelle sera l'approche commerciale de l'entreprise. Quant à Matthieu, après avoir été de nombreuses années patron du réseau d'intervention, il est devenu – après une grande transformation personnelle – coach interne ; tout équipier peut le solliciter pour travailler à son développement personnel. »

C'est le respect et pas la peur des sanctions qui constitue la norme dans toutes les entreprises libérées. Et le respect ne menace personne.

VII

Les leaders libérateurs d'entreprise sont-ils saint-simoniens ?

Lors de son mandat de directeur général de la fonderie Favi, Jean-François Zobrist a réussi à faire ce que peu de patrons ont fait en France. Pendant plus de trente ans, cette PME de Picardie n'a jamais augmenté les prix de ses produits, pas même pour les ajuster à l'inflation, n'a jamais eu de livraison en retard, et a assuré un résultat à deux chiffres à ses actionnaires. Plus encore, Favi exportait en Chine. Dit autrement, Favi, avec des ouvriers français et des charges salariales concomitantes, a réussi à être moins chère et de meilleure qualité que les concurrents chinois.

Mais, si vous demandez à M. Zobrist ce qu'il pense de ces résultats, il vous dira qu'ils ne sont pas des résultats, mais des « résultantes ». Le résultat de son action, dira-t-il, est le mode d'organisation fondé sur la liberté et la responsabilité des salariés qui leur a permis de décider par eux-mêmes les meilleures initiatives à prendre pour leur entreprise. C'est ce mode d'organisation qui fait que les salariés de Favi ont envie de venir au travail et de donner le meilleur d'eux-mêmes. Les performances extraordinaires de Favi ne sont que la résultante de cet engagement extraordinaire.

Une touche personnelle

Jean-François Zobrist est de ces patrons que j'appelle des « leaders libérateurs de la première génération », tout comme Michel Munzenhutter, Jean-Michel Queguiner, Jacques Raiman en France et quelques autres dans le monde. Bill Gore était le premier au monde à avoir construit l'entreprise libérée – chez W. L. Gore, fabricant de Gore-Tex – et cela depuis 1958. En France, c'est Jean-François Zobrist qui l'a fait depuis 1983.

Certes, à l'époque on ne parlait pas des entreprises libérées, mais J.-F. Zobrist a volontairement adopté ce concept en ajoutant une touche personnelle : « L'entreprise libérée, dit-il, c'est libérer les productifs des contraintes des improductifs. » Dans son style volontiers provocateur, Zobrist précise ainsi l'avenir des « improductifs » : « Quant aux parasites (*parasitos* : "qui vit aux dépens de..."), ex-dictateurs du comment (qu'ils sont bien incapables de faire par ailleurs), il faut les recaser... » Bien qu'il parle de « recaser vers des fonctions créatrices de valeur » et qu'en trente ans il n'ait licencié que trois personnes chez Favi, et à chaque fois pour des faits avérés, la phrase peut choquer.

Toutefois, l'avenir des improductifs – de toutes les fonctions consacrées au contrôle – est un sujet que tous les leaders libérateurs ont dû affronter. En effet, dans le mode d'organisation fondé sur la confiance complète en l'intelligence des salariés, ces derniers demandent – naturellement – à remplacer le contrôle par l'autocontrôle ; ce qui conduit à moins de contrôleurs. Mais que proposent les leaders libérateurs à ces «improductifs» redondants? Pour répondre à cette question, un détour historique est utile.

Des problèmes au bout de six mois?

Dans le documentaire *L'Entreprise libérée*, Jean-François Zobrist déclare que «si les ouvriers arrêtent de travailler le patron ne peut pas les payer. Mais si le patron arrête de travailler les ouvriers marchent quand même. Peut-être qu'au bout de six mois il y aura des problèmes. Mais cela n'est même pas évident».

Je n'en ai jamais discuté explicitement avec lui, mais je pense qu'une des racines de sa pensée réside dans la philosophie de Saint-Simon (1760-1825) – un autre Picard –, qui a écrit :

> «Supposons que la France perde subitement ses cinquante premiers physiciens, ses cinquante premiers chimistes [...], ses

> cinquante premiers banquiers, ses deux cents premiers négociants, ses six cents premiers cultivateurs, ses cinquante premiers fondeurs, et les cent autres personnes de divers états non désignés, les plus capables dans les sciences, dans les beaux-arts et dans les arts et métiers, faisant en tout les trois mille premiers savants, artistes et artisans de France.

Comme ces hommes sont les Français les plus essentiellement producteurs, ceux qui donnent les produits les plus importants, ceux qui dirigent les travaux les plus utiles à la nation, et qui la rendent productive... : ils sont de tous les Français les plus utiles à leur pays. [...] La nation... tomberait immédiatement dans un état d'infériorité vis-à-vis des nations dont elle est aujourd'hui la rivale, et elle continuerait à rester subalterne à leur égard tant qu'elle n'aurait pas réparé cette perte. »

Des « administrateurs »

Cette calamité, Saint-Simon la compare à une autre situation hypothétique où la France perdrait toute sa royauté, puis « tous les grands officiers de la Couronne, tous les ministres d'État [...], tous les conseillers d'État, tous les maîtres des requêtes, tous ses maréchaux, tous ses cardinaux, archevêques, évêques, grands vicaires et chanoines, tous les préfets et sous-préfets, tous les employés dans les ministères, tous les juges, et, en sus de cela, les dix mille propriétaires les plus riches parmi ceux qui vivent noblement ». Saint-Simon conclut que de « cette perte des 30 000 individus réputés les plus importants de l'État ne... résulterait aucun mal politique pour l'État ».

À l'inverse donc de Jean-François Zobrist et d'autres leaders libérateurs, Saint-Simon ne cherchait pas à « recaser » ni les hommes politiques au pouvoir, ni les « contrôleurs » qui gouvernaient en leur nom. Il voulait des « administrateurs », en substituant « au gouvernement des hommes l'administration des choses ».

Nos démocraties n'ont pas appliqué les préceptes de Saint-Simon à la lettre : au lieu de substituer des administrateurs aux politiques, elles ont gardé les seconds – ce qui est normal –, tout en y ajoutant les premiers. Vraisemblablement, cela est la raison pour laquelle la majorité des pays développés ont aujourd'hui des ministres de simplification, de modernisation ou d'innovation de l'État et que l'« administration de choses » ne s'est pas avérée aussi efficace que Saint-Simon le voulait. En revanche, les entreprises n'ont pas commis ce faux pas et sont, en apparence, les élèves parfaits du saint-simonisme.

« Administrateurs d'affaires » improductifs

En effet, les « administrateurs d'affaires » régissent en maîtres absolus l'entreprise traditionnelle. Des mandataires sociaux, investis de tous les pouvoirs par les actionnaires, en passant par les dirigeants, puis par les managers et par toutes les fonctions de support, administrent – « gèrent » – tous les aspects de l'entreprise. On pourrait conclure qu'à défaut de triompher dans les États Saint-Simon a triomphé dans les entreprises. Quelques faits suivants vont émietter cette conclusion.

Selon une étude récente de Gary Hamel, président fondateur de Strategos, cabinet international de conseil en management, aujourd'hui les entreprises comptent en moyenne un manager pour 4,7 salariés, représentant jusqu'à 30 % de la masse salariale. Se fondant sur les pratiques des entreprises qu'il appelle « pionnières », G. Hamel propose de réduire le ratio à 1 manager pour 10 salariés. En d'autres mots, la moitié de ces « administrateurs d'affaires » sont improductifs dans le sens même de Saint-Simon. Il est pourtant possible d'aller encore plus loin.

Dans ces entreprises « pionnières », Hamel a inclus quelques entreprises libérées. Ma propre observation d'une centaine d'entre elles démontre que le ratio managers/salariés est encore plus faible. Ainsi, J.-F. Zobrist, a fait en sorte qu'à Favi il n'y ait plus aucun manager depuis les années 1990. Quant au personnel administratif, il y est composé de 7 personnes, dont 3 comptables, pour plus de 400 salariés. De façon similaire, en Belgique, tant au ministère de la Sécurité sociale qu'au ministère des Transports, tous deux pionniers de la « libération » dans les entités publiques, le nombre de « managers », à savoir des personnes qui utilisent le pouvoir hiérarchique pour gérer leurs équipes, a été drastiquement réduit.

Des adultes plutôt que des êtres infantilisés

Cela dit, comme je l'ai évoqué précédemment, tant chez Favi que dans les ministères belges, personne n'a été licencié : tous les anciens managers ont été « recasés » à des fonctions plus créatrices de valeur – qu'ils ont la plupart de temps choisies eux-mêmes – et notamment au service des équipes autodirigées. Car c'est précisément là que réside le secret de ces entreprises libérées : les équipes de « productifs » s'y autodirigent. Elles s'autocontrôlent, font des plannings, des achats, des recrutements et, de manière générale, se comportent comme des adultes plutôt que comme des êtres infantilisés et déresponsabilisés qui doivent être contrôlés et « administrés ». Dans les entreprises libérées le pouvoir des « pairs » s'est substitué au pouvoir des « pères ».

Alors, les leaders libérateurs sont-ils des nouveaux saint-simoniens ? La réponse est moins picarde que normande : oui, car ils ont libéré les productifs de l'emprise des improductifs ; non, car ils ne l'ont pas fait pour les soumettre au pouvoir d'« administrateurs ». Malheureusement, dans les entreprises traditionnelles l'« administration des choses » de Saint-Simon est devenue l'« administration des hommes ». C'est contre cette dernière que les leaders libérateurs se sont soulevés afin que les hommes puissent s'autodiriger.

Chapitre 5

Les « bénéfices » de l'entreprise libérée

Se demander si l'entreprise libérée est plus performante que sous sa forme traditionnelle constitue la meilleure façon de faillir dans sa libération. L'entreprise libérée vise à réaliser des bénéfices, mais ces bénéfices sont humains. C'est seulement ensuite, parce que ses salariés ont envie de se lever le matin et de donner le meilleur d'eux-mêmes au travail, que ces entreprises deviennent plus performantes. Si un patron se lance dans la libération avec pour seul but de meilleurs résultats économiques, les salariés vont la considérer comme une ènième manipulation pour augmenter leur productivité. Ils n'auront pas entièrement tort. Un syndicaliste a même remarqué que, dans l'entreprise d'avant, c'était l'exploitation mais que, dans l'entreprise libérée, c'était devenu l'auto-exploitation. Si l'entreprise dont il parle s'est lancée dans la libération pour augmenter les résultats économiques, son affirmation n'est pas fausse. Cependant, comprendre ces bénéfices humains n'est pas simple et les notions traditionnelles de « qualité de vie au travail », par exemple, ne l'aide pas. Les deux textes de ce chapitre visent à faciliter cette compréhension.

I

L'entreprise libérée et la qualité de la vie

Dès le début de notre recherche avec Brian Carney en 2005, des patrons libérateurs nous ont entretenus de sujets philosophiques : pourquoi on se lève le matin, ce qu'est la vie bonne. En ethnographes, nous les avons notés avec attention et... surprise. En effet, nous voulions comprendre comment « ça marche », comment sont organisées ces entreprises fondées non plus sur le pouvoir mais sur la responsabilité, non plus sur le contrôle mais sur la liberté. Nous cherchions des pratiques à ériger en modèle et n'en avons trouvé aucune qui soit universellement présente. Dans toutes les entreprises étudiées, nous avons rencontré beaucoup de salariés au visage souriant, qui nous renvoyaient au concept philosophique de la « vie bonne » déjà entendu chez leurs patrons – et non à un modèle d'organisation. Ainsi, le phénomène étudié nous a imposés, à nous les chercheurs, sa nature philosophique – et non celle d'un modèle d'organisation. En 2009, nous publiions les résultats de nos recherches.

De l'entreprise du père à l'entreprise des pairs

J'avais alors introduit dans un article académique le concept d'entreprise libérée comme étant « une forme organisationnelle dans laquelle les salariés sont totalement libres et responsables des actions qu'ils jugent bon d'entreprendre pour l'entreprise[1] » (le terme en anglais était

1. I. Getz, « Liberating leadership: How the initiative-freeing radical organizational form has been successfully adopted », *op. cit.*

« freedom-form company »). C'est là une définition philosophique, qui n'évoque pas de caractéristiques structurelles (comme l'absence ou la présence d'une hiérarchie ou d'une pointeuse) mais une *fonction* : permettre la liberté et la responsabilité de l'action, concepts éminemment philosophiques.

Les définitions par fonction plutôt que par structure sont inhabituelles dans les sciences organisationnelles, mais courantes en ingénierie. Un pont est un ouvrage permettant le passage par-dessus un obstacle, un aqueduc permet à l'eau de couler par-dessus un obstacle. Les ponts et les aqueducs peuvent partager les mêmes caractéristiques structurelles, comme le prouve le pont – l'aqueduc – du Gard. Les ingénieurs admettent que le pont soit défini par sa fonction, et non par un modèle, mais les chefs d'entreprise et les chercheurs acceptent plus difficilement que la notion d'entreprise – comme l'entreprise libérée – le soit aussi. C'est qu'il y a depuis Taylor plus d'un siècle de pensée organisationnelle fondée autour des modèles.

On comprend alors qu'il faut être philosophe pour construire une entreprise libérée. Il s'agit d'un acte de foi : croire que les hommes veulent la liberté et peuvent assumer la responsabilité qui va de pair. Les patrons philosophes ne datent pas d'hier. Au XIXe siècle, Robert Owen, qui faisait visiter ses filatures aux grands de ce monde, croyait que les ouvriers méritaient des conditions dignes de travail et de vie. À la fin du XVIIIe siècle déjà, le célèbre fabricant de porcelaine Josiah Wedgwood avait les mêmes convictions et fournissait logis et services médicaux aux ouvriers. C'est ce que l'on nomma plus tard « paternalisme », consistant en l'échange de la protection des salariés contre leur obéissance – protection matérielle contre obéissance existentielle. Car Wedgwood, bien que leur fournissant de bonnes conditions de travail, ne faisait pas confiance à ses ouvriers et avait installé le pointage. Il visait les besoins matériels des ouvriers mais non leurs besoins existentiels, appelés aujourd'hui psychologiques.

Il a fallu attendre les années 1920 pour que le Tchèque Tomas Bata, fabricant de chaussures, abandonne la logique paternaliste pour bâtir son entreprise autour des besoins psychologiques de ses salariés – respect, responsabilité, confiance dans leur intelligence, équité, réalisation de soi et auto-direction. Bata disait : « La réflexion est pour les gens, le travail pour les machines[2]. » C'est la fonction, finalité philosophique qu'il attribuait à son entreprise – servir le bien commun –, qui a amené Bata à prendre en compte les besoins psychologiques de ses salariés. En France aussi, il existait avant les années 1950 des patrons qui ressemblaient à Bata, selon l'ancien cégétiste Hyacinthe Dubreuil[3].

C'est seulement dans les années 1960 que les premiers patrons-philosophes, au rang desquels Bill Gore de W. L. Gore et Robert Townsend d'Avis, construisent

2. Voir cet ouvrage, p. 106.

3. On peut lire les vues de ce penseur majeur de l'organisation qui présageait l'entreprise libérée dans Isaac Getz, *La liberté, ça marche !*, *op. cit*.

systématiquement leurs entreprises autour des besoins psychologiques des salariés[4]. La psychologie, avec la théorie de la hiérarchie des besoins publiée en 1943 par Abraham Maslow, est venue appuyer les convictions philosophiques de ces patrons. Maslow ne s'intéressait pas au monde organisationnel et c'est un autre psychologue, Douglas McGregor, qui a traduit en 1960 sa théorie en attitudes managériales réalistes. À savoir, que les gens cherchent à donner le meilleur d'eux-mêmes, qu'ils recherchent la responsabilité, qu'ils sont intelligents et créatifs. Il a appelé l'ensemble de ces attitudes « Théorie Y », et l'a opposé à un autre ensemble d'attitudes –, « Théorie X », dont la principale est que les salariés auraient une aversion intrinsèque pour le travail et préféreraient être dirigés afin d'échapper aux responsabilités. La Théorie X pose le problème de la direction des salariés, problème dont la solution consiste dans le modèle organisationnel

4. On peut lire leur vues philosophiques et psychologiques dans Getz, *La liberté, ça marche !*, *op. cit.*

hiérarchique[5]. McGregor était convaincu que la Théorie Y triompherait de la Théorie X, non fondée psychologiquement, et qu'en dix ans toutes les entreprises développeraient des modes organisationnels autour de l'autocontrôle et de l'autodirection. Entre 1960 et 2010, les entreprises qui l'ont fait ne se comptent qu'en dizaines…

Mais, alors, pourquoi si peu d'entreprises l'ont fait ? Et, surtout, pourquoi, depuis 2010, des centaines d'entreprises sont-elles entrées en libération en France et en Belgique ? J'ai tenté de répondre à la première question dans plusieurs publications auxquelles je renvoie le lecteur[6]. Laurent

---

5. Car la hiérarchie constitue la solution mathématique permettant de diriger le maximum de salariés avec le minimum de managers ; voir Marc Halévy, *Petit traité de management postindustriel, op. cit.*

6. L'article de 2009 déjà cité ; le livre coécrit avec B. Carney *Liberté & Cie*, nouvelle édition, Flammarion 2016 ; l'article « Des salariés libres d'agir : théorie ou destin ? », *Gérer et Comprendre*, juin 2012, pp. 27-38 ; « L'entreprise libérée : sa notion, son processus de libération et ses antécédents », reproduit dans cet ouvrage.

Marbacher et moi avons proposé une réponse à la deuxième question dans un texte paru dans l'ouvrage collectif *Entreprises vivantes*[7]. Et c'est là l'enjeu : qu'est-ce que la *vie bonne* dans l'entreprise ?

La vie bonne dans la société bonne

Aristote disait déjà que la véritable question n'était pas de réussir dans la vie – de la cité, de la famille – mais de réussir une vie bonne. Cette tradition s'est poursuivie jusqu'au XXe siècle, et notamment chez les penseurs de l'entreprise, à l'image de McGregor, qui s'interrogeait non sur l'organisation pour rendre performante l'entreprise, mais sur celle qui était bonne pour les besoins psychologiques des salariés. Comme Aristote, il cherchait la « société bonne ». Robert Greenleaf, l'inventeur du « leadership serviteur », se posait la même question :

7. « L'entreprise libérée : une philosophie pratique stimulée par un écosystème », dans M. Mack et Ch. Koehler (dir.), *Entreprises vivantes : ensemble, elles peuvent changer le monde*, L'Harmattan 2017, p. 17-39 (reproduit dans cet ouvrage).

« Une société [humaine] bonne voit le jour lorsque beaucoup de gens réalisent leur potentiel grâce à des contributions nombreuses et variées[8]. »

En ce sens, l'entreprise libérée est une réponse possible aux patrons qui cherchent à construire une société bonne. Bill Gore, le premier leader libérateur de l'histoire, disait ainsi : « L'un des buts d'une société [humaine] bonne vise à donner l'occasion à chaque être humain de maximiser ses réussites[9]. » Bâtir un environnement dans lequel les salariés jouissent de leur liberté et de leur responsabilité d'action – deux ingrédients essentiels d'une vie bonne –, voilà la raison d'être de l'entreprise libérée, sa finalité philosophique. Jean-Michel Guillon, directeur du personnel du groupe Michelin, abonde dans le même sens : « Le concept d'entreprise libérée nous intéresse car elle permet de revenir aux fondamentaux de l'entreprise qui est l'humain. Notre leitmotiv historique reste : "Deviens

---

8. Cité dans Getz, *La liberté, ça marche !*, *op. cit.* p. 127.

9. *Ibid.*, p. 199.

ce que tu es[10]." » La finalité de la démarche de libération de Michelin, qu'ils nomment « responsabilisation », est précisément de créer un environnement dans lequel chacun puisse se réaliser et s'épanouir – vivre une vie bonne.

On comprend pourquoi les leaders des entreprises libérées ne citent pas de chiffres pour prouver que « ça marche ». Ils préfèrent, comme Stéphane Magnan, évoquer cet ouvrier qui ne baisse plus les yeux quand il lui adresse la parole, comme Jean-François Zobrist, remarquer que les opératrices ont commencé à mettre du rouge à lèvres, comme Stanislas Desjonquères, parler d'ouvriers qui « bombent le torse ». Ou tel patron libérateur à qui un jour un opérateur a confié un secret que même sa famille ignorait – qu'il ne pouvait pas lire et écrire – en lui demandant de lui apprendre. Certes, les patrons libérateurs disent que l'argent est important pour l'entreprise libérée. Mais ce n'est pas

10. Interview lors des rencontres ANDRH, *Le Journal de l'éco.fr,* 2015 (https://www.youtube.com/watch?v=EMJjQ045FZs ; consulté le 24 août 2016).

sa finalité, c'est la résultante du fait que les gens sont bien dans l'entreprise et donnent le meilleur d'eux-mêmes. Si ces exemples et arguments ne sont pas convaincants aux oreilles de tous, ils le sont pour ces leaders qui ont créé un environnement de travail dans lequel les gens mènent une vie bonne – eux-mêmes compris.

II

Que coûte et que rapporte l'entreprise libérée ?

Hyacinthe Dubreuil, le premier auteur français qui, dans les années 1930-1940, a postulé la liberté d'action de l'ouvrier comme le principe fondamental de l'organisation de l'entreprise, aimait citer un grand zoologiste du XIXe siècle : « Toutes les fois qu'un fait nouveau et saisissant se produit dans la science, les gens disent d'abord : "Ce n'est pas vrai". Ensuite : "C'est contraire à l'ordre et à la religion". Et à la fin : "Il y a longtemps que tout le monde le savait !" » En d'autres mots, il prévoyait que sa théorie de transformation radicale du lieu de travail serait d'abord reçue comme fausse ou dangereuse, et terminerait comme une évidence, voire galvaudée (il considérait cette dernière possibilité comme la plus inquiétante).

Exemple d'évidence : la surperformance des entreprises libérées serait due à une réduction de coûts salariaux, conséquence du départ des cadres et de leur remplacement par des leaders payés à des salaires de non-cadres. Mais ce n'est pas si simple. « C'est vrai que chez nous, les team-leaders (animateurs d'équipe), bien que bénéficiant d'une augmentation qu'ils conservent même au-delà de la période de trois ans pour laquelle ils ont été élus, ne sont pas payés comme les anciens encadrants », confirme Alexandre Gérard, PDG de l'entreprise libérée Chrono Flex. Mais « la masse salariale globale a augmenté », dit-il. Car les coûts salariaux sont gérés autrement. « On tente de ne laisser personne au bord du chemin », précise-t-il.

Ceci n'a pas beaucoup de sens de point de vue de l'entreprise traditionnelle.

Mais justement, Chrono Flex n'en est pas une. Ses pratiques organisationnelles ne visent pas des performances financières, mais la satisfaction des besoins universels des hommes et des femmes qui y travaillent.

Mobilité professionnelle

Ce qui implique une mobilité professionnelle. Beaucoup d'entreprises traditionnelles pratiquent la « mobilité interne », mais combien parmi elles offrent à leurs « salariés de base » – un opérateur, un mécanicien, une caissière – d'évoluer vers des responsabilités dites « managériales » ? Combien de ces entreprises ont en leur sein des responsables comme Régis Marchetti qui explique que chez Favi – la pionnière des libérations d'entreprise en France –, « même avec un CAP, on peut diriger trente personnes ». Ailleurs, précise-t-il, ils ont des titres de « chefs d'atelier », des diplômes. Leurs missions ne sont pas accessibles aux « simples salariés de base ».

Pas chez Favi ni chez Chrono Flex. Dans ces entreprises « libérées », si un opérateur ou un mécanicien souhaite se réaliser dans les activités de leader et… est coopté par ses collègues, il peut satisfaire son aspiration. C'est d'ailleurs le cas d'une majorité de leaders dans ces entreprises. Quant aux anciens managers, ils ont eu la possibilité de se diriger vers d'autres missions qu'ils ont eu l'envie de mener au sein de l'entreprise, et ainsi de se réaliser également. Mais puisqu'à leurs salaires l'entreprise doit ajouter les augmentations pour les nouveaux leaders, la masse salariale augmente.

Cette hausse des coûts n'est pas unique dans l'entreprise libérée. Prenons, par exemple, l'organisation des équipes terrain en « speed boats » autodirigées comme c'est le cas chez Chrono Flex, inspiré des « mini-usines » de Favi. Chacune d'elles s'occupe des recrutements ou des investissements pour mieux accomplir la vision de l'entreprise. La conséquence : de nombreux doublons qui « coûtent », en comparaison aux économies d'échelle obtenues par la centralisation des services de support (ressources humaines, informatique, etc.). Encore un paradoxe de point de vue de l'entreprise traditionnelle. Mais l'entreprise libérée ne s'inscrit pas dans une perspective purement comptable. Elle vise aussi à répondre aux besoins de ses salariés de s'autodiriger, plutôt que d'être dirigés.

Philosophes, les entreprises libérées sont convaincues que, si leurs coéquipiers ont envie d'initiative, ils vont donner le meilleur d'eux-mêmes et rendre leur entreprise agile, créative et innovante : le Graal auquel toute entreprise veut parvenir.

Ce Graal est la résultante de l'environnement qui satisfait les besoins fondamentaux des salariés. On comprend pourquoi il échappe tant aux entreprises qui essaient de le forcer à coups d'investissement dans la R&D ou autres « programmes d'innovation ». Un salarié prendra une initiative non pas parce qu'il y est obligé par son contrat d'emploi, mais parce qu'il aura envie de le faire.

L'intérêt de l'entreprise

Ce n'est pas le cas de tous les salariés. L'entreprise libérée n'est pas un monde de « Bisounours ». À côté de la possibilité de décider, de se réaliser et de prendre l'initiative, il y a aussi l'autodiscipline – l'exigence et la responsabilité d'agir toujours dans l'intérêt de l'entreprise et de sa vision.

Cette exigence n'est pas du goût de tous. C'est normal. L'entreprise traditionnelle – qui a façonné les comportements de la majorité de salariés – est construite autour de pratiques individualisées, voire individualistes : le recrutement individuel, l'évaluation individuelle, la promotion individuelle, les primes individuelles.

Mais l'expérience des entreprises libérées françaises de la première génération (Favi, Sew Usocome, Bretagne Atelier) et de la deuxième génération (Chrono Flex, Poult, Imatech, Syd Conseil, Biose) montre que la majorité des salariés acceptent cette exigence. En d'autres mots, ils préfèrent s'autocontrôler plutôt que d'être contrôlés.

Tout cela relève du bon sens, disent beaucoup de patrons. En effet, ils sont de plus en plus nombreux à considérer que faire confiance, révéler les dons des salariés, leur permettre de s'autodiriger relève du bon sens. C'est tellement évident qu'ils le disent tous.

Approche « silencieuse »

Mais si l'entreprise libérée relève du bon sens, libérer l'entreprise ne l'est pas du tout. « Lorsque vous annoncez d'une voix tonitruante : "Je vais mettre la confiance au cœur de l'organisation et vous allez disposer d'une véritable liberté d'action !", vous délivrez une promesse qu'il vous sera très difficile de tenir », explique Alexandre Gérard. En effet « vous n'annoncez rien de moins qu'une transformation de culture au sein de votre entreprise, ce qui demande des années. Alors durant des mois, voire des années, que vos équipiers resteront confrontés aux procédures, aux reportings et à leur petit chef, que diront-ils de votre promesse ? », ajoute-t-il.

Les patrons qui ont réussi à libérer leur entreprise ont privilégié une approche pas à pas, qu'Hyacinthe Dubreuil appelle « silencieuse ». Plutôt que de parler, ils ont démontré, par les actes, leur respect et leur confiance en leurs collaborateurs. Les actes, mieux que les mots, préparent le terreau favorable à la transformation. Par exemple, Michel Munzenhutter, chez Sew Usocome, a commencé par garer sa voiture dans le parking des ouvriers et Jean-François Zobrist par murer la fenêtre qui « surveillait » l'atelier à partir du bureau du « grand chef ».

C'est une fois que les salariés ressentent le changement dans leur quotidien, dans la satisfaction de leurs besoins fondamentaux, à commencer par le respect et la confiance, et donc, dans leur bien-être, qu'ils commencent à croire en la libération de leur entreprise.

Chapitre 6

L'entreprise libérée et les enjeux de l'entreprise

Après la discussion dans le chapitre précèdent sur les bénéfices en termes humains, ce chapitre discute des conséquences de la libération pour les enjeux-mêmes de l'entreprise. En effet, avant de voir les résultats économiques s'améliorer, les « bénéfices humains » de la libération ont des conséquences sur les domaines dits fonctionnels de l'entreprise. Le premier concerne la direction des ressources humaines. Réduire l'absentéisme et le turnover, augmenter la rétention des profils les plus recherchés, améliorer la satisfaction et le « bien-être au travail » sont autant d'objectifs visés par cette fonction. Dans une entreprise traditionnelle, cela demande la mise en place de nombreux processus et moyens spéciaux allant du baby-foot aux « chief happiness officer ». Le premier texte de ce chapitre est une préface que j'ai écrite pour l'ouvrage d'une « directrice de bonheur », la plus connue en Europe, Laurence Vanhée. Sauf que, dans son cas, son titre cherchait à secouer son organisation – le ministère de la Sécurité sociale belge, qu'elle a aidé à libérer. Deux autres textes discutent du rôle que les RH peuvent jouer pour libérer les entreprises et, par conséquent, remplir la plupart de leurs objectifs fonctionnels.

L'innovation est un autre domaine fonctionnel où les entreprises traditionnelles déploient des processus et des moyens spécifiques – avec des résultats peu probants. La raison est que partager les idées et les mettre en place constituent un acte volontaire pour les salariés ; seule une minorité qui travaille dans la R&D ou quelques autres fonctions dédiées à l'innovation sont payées pour le faire. Or, dans l'entreprise traditionnelle, cette majorité n'a pas envie de partager ses idées. Le texte de ce chapitre consacré à l'innovation explique les causes de ce manque d'envie et comment la retrouver dans l'entreprise libérée. Enfin, le dernier texte porte sur la philosophie du mouvement Agile, typiquement mise en place dans la fonction IT, et dont les principes sont très proches de l'entreprise libérée.

I

« RH » pour « Rendre Heureux »

L'association belge Philosophie & Management m'a invité à présenter mes travaux sur les entreprises libérées. Après ma conférence, une sémillante et très souriante jeune femme s'est approchée de moi et m'a glissé : « Nous sommes une entreprise libérée. Venez nous rendre visite. » Toujours en quête de nouvelles expériences – les organisations libérées ne sont pas si nombreuses[1] – je lui ai demandé quelle entreprise elle représentait. « Il s'agit d'un

1. L'histoire se passe en 2011 (NDE).

ministère », me répondit Laurence Vanhée (vous aviez déjà deviné son identité).

Là, j'ai demandé à m'asseoir… Un ministère ? Libéré ? Dans un éclat de rire, Laurence m'a alors expliqué que, face à l'absence chronique de gouvernement fédéral en Belgique, le défi de libérer un ministère belge se révélait finalement plutôt simple. Blague à part, en quelques mots taillés à la serpe Laurence m'a énuméré les accomplissements du ministère fédéral de la Sécurité sociale. J'en suis resté littéralement scotché à mon fauteuil. Je devais le voir de mes yeux.

Me voici donc à Bruxelles quelque temps plus tard prêt à observer la libération en marche. Et là, ma première impression semble donner raison aux plus dubitatifs : attente de rigueur dans le hall d'accueil parmi la foule habituelle des « usagers » de la « Sécu » ; où est le changement ? Assez vite finalement, un fonctionnaire m'invite à passer le sas de sécurité pour me rendre au deuxième étage. La porte de l'ascenseur s'ouvre alors sur un immense *open space*, si *open* que… je n'y vois personne.

J'imagine alors la pensée du sceptique : « Ha ! Je comprends : en fait, ils se sont tous libérés. » Pas faux. Je repère une dame qui m'explique : « La plupart du personnel a choisi ne pas venir aujourd'hui. Mais... », lisant sans doute l'interrogation sur mon visage, « certains viendront peut-être tantôt », s'empresse-t-elle d'ajouter avant de disparaître à son tour. De quoi laisser songeurs ceux que le doute ronge : bienvenue dans le ministère libéré, le lieu où les fonctionnaires libérés ne daignent même plus venir acter leur présence !

« Oui, ça fonctionne ! » me lance Laurence, en se plantant devant moi avec son beau sourire. « Et en plus c'est voulu, renchérit-elle, histoire d'enfoncer le clou. D'ailleurs, nous souhaiterions qu'ils puissent télétravailler à loisir, mais le Code du travail nous impose un minimum de deux jours de présence par semaine. » Tout en appelant de ses vœux la réforme de ce suranné Code du travail, Laurence propose, en attendant, que ses collaborateurs s'absentent du bureau jusqu'à trois jours par semaine.

Laurence serait-elle une DRH *new age* ? Plutôt happy en fait : c'est sa carte de visite qui le dit – « chief happiness officer » – et plutôt épanouie car adoubée et soutenue par Frank Van Massenhove, son président visionnaire et patron du Ministère. Lui-même démanteleur de pointeuses, « ces rémanences de taylorisme qui décrètent l'efficacité d'un salarié par sa seule présence physique durant le temps requis », il demande : « Depuis quand la qualité des réalisations de chacun dépend-elle d'une pointeuse ? »

Le lecteur avisé sait déjà combien cette remarque peu anodine sent le soufre. Oui, elle vise le fondement même de l'organisation hiérarchique traditionnelle. Le président Van Massenhove ne dit rien d'autre lorsqu'il évoque « un changement total de cap managérial » ou « l'adoption de comportements éclairés vis-à-vis des collaborateurs ». Mais cette transformation radicale propre à dérouter bien des managers classiques ne constitue qu'une évolution, bien que radicale, pas une révolution. Laurence Vanhée l'explique clairement dans son livre.

Il ne s'agit pas de faire tomber des têtes mais bien plutôt de les relever, ensemble. Bien sûr, il faut former et accompagner les managers dans leur fonction de leaders – donc au service – d'une équipe dont 70 % choisissent le télétravail trois jours sur cinq. Bien sûr, il faut patiemment convaincre les salariés et les partenaires sociaux. Cela implique aussi que toutes les fonctions supports d'une organisation bureaucratique conventionnelle réinventent leur mode de fonctionnement, qu'elles procèdent du management control, des finances, de IT, de la direction…

Et les RH dans tout ça ?

Les RH ? Eh bien elles se logent au cœur même de cette évolution irréversible ; justement parce qu'elles se posent comme les gardiens du temple bureaucratico-hiérarchique avec ses attributs : organigramme, règlement interne, pointeuses, descriptions de poste et d'heures sup, etc. Et en France, d'ajouter : planification des congés et des RTT c'est-à-dire réduction (comprenez « récupération ») du temps de travail ; traduction pour les Belges : Remets tes tongs.

Ainsi placées au cœur, les RH *peuvent* devenir le catalyseur de cette évolution, à condition qu'elles le veuillent, d'où le « peuvent » en italique. Pour autant, plutôt que de se porter à la pointe de l'innovation organisationnelle, bien des départements RH organisent la résistance à ce changement. Laurence en explique très bien les multiples fausses bonnes raisons. Mais la libération – que les nouveaux temps de constante incertitude exigent désormais de chaque organisation pour sa survie – est en marche et rien ne l'arrêtera, avec ou sans RH à ses côtés.

Comme l'affirme Jean-François Zobrist, un patron libérateur, « dans la démarche de libération de l'entreprise il y a des productifs indirects qu'on peut faire évoluer en productifs directs, tel un contremaître qui devient un commercial. Mais les RH non seulement ne servent à rien, car leur bonheur fait le malheur des productifs directs qui les nourrissent, mais de plus, ils sont inrecasables. » Et Zobrist de conclure : « Leur seul avenir dans la démarche de libération, c'est de transformer "RH" en "rendre heureux". »

Oui, mais comment y parvenir ? En commençant par suivre les suggestions de l'ouvrage *Happy RH* de Laurence Vanhée.

II

Le DRH, partenaire de l'entreprise libérée

L'entreprise libérée inspire de nombreux chefs d'entreprise. Elle représente une aspiration à travailler autrement, une alternative en termes d'organisation et de leadership. Mais ces transformations ne peuvent se faire sans les directions des ressources humaines qui sont au cœur des organisations.

Quand nous avons mené notre recherche sur l'entreprise libérée, nous ignorions le formidable accueil que la communauté RH allait nous réserver. Les médias et tous les grands congrès RH en France et ailleurs se sont fortement intéressés à nos recherches sur ces entreprises qui existent partout dans le monde.

Des entreprises de toute taille nous ont invités à participer à leurs conférences, et notamment celles des DRH. Et ce sont majoritairement les responsables RH qui nous ont contactés pour échanger et comprendre. Plus encore, pour toutes celles qui ont initié la libération de leur organisation, dans une très grande majorité des cas, ce sont ces responsables RH qui ont accompagné ce changement, qui ont été au cœur de la coordination de libération et les garants internes de cette démarche.

Si je me réfère juste aux sessions du prochain congrès HR[2], sur 20 d'entre elles, 10 conférences portent sur les sujets pour lesquels l'entreprise libérée offre des réelles pistes (agilité, innovation, intelligence collective, conduite de changement, transformation, management basé sur la confiance, leadership positif, talent management, approches « user-centric », projet

2. Ecrit en 2016 (NDE).

d'entreprise pour engager et leviers d'engagement). Il est naturel et positif, d'ailleurs, que beaucoup de consultants RH se soient lancés dans leur affinement. Quand le nombre de jours de grève dans un groupe industriel passe de trente à zéro par an, quand le taux d'absentéisme d'une mutuelle passe de 40 % à 2 %, quand un opérateur dit que si on lui double son salaire il ne quittera pas son entreprise – oui, ces pistes sont bien ancrées dans la réalité et les défis des RH.

Beaucoup disent avoir choisi leur métier dans les ressources humaines par amour des hommes et des femmes de l'entreprise. Ils ont aussi souvent exprimé leur frustration dans la lourdeur des *process* et cherchent, à juste titre, des pistes pour se mettre au service de ceux qui créent la valeur économique dans l'entreprise. Bon nombre d'entre eux nous ont dit également qu'en libérant l'entreprise ils avaient enfin le sentiment de vivre leur métier comme ils l'avaient toujours rêvé. C'est un rêve réaliste et beaucoup sont en train de le réaliser.

III

Que peuvent apprendre les entreprises libérées aux RH

Si les entreprises fondées sur la liberté et la responsabilité bourgeonnent à travers le monde, c'est de l'autre côté de la Manche que le mouvement de « libération de l'entreprise » est le plus populaire. En France et en Belgique, ce mouvement a en effet été rejoint par Michelin, Airbus, Décathlon, des ministères, des branches de la Sécurité sociale et des centaines de PME. Ces francophones auraient-ils des leçons à donner aux DRH britanniques ? Après avoir observé la libération des entreprises pendant maintenant une décennie, il me semble que c'est bien le cas.

Dans une « entreprise libérée », la majorité des salariés jouissent d'une liberté et d'une responsabilité totales d'entreprendre l'action qui leur semble la meilleure pour leur entreprise, et non celle qui leur est imposée par leurs supérieurs ou par les procédures. À la différence des architectes, dont la définition d'un pont repose sur la fonction de franchissement d'obstacles et non sur une série de caractéristiques, les dirigeants sont plus souvent enclins à définir une entreprise à travers un modèle qu'à travers sa fonction – le cas de l'entreprise libérée.

Le premier enseignement que l'on peut tirer des entreprises dont les salariés jouissent d'une liberté et d'une responsabilité totales d'action, c'est qu'ils donnent le meilleur d'eux-mêmes pour leur entreprise. Par conséquent, les résultats récoltés par les salariés, et donc par l'entreprise, se maintiennent en permanence à un niveau exceptionnel.

Prenons l'exemple de Favi, une fonderie de 500 salariés libérée depuis 1983. Cette entreprise contrôle plus de 50 % du marché européen des fourchettes de boîtes de vitesses pour automobiles. Depuis plus de trente ans, elle a toujours affiché des marges à deux chiffres sans jamais enregistrer de retard de livraison ni augmenter le prix de ses pièces (même pour s'adapter à l'inflation). Elle a également acquis son concurrent britannique, qui n'a pas résisté à la pression des marchés.

Tournons-nous à présent vers le ministère belge de la Sécurité sociale, où aucun fonctionnaire ne souhaitait auparavant travailler. Après sa « libération », ce ministère a réduit ses coûts de loyer de plus de 5 millions d'euros et ses factures d'électricité de 30 % parce qu'il a donné à ses fonctionnaires la possibilité de choisir leurs horaires et leur lieu de travail et que 70 % d'entre eux ont décidé de pratiquer le télétravail jusqu'à trois jours par semaine. Les dépenses liées aux fournitures de bureau ont elles aussi baissé de 35 % (suppression des formulaires de commande et des armoires à fournitures avec verrou), réduisant ainsi les dépenses totales de 8 % (alors que le gouvernement n'avait exigé qu'une baisse de 4 %).

Ce ministère s'est également hissé au rang des plus recherchés par les fonctionnaires belges, qui dressent une liste de leurs vœux d'affectation après leur réussite au concours et leur admission (à vie) dans la fonction publique. Ce ministère est en effet devenu le plus demandé en 2010, alors qu'il ne figurait sur la liste des vœux d'aucun fonctionnaire en 2005. La publication de quatorze offres d'emploi a même suscité plus de mille candidatures.

Le second enseignement que l'on peut tirer des entreprises libérées est le suivant : si les salariés acceptent d'assumer leur liberté et leur responsabilité d'action, c'est parce que leurs besoins psychologiques sont comblés. Ces besoins sont la confiance, l'épanouissement et l'autodirection. Lorsque c'est le cas, les salariés n'ont pas à attendre le pointage du soir pour les satisfaire, mais sont au contraire impatients d'aller pointer le matin (ou plutôt d'arriver au travail, puisque la confiance rend les pointeuses obsolètes). Les entreprises libérées se caractérisent non seulement par une forte attractivité et de très faibles taux d'absentéisme, mais aussi par leur capacité à révolutionner les pratiques de RH.

Le recrutement se fonde principalement sur l'adéquation entre le candidat et la culture de l'entreprise (les compétences permettent de décrocher un entretien, pas un emploi). L'intégration y est dirigée par les équipes et par des mentors ; les formations n'y sont pas imposées par les RH, mais demandées par des salariés (ce qui n'empêche pas les DRH d'en proposer) ; les promotions y sont guidées par les envies individuels (les engagements sont choisis et non affectés) ; et même les départs sont fêtés, puisque les entreprises libérées n'ont pas la prétention de pouvoir réaliser le potentiel de chaque salarié.

De telles pratiques ont valu le prix de « DRH de l'année » à la « directrice du bonheur » du ministère belge de la Sécurité sociale.

Dans les entreprises traditionnelles, de nombreux acteurs de RH disent vouloir aider les autres mais se sentir frustrés face aux processus et à la bureaucratie ; dans les entreprises libérées, en revanche, ils ont le sentiment de pouvoir enfin exercer leur travail comme ils l'avaient toujours rêvé. Il s'agit d'un rêve réaliste qui pourrait tout aussi bien prendre corps du côté britannique de la Manche.

IV

La bataille de l'innovation : pourquoi certaines entreprises innovent continuellement tandis que la majorité ne le fait pas ?

Si les économistes se servent de leurs modèles sans faille pour affirmer que l'innovation constitue un levier fondamental de croissance organique, les chefs d'entreprise n'en ont pas moins conscience : c'est l'expérience qui le leur a enseigné et ils en sont si intimement convaincus que certains d'entre eux ont même annoncé à leurs troupes « l'impératif de remporter la bataille de l'innovation » (« must-win battle »). À notre connaissance, cette bataille fait encore rage dans ces cas précis comme dans la plupart des entreprises. Les sociétés qui se trouvent à la fois confrontées à l'incapacité d'innover et à la pressante nécessité de croître se résignent la plupart du temps à racheter des petites entreprises qui en sont à l'inverse capables. Les immenses moyens qui ont malgré tout été employés avant d'en arriver à cette capitulation stratégique ne constituent malheureusement pas la clé de la victoire.

Le premier de ces moyens, c'est l'artillerie lourde d'un gros budget de R&D. Un grand nombre d'entreprises, de médias grand public et de gouvernements pensent en effet que le montant du budget de R&D est en quelque sorte corrélé aux résultats obtenus en matière d'innovation. Des études ont pourtant contredit cette croyance : le rapport entre ce budget de R&D et les ventes de produits innovants est identique à celui qui existe entre le budget de recrutement du PSG et leurs résultats en Ligue des champions[3]. Aux États-Unis, dans l'ensemble du

3. Notament pour la saison 2016-2017 (NDE).

secteur industriel, ce sont les grandes sociétés pharmaceutiques qui présentent les budgets de R&D les plus importants par rapport à leurs chiffres de vente. Entre 1991 et 2001, les dépenses totales de recherche sont passées de 9,7 milliards de dollars à 30,3 tandis que, dans le même temps, le nombre de nouveaux médicaments mis sur le marché diminuait – de trente à vingt-quatre par an[4].

Le deuxième moyen que l'on pense lié à l'innovation, ce sont les portefeuilles de brevets. Beaucoup d'entreprises (Microsoft, par exemple) s'imaginent en effet que plus leur portefeuille de brevets sera fourni, plus leur capacité à commercialiser des biens et des services innovants augmentera, faisant ainsi gonfler leur revenu. La recherche montre que les brevets eux-mêmes sont sans incidence sur les revenus d'une société : seuls 5 à 10% des

4. L'innovation est définie comme l'ensemble des nouveaux produits, services, processus et modèles économiques bénéfiques pour les entreprises. En tant que telle, elle est très difficile à mesurer puisque la quantité et les résultats financiers des innovations varient considérablement selon les secteurs.

brevets sont pertinants au marché, et ils ne sont que 1 % à rapporter effectivement des bénéfices[5]. À la fin des années 1990, IBM se faisait ainsi gloire de posséder le plus gros portefeuille de brevets du monde. Mais, mesurés au nombre de citations, ses effets sur les profits enregistrés étaient inférieurs à ceux des start-up dont Cisco avait fait l'acquisition, et même d'une entreprise plus modeste encore comme Micron Technology[6]. S'agissant des brevets, ce qui compte en réalité, c'est le nombre de fois où ils sont cités par autrui. Le fait de posséder un portefeuille de brevets fréquemment cités entretient effectivement un lien avec les ventes de produits innovants[7].

Les spécialistes de R&D jouent un rôle important, c'est indéniable, mais organiser leurs activités au sein de bureaucraties

5. I. Getz et A. G. Robinson, « Innovate or die : Is that a fact ? », *Creativity and Innovation Management*, 2003, 12, p. 130-136.

6. G. A. Stevens et J. Burley, « 3,000 raw ideas = 1 commercial success ! », *Research Technology Management*, mai-juin 1997, p. 16–27.

7. « The *TR* patent scorecard 2001 », *Technology Review*, mai 2001, p. 48–49.

souvent isolées du reste de l'entreprise, leur accorder de gros budgets et espérer que cela donnera naissance à des innovations lucratives à des coûts compétitifs ne s'est pas révélé un franc succès. Il y a vingt-cinq ans, Richard Florida et Martin Kenney se sont demandé pourquoi les Japonais s'en sortaient manifestement mieux que les Américains pour faire en sorte que les recherches scientifiques aboutissent à la création de nouveaux produits rentables et innovants. Leur conclusion : aux États-Unis, les «chercheurs en col blanc» se montraient «arrogants à l'égard des operateurs de base». Aussi «la plupart des laboratoires de R&D des entreprises [américaines] conservent-ils un modèle d'organisation spécialisé, de type chaîne de montage», qui les rend sourds et aveugles aux idées qui n'émanent pas de la «bonne» source[8].

En résumé, à part un programme de R&D coûteux et un gros portefeuille de brevets,

8. R. Florida et M. Kenney, *The Breakthrough Illusion : Corporate America's Failure to Move from Innovation to Mass Production*, New York, Basic Books, 1990, p. 171.

la plupart des entreprises traditionnelles n'ont pas grand-chose à présenter en termes d'innovation réelle. Organisées autour de structures qui disent aux salariés comment faire leur travail et qui les contrôlent pendant qu'ils le font, ces entreprises sont des environnements fondamentalement hostiles aux idées des salariés de base. L'un des consultants les plus innovants d'Accenture nous a raconté qu'en soumettant pour la première fois une idée à son supérieur, celui-ci lui avait rétorqué : « Vous êtes censé couper du bois. Vous nous direz plus tard où trouver le bois. » Une étude de Gallup démontre que la mort (ou l'étouffement) des idées créatives au sein des entreprises est un phénomène répandu. Quand on leur a demandé si leur poste actuel leur permettait d'« exprimer leurs idées les plus créatives », seuls 17 % des salariés « désengagés » et 3 % des « activement désengagés » ont répondu par l'affirmative[9]. Or, une autre étude de Gallup indique que ces groupes

9. « Gallup Study: Engaged Employees Inspire Company Innovation » *The Gallup Management Journal*, 12 octobre 2006 (http://gmj.gallup.com).

représentent 73 % de la main-d'œuvre à eux deux[10].

À la recherche d'une potion magique

Rien d'étonnant donc à ce que de nombreuses entreprises traditionnelles partent à la recherche d'une potion magique pour continuer à livrer la bataille de l'innovation, alors qu'elles disposent déjà d'importants budgets de R&D et souvent de gros portefeuilles de brevets, mais aussi d'un immense réservoir de talents qui n'ont pas la possibilité ou l'envie de faire part de leurs idées. Certains essaient donc de désigner des « héros » de l'innovation et de les ériger en exemple à suivre par d'autres troupes. D'autres encore mettent en place des boîtes à idées (le meilleur moyen pour les asphyxier) ou des concours d'idées, dont l'effet principal est de laisser entendre à leurs salariés que leurs contributions sont les bienvenues, mais une fois par an

10. Les résultats de l'étude semi-annuelle sur l'engagement menée par Gallup situe le pourcentage de salariés engagés aux Etats Unis entre 25 et 33 selon le semestre ; En France, la dernière étude situe leur nombre à 9 % (NDE).

seulement[11]. D'autres entreprises encore ont lancé des plateformes ou des groupes de travail spécialement consacrés à la «créativité» pour garantir que les idées puissent être entendues et transformées en innovations.

Dans les faits, les entreprises traditionnelles s'aperçoivent souvent que leur structure de commandement-et-contrôle n'est pas propice à la créativité et à l'innovation ni bénéfique pour la masse des salariés et les spécialistes en R&D. Comme nous l'a confié Gordon Forward, titulaire d'un doctorat du MIT et qui a travaillé dans la recherche et le développement avant de prendre la direction de Chaparral Steel, « de bonnes idées meurent tous les jours[12] » dans les entreprises fidèles au modèle de commandement-et-contrôle. Pour contourner leur propre rigidité, certaines entreprises

11. Davantage de critiques de ces approches sont exposées dans Getz & Robinson, *ibid.*

12. Cette citation et toutes celles de la section proviennent, sauf indication contraire, des entretiens personnels que nous avons menés pendant notre recherche. Pour de plus amples informations, consulter B. M. Carney et I. Getz, *Freedom, Inc. (Liberté & Cie), op. cit.*

mettent donc en place des plateformes spéciales, comme le Centre d'accélération de l'innovation de Ford (Innovation Acceleration Center). D'autres vont encore plus loin en instaurant des unités de recherche qu'elles laissent libres de choisir leur mode d'organisation pour atteindre des objectifs d'innovation. Ce type d'approche porte généralement ses fruits, comme l'ont également démontré des unités de forces spéciales largement autoorganisées, telles que les Green Berets ou les Navy Seals des forces spéciales américaines.

Il s'agit en réalité d'une méthode qui avait déjà été testée en 1930 par les groupes de travail de DuPont et de Bell Labs d'AT&T. Libérées des contraintes associées à la structure de commandement-et-contrôle et autorisées à s'autogérer, ces « forces spéciales » se sont muées en moteurs d'innovation pour leur entreprise. Aujourd'hui, des approches comparables sont utilisées par des sociétés de conseil et des éditeurs de logiciels de pointe qui misent beaucoup sur les « travailleurs du savoir. » Fréquemment cité, Google en est un excellent exemple et semble faire figure de paradis pour les geeks.

Cette approche n'est toutefois destinée qu'à l'élite de la R&D et ne revient pas à bâtir un cadre organisationnel ou une culture de l'innovation à tous les échelons. Elle ne concerne pas tout le monde, passe à côté de l'immense potentiel de créativité qui sommeille en chacun de ses salariés et ne se soucie guère d'instaurer un environnement qui permettra de l'exploiter. Comme dans le domaine militaire, ces forces spéciales se caractérisent essentiellement par leur auto-direction (le militaire le plus haut gradé n'est pas nécessairement celui qui dirige son unité), une extrême créativité et des résultats généralement spectaculaires. Mais elles ne gagnent pas les batailles, contrairement aux troupes classiques lorsque leurs besoins sont pris en compte et leur rôle est reconnu par leur entourage. Google est peut-être un paradis pour les geeks, mais la participation de tous (et pas seulement de l'élite de R&D) sera toujours requise pour remporter à tous les coups la bataille de l'innovation[13].

13. Force est de constater que depuis l'ecriture de ce texte, l'innovation se fait beaucoup chez Google par l'acquisition de start-ups.

Au sujet des entreprises les plus innovantes, un article paru dans *BusinessWeek* conclut qu'« au lieu de se satisfaire d'astuces ou d'étoffer des gammes à rallonges, elles travaillent à bâtir des organisations propices à une innovation durable[14] ».

La question qui se pose est donc la suivante : quel mode organisationnel doit être mis en place pour permettre à tous les salariés de contribuer en permanence à l'effort d'innovation de leur entreprise ?

W. L. Gore : mettre en place une culture propice à l'innovation[15]

Une entreprise a compris depuis longtemps les limites d'une approche fermée et élitiste de l'innovation : il s'agit de W. L. Gore, qui fabrique le célèbre Gore-Tex et des centaines d'autres produits innovants. Au lieu d'en faire la chasse gardée de services internes chargées d'un nombre

---

14. J. McGregor, « The world's most innovative companies : The leaders in nurturing cultures of creativity », *BusinessWeek*, 14 mai 2007.

15. Cette partie se fonde sur l'ouvrage de Carney et Getz, *Freedom, Inc. (Liberté & Cie)*, *op. cit.*, édition révisée 2016.

limité de projets de R&D approuvés au plus haut niveau, elles encouragent l'innovation tous azimuts. D'où un flot constant de projets de type « skunk works[16] » et d'expériences à faible coût, dont certains résultats comme les cordes de guitare Elixir ou le fil dentaire Glide de Gore ont fini par devenir des leaders du marché.

Glide a été lancé par une opération de « guérilla marketing. » Les associés de Gore étaient convaincus du potentiel du fil dentaire fabriqué à partir du PTFE (un polymère également connu sous le nom de Teflon, à la base de tous les produits de Gore), mais ignoraient tout de la commercialisation de ce produit. Ils n'ont donc pas cherché à le vendre. Ils ont préféré l'offrir – à des dentistes. Les patients l'ont tellement apprécié qu'ils ont demandé à leur dentiste de leur en fournir d'autres pour leur famille et leurs amis. Lorsque Gore a persuadé

16. Nom donné à l'origine, pendant la Seconde Guerre mondiale, aux groupes de travail de R&D de Lockheed. Cette expression en est venue à désigner, au sein d'une entreprise, un groupe bénéficiant d'une importante autonomie et d'une absence totale de contraintes pour travailler sur des projets d'innovation. (N.d.T.)

quelques pharmacies de commercialiser cet article, elles ont été dévalisées.

Prenez l'incursion de Gore dans le secteur des cordes de guitare. C'est une histoire surprenante tout à fait typique de la façon dont l'entreprise se développe depuis des décennies, sans planification. Les cordes de guitare Elixir sont un produit de qualité supérieure qui se vend trois fois plus cher que les cordes ordinaires. Mais, comme le Gore-Tex lui-même, elles doivent leur naissance à un de ces heureux hasards qui ont jalonné la vie de cette entreprise. Dave Myers, un associé de Gore employé au département du matériel médical, était un cycliste passionné, mécontent des performances des câbles de son dérailleur[17]. Dans le cadre d'un projet « informel », il a cherché à améliorer les choses en gainant les câbles métalliques avec du PTFE. Le procédé a fonctionné, mais le produit lui-même – les câbles de dérailleur Ride On – n'a pas remporté un grand succès[18]. Entre-temps, Myers s'était lancé dans

17. A. Deutschman, « The Fabric of Creativity », *Fast Company*, décembre 2004.

18. Il le fera dix ans plus tard.

un autre engagement : des fils revêtus de PTFE destinés à des marionnettes géantes pour Disney.

Tout en travaillant sur ses fils pour marionnettes, Myers a eu une idée qui allait conduire Gore à se lancer dans une nouvelle activité, beaucoup plus rentable. Les cordes de guitare vieillissent parce qu'elles s'oxydent ; la poussière et la crasse laissée par les doigts du musicien ne font qu'accélérer ce processus. Sans doute, s'est dit Myers, pourrait-on éviter ce problème en les gainant de PTFE. Comme il ne faisait pas de guitare, il s'est appuyé sur l'expérience d'un collègue qui en jouait, Chuck Hebestreit, ce qui a donné naissance à Elixir – une corde de guitare qui sonne mieux et dure jusqu'à trois fois plus longtemps qu'une corde ordinaire. Gore ne savait absolument pas comment s'introduire sur ce marché, et ses premières tentatives – conventionnelles – ont été des bides. Il a alors eu recours à l'astuce du cadeau publicitaire, incluant un jeu de corde gratuit dans des revues de guitare. Le produit a décollé ; aujourd'hui, Gore détient le tiers du marché.

Quel cadre organisationnel, quelle culture a donc permis à Gore d'être le théâtre de constantes innovations ?

Donner à chacun l'envie et la liberté de mettre en place ses idées

Chez Gore, les « associés » (comme on y appelle les salariés) ont des engagements au lieu cole postes. Par exemple, Dave Myers ne disposait pas d'un poste inscrit dans le cadre d'un flux de projets d'innovation, mais s'engageait en faveur de ces projets, dont il prenait individuellement l'initiative. Un poste vous est donné par le patron, il figure dans une case sur un organigramme. Un engagement, en revanche, est librement consenti ; c'est une sorte de promesse faite à ceux qui travaillent avec vous. Un engagement est plus fluide qu'un poste. En fonction de sa charge de travail et de sa capacité à se lancer dans de nouveaux projets, un associé peut avoir un seul engagement ou en mener plusieurs de front. Il peut passer d'un engagement à un autre en fonction des nécessités du travail et de ses envies. Les nouvelles recrues ne sont pas affectées à un poste, mais encouragées à chercher les engagements qui, d'après elles, leur permettront de faire le meilleur usage de leurs talents, de leurs compétences et de leur expérience. Chez Gore, si un salarié dont c'est le premier jour demande : « Où est-ce que je travaille ? », on lui répond : « À toi de trouver ! », et il en ira ainsi tout au long de sa carrière au sein de l'entreprise.

En ce sens, l'engagement est diamétralement opposé au poste. Il est choisi, pas imposé. Vous objecterez peut-être que c'est une recette d'anarchie, et non de la liberté. Quelqu'un peut apprécier aujourd'hui telle ou telle activité et s'y engager. Demain, il en préférera peut-être une autre et s'y « réengagera », laissant son équipe le bec dans l'eau. Mais voilà où intervient le « seau de crédibilité » (« credibility bucket »), qui va de pair avec la discipline, ou plutôt l'autodiscipline.

Une goutte tombe dans le seau chaque fois qu'un l'associé respecte un engagement, qu'il s'agisse de finir un rapport pour le lendemain ou de mener à bien un projet sur plusieurs années. Le seau de crédibilité se remplit également d'une goutte supplémentaire à chaque fois qu'un associé aide quelqu'un. Les engagements sont volontaires, mais, une fois que vous les avez pris, vous avez tout intérêt à les tenir, faute de quoi votre seau de crédibilité ne tardera pas à se vider, et votre faculté de travailler avec d'autres associés se tarira. Abandonner un engagement en cours sans en discuter au préalable avec l'équipe concernée, sans trouver le moyen de limiter progressivement votre participation et d'éviter de perturber vos collègues, ne sabordera pas seulement les activités de l'équipe. Ce comportement percera aussi un sacré trou dans votre seau de crédibilité et, en même temps, dans vos possibilités de travailler au sein d'une nouvelle équipe. La culture de W. L. Gore & Associates ne se sert pas de la discipline pour éviter l'anarchie. Elle s'appuie fermement sur l'autodiscipline. Dave Myers ne s'est pas contenté de dire à ses collègues de la division médicale : « Salut les gars, j'ai trouvé un meilleur plan ! », mais il s'est assuré d'honorer ses engagements envers eux tout en consacrant une partie de son temps à un nouveau projet.

Le principe de la ligne de flottaison nous offre un autre exemple du recours à l'autodiscipline pour empêcher la liberté de dégénérer en anarchie. Une « décision de ligne de flottaison » est une décision qui risque de faire couler le bateau – encore le jargon propre à W. L. Gore & Associates, forgé à partir du credo : « Nous sommes tous dans le même bateau. » Si un associé estime qu'elle est suffisamment importante pour justifier de risquer le tout pour le tout – que ce soit parce qu'elle exige une mise de fonds majeure ou parce qu'elle pourrait avoir des conséquences considérables pour l'entreprise –, alors il doit consulter des leaders et d'autres associés mieux informés, ou dotés de plus de responsabilité, pour qu'ils l'aident à prendre la bonne décision. La liberté dans l'entreprise n'est pas un chèque en blanc, et la ligne de flottaison permet de veiller à ce que chacun chez Gore en fasse un usage responsable. Dave Myers ne s'est pas contenté d'offrir des jeux de corde Elixir gratuits à tous les lecteurs de revue spécialisée en la matière : il a consulté des personnes expérimentées en marketing et ce n'est qu'à partir de là qu'il a décidé de la façon dont il s'y prendrait.

On pourrait imaginer que la ligne de flottaison, interprétée avec une certaine souplesse, puisse se transformer en un mécanisme caché de contrôle. Mais il se trouve qu'elle n'est pas invoquée très souvent dans la vie quotidienne de la plupart des associés. L'initiative individuelle et la prise de risque ont toujours été vivement encouragées chez W. L. Gore & Associates. Bill Gore, qui a quitté DuPont en 1958 pour bâtir une culture d'innovation à partir de son expérience au sein de la « force specialé » dans cette entreprise, était connu pour demander aux associés, lors de sa tournée quotidienne de l'usine : « Vous avez fait des erreurs récemment ? » Si la réponse était : « Non », il rétorquait : « Vous n'avez pas pris assez de risques. » Inutile de préciser que, si le risque encouru est de ne peut-être pas réussir à respecter un engagement, il faut immédiatement prévenir les autres, faute de quoi votre seau de crédibilité sera percé.

La préservation de ces principes conducteurs se fait au prix d'un combat quotidien, même chez Gore, qui a vu son nombre d'associés passer de 3 à plus de

10000 entre 1958 et aujourd'hui. « Lorsque vous recrutez des anciens de chez DuPont ou Westinghouse, ils arrivent avec un autre état d'esprit et pensent par exemple que le respect des délais ne relève pas d'une décision de “ligne de flottaison”, mais d'une décision économique. » Les Lewis, l'un des plus anciens associés de Gore, s'est joint aux premiers efforts déployés par Bill Gore pour bâtir leur culture d'entreprise. S'il ne cache pas les difficultés auxquelles il se heurte souvent en tant que dirigeant, il estime malgré tout que la culture de Gore, fondée à la fois sur la liberté et la responsabilité, vaut la peine de déployer tant d'efforts et porte continuellement ses fruits.

Tous ces principes ont donné naissance à une entreprise dont les associés ont le sentiment de jouir d'une liberté unique, celle de faire ce qui les intéresse dans le cadre d'un poste – pardon, d'un engagement – gratifiant. Mais, pour l'entreprise dans son ensemble, ce sont les résultats qui prouvent la validité de l'expérience. Cela fait aujourd'hui presque soixante ans que l'entreprise se nourrit de liberté. Depuis l'invention du Gore-Tex en 1969, les associés de Gore ont mis au point plus d'un millier de produits innovants qui ont fait de W. L. Gore un leader multimilliardaire dans des secteurs aussi diversifiés que la transformation chimique, l'environnement, l'aérospatiale, l'automobile, l'électronique, l'énergie, les industries médicale et militaire, les produits de consommation et la musique. Ce spectaculaire faisceau d'innovations a contribué à alimenter une croissance annuelle continue à deux chiffres et les ventes qui dépassent désormais les 3 milliards de dollars.

Si impressionnantes que soient les réalisations de Gore, il est indéniable que Bill Gore, son fondateur, a bénéficié de quelques avantages. C'est lui qui a lancé sa société, et il a pu la façonner dès ses tout premiers instants. Il a été en mesure d'embaucher des gens dont les attitudes et les valeurs correspondaient à la culture qu'il voulait mettre en place. Il a pu laisser ses associés définir les rôles dans lesquels ils étaient prêts à apporter la contribution la plus précieuse pour l'entreprise. Il a pu imposer le principe selon lequel aucune entité ne devait compter plus de cent cinquante associés[19], afin de préserver la circulation des informations. Plus généralement, il a pu utiliser sa position privilégiée de fondateur et directeur général pour empêcher la moindre goutte de culture commandement-et-contrôle de venir empoisonner le puits de son entreprise – l'environnement d'une exceptionnelle liberté qu'il avait bien l'intention d'établir dans sa société. Mais Gore n'est pas la seule entreprise à avoir mis en place une culture de l'innovation fondée sur la liberté et la responsabilité.

La culture de la liberté d'abord, l'innovation triomphante ensuite

Comment constituer des armées victorieuses ? La mobilisation d'immenses ressources peut bien sûr permettre de triompher, mais les pays les plus riches ont eux aussi des ressources limitées et l'histoire regorge d'exemples de victoires de petits pays sur de bien plus gros et plus fortunés adversaires. Le général Cal Waller a un jour dit à Bob Davids : « Personne ne peut baratiner les troupes : à peine a-t-on ouvert

19. Deux cent cinquante aujourd'hui.

la bouche qu'elles nous ont déjà cernés[20]. » Après avoir quitté l'armée, Cal Waller a rejoint le conseil de Radica Games, une entreprise que Bob Davis a dirigée et fait passer du stade de start-up à celui de troisième fabricant de jouets le plus profitable au monde à la tête de 8 000 salariés. Cette formule a plu à Bob Davids, qui croyait à l'approche « la culture d'abord, les résultats ensuite », comme Bill Gore et plusieurs autres dizaines de chefs d'entreprise que nous avons étudiés. Or, la construction d'une culture à la fois fondée sur la liberté et sur la responsabilité requiert un certain type de leadership. Comme le dit Bob Davis, « il est préférable de faire partie des troupes : un vrai dirigeant se subordonne à ses hommes[21] ». Mais ce style de leadership, que nous appelons libérateur, est loin de se limiter à servir ses propres hommes.

La description d'un tel style mériterait qu'on lui consacre un chapitre complet (les lecteurs intéressés peuvent consulter notre article intitulé « Le leadership libérateurs,

---

20. R. Davids, B. M. Carney, et I. Getz, *Leadership without ego* (à paraître).

21. *Ibid.*

forme radicale d'organisation »[22]). Voici pour commencer les enseignements que nous avons tirés du style de plusieurs dizaines de chefs d'entreprises qui ont su bâtir une culture de la liberté :

1. Cesser de parler et commencer à écouter. Ensuite, renoncer à tous les symboles et à toutes les pratiques qui empêchent les salariés de se sentir intrinsèquement égaux, c'est-à-dire dignes de respect et de confiance.

2. Commencer à partager ouvertement et activement sa vision de l'entreprise pour permettre aux salariés de se l'approprier. Mais il ne faut pas le faire avant l'étape 1, car des gens qui ne sont pas traités en égaux ne s'intéresseront pas à cette vision.

3. Arrêtez d'essayer de motiver les salariés. Il conviendrait plutôt de mettre en place un environnement qui leur permettra de se réaliser et de s'autodiriger, et de les laisser se motiver eux-mêmes. S'ils comprennent la vision dont il est question à l'étape 2, ils se chargeront du reste, pourvu qu'on les laisse faire.

---

22. Voir le premier chapitre de ce livre (NDE).

4. Restez vigilant. Pour préserver la liberté de son entreprise, le dirigeant doit devenir le garant de sa culture. En l'occurrence, comme le dit le leader libérateur Bob Davids, « une seule goutte d'urine est une goutte de trop – impossible de la retirer ». Une vigilance de chaque instant, tel est le prix de la liberté.

Ces principes ont été utilisés par d'autres chefs d'entreprise pour mettre en place des cultures de liberté au sein de start-up comme de puissantes entreprises, petites et grandes, publiques et privées, du secondaire et du tertiaire. Aux États-Unis et en Europe, les résultats ont été sans appel : les idées et les initiatives continuellement prises par chaque salarié ont permis aux entreprises que nous avons observées de réussir à innover et de maintenir leur position de leader de marché pendant des décennies, même en période de crise.

V

Le mouvement Agile : un allié surprenant de la libération des entreprises

Le mouvement Agile constitue une des plus belles surprises que j'ai eues ces dernières années. Et ce pour trois raisons.

La première est personnelle. Par ma formation initiale je suis un ingénieur en mathématiques appliquées et informatique, et j'ai commencé ma carrière en tant qu'ingénieur système. Et quels systèmes ! Architecture 370, MVT, VM – c'était le monde des gros centres de calcul avec les terminaux dit « dumb » derrière lesquels, au loin, on trouvait les fameux « utilisateurs finaux ». J'ai appris aussi dans mon travail les méthodes du développement des progiciels qui ressemblaient beaucoup à celles du BTP. Les « architectes » (analystes) interviewaient le fameux « client final », formulaient ses « besoins », les faisaient valider, ainsi qu'une clause stipulant que, si le client les modifiait, il aurait une pénalité, puis ils l'oubliaient. Mais comme, dans le monde réel, le client ne mourait pas et continuait à évoluer pendant la phase de développement, il n'était que rarement satisfait du résultat. Les projets, quant à eux, respectaient rarement les budgets et les délais.

Tout cela faisait réfléchir déjà dans les années 1980. Un de mes mémoires d'études portait sur les méthodes itératives du développement des SI, appelées aussi prototypage. C'était une avancée, car ces méthodes amenaient l'utilisateur final dans chacune des boucles du développement. Néanmoins, ce dernier était toujours une sorte de non-initié, un peu comme le client d'un décorateur « sachant » qui regardait, à chaque phase, les choix de tissus, de meubles et de lumières, et à qui le décorateur demandait simplement de choisir. De toute façon, le pauvre n'avait pas de goût – la déco, c'était trop complexe pour lui.

Pendant les deux décennies suivantes je me suis éloigné de ce champ. Les nouvelles que je glanais dans les articles n'étaient pas réjouissantes : les investissements étaient toujours de plus en plus gros dans les SI avec une interrogation constante des entreprises sur le retour de ces investissements. En effet, les entreprises avaient le sentiment que les problèmes des SI ne s'arrêtaient jamais et que la seule solution pour les résoudre était d'investir davantage encore. Les causes théoriques de cette incapacité chronique des projets SI à tenir les budgets et les délais et de livrer des produits fiables étaient connues toutefois.

Les chercheurs en systèmes complexes ont établi depuis longtemps que pour assurer ces derniers (tels les projets de développement des SI) l'organisation à leur tête doit être au moins aussi complexe – humainement. Concrètement, l'organisation est complexe, riche humainement quand les gens en son sein ont des relations directes et de confiance plutôt que des relations hiérarchiques et formelles. Dans ce cas précis d'une organisation humaine appauvrie, les gens négligent les signaux faibles, les interprètent mal, retiennent l'information, ou évitent toute initiative de résolution des problèmes – en dépit des procédures qu'ils sont censés respecter – et causent des retards, des dépassements de budget et de la mauvaise qualité.

Depuis cinquante ans la complexité des systèmes d'information n'a cessé d'augmenter, or les structures humaines formelles qui les développent et les opèrent sont restées aussi pauvres que celles des années 1960. Voire même, elles ont empiré. En effet, chaque grand dépassement du budget de développement ou accident opérationnel voyait naître de nouvelles procédures et des contrôles additionnels visant à se méfier de l'homme encore davantage. D'où la belle surprise du mouvement Agile qui a décidé de prendre le taureau – les projets SI – par les cornes et d'accorder une confiance totale aux hommes – les informaticiens toréadors et les utilisateurs aficionados.

Les méthodes agiles ont fait advenir, de mon point de vue, cette organisation humainement riche où les gens ont des relations directes et de confiance.

Cette belle transformation de la fonction SI était une surprise à cause de mon passé personnel. Mais elle l'est devenue aussi à cause de ma recherche recente.

En effet, la deuxième raison de la surprise du mouvement Agile est liée au champ recent de mes travaux sur l'entreprise libérée. Je définis cette dernière comme une entreprise dans laquelle tous les salariés ont la liberté et la responsabilité complètes d'entreprendre toute action qu'eux-mêmes – pas leurs chefs ni les procédures – estiment la meilleure pour leur entreprise. « Tous les salariés » ne veut pas dire que 100 % des collaborateurs vont effectivement assumer la liberté et la responsabilité que l'entreprise leur confie. Mais une part de 70-80 % de salariés est suffisante pour que l'entreprise soit libérée, le reste étant constitué de bons exécutants à qui on donne le temps d'épouser la démarche s'ils le souhaitent. Mais même s'ils sont 70-80 %, ces salariés sont dans toutes les fonctions de l'entreprise : production, commerciale, support… Idéalement dans chaque équipe, 7-8 personnes sur 10 sont dans la démarche libérée et établissent, car majoritaires, des normes de comportement « libéré » dans l'équipe. Elles ne sont pas cantonnées dans tel ou tel département.

En effet, j'ai étudié quelque cas où un manager a réussi à libérer un département, dans la production ou le support. Les résultats étant bien supérieurs aux autres départements comparables, il était vu comme un très bon manager et… soit appelé pour redresser une partie cette fois plus grande et visible de l'entreprise, soit pour partager ses « best practices ». Dans les deux cas, les grands dirigeants centraux découvraient le pot aux roses et mettaient fin à cette « expérimentation pilote ». Apprenant donc que de plus en plus de départements SI adoptent l'approche Agile, j'ai été convaincu que les entreprises – restant toujours des bureaucraties hiérarchiques traditionnelles – tolèrent et cantonnent ce mode organisationnel au seul service un peu spécial peuplé des geeks et autres informaticiens.

Les faits ont désapprouvé cette conviction. En allant chez Venca, filiale Espagnole des 3 Suisses, j'ai vu comment le SI – transformé par l'approche Agile – a réussi à contaminer d'autres services de l'entreprise, tel le marketing. Après tout, cela paraît tout simplement logique puisque le client – et donc les collègues d'autres départements – est intégré dans les équipes du développement des applications. Ils ne peuvent donc qu'être contaminés. Il suffit que leur manager souhaite transformer leur mode de travail avec l'approche Agile et que le SI lui prête la main. C'est ce qui s'est passé chez Venca.

D'où ma conclusion que le mouvement Agile est devenu un allié de la libération d'entreprise. Jusqu'où la contamination par le SI peut-elle aller et quelles sont les conditions pour qu'elle réussisse? Cela m'amène à la troisième et dernière raison.

Celle-ci est liée pour moi à la dynamique de la libération d'entreprise telle que je l'ai comprise. Dans la cinquantaine d'entreprises étudiées, la libération a toujours été déclenchée et conduite par le patron – d'une PME ou d'une unité opérationnelle –, jamais par le manager d'un département. La raison est simple. Puisqu'il s'agit de la transformation du mode organisationnel de l'ensemble de l'entreprise – de la transformation culturelle –, elle ne peut être lancée et menée que par le patron.

Cette certitude a été battue en brèche la première fois par des cas récents de très grands groupes qui se sont lancés dans la libération, tels que Michelin ou Décathlon. Il est illusoire qu'un PDG de tels ensembles soit le leader libérateur dans les dizaines, voire centaines, d'unités opérationnelles de son entreprise. D'ailleurs, cela aurait été antinomique avec le principe que chaque unité opérationnelle doit trouver son propre chemin de libération, et qu'il n'y a pas de méthode mais des principes communs de la libération. Celui qui doit être convaincu d'assumer le rôle du leader libérateur est le patron d'unité opérationnelle. Le rôle du PDG du grand ensemble est alors d'apprécier cette démarche et de la soutenir par sa bienveillance.

L'autre brèche dans cette certitude du rôle prépondérant du leader libérateur a été ouverte par le mouvement Agile. J'ai constaté que, même au niveau d'une unité opérationnelle, le patron ne doit pas nécessairement être celui qui initie et porte la démarche. Son appréciation et la bienveillance sont suffisantes pour que le mouvement parte du SI et se répande. Néanmoins, son moment de vérité arrivera, car il est inévitable que certains managers et dirigeants ne verront pas de bon œil cette transformation culturelle qui les « dépouille » de leur pouvoir de dicter et de contrôler. À ce moment le patron d'une telle unité opérationnelle ne pourra plus rester simplement bienveillant. Il devra agir et devenir le leader de libération – en alliance avec le mouvement Agile de son entreprise.

Si j'ai un souhait à formuler pour ce mouvement, c'est qu'il soit celui de la vision qui fait rêver. L'objectif d'organiser la fonction SI en satisfaisant le client dans une bonne ambiance de travail est louable, et même ambitieux à la lumière de la réalité historique de cette fonction. Mais la vision de la transformation de l'ensemble de l'entreprise pour la performance exceptionnelle, dans le bonheur de l'auto-organisation, fait rêver. Le mouvement Agile peut l'accomplir.

Chapitre 7

L'entreprise libérée et les enjeux sociétaux

Dans ce dernier chapitre, j'aborde les domaines qui ne sont pas liées directement à l'entreprise. Depuis la parution de *Liberté & Cie*, de nombreuses personnes m'ont dit que les principes philosophiques de l'entreprise libérée – confiance, respect, épanouissement, autonomie – s'appliquent à un autre domaine : l'éducation. Je leur proposais alors de leur envoyer quelques pages que nous avons écrites avec Brian Carney encore en 2009, mais qui n'ont pas trouvé leur place dans la version définitive de notre livre. Dans le présent livre, je reviens à ce thème et élargis à la question de la transformation des systèmes éducatifs. J'y décris le modèle éducatif traditionnel, dit «prussien», en vigueur depuis plus de deux siècles dans nos écoles. Je décris également des approches éducatives qui offrent une alternative à ce modèle. Enfin, je décris quelques principes des transformations d'entreprises traditionnelles en entreprises libérées et en tire des leçons pour la transformation du modèle prussien en systèmes éducatifs alternatifs.

Le deuxième domaine extérieur à l'entreprise dont je discute dans ce chapitre concerne la sécurité. Dans le passé, j'ai décrit de quelle manière l'entreprise libérée contribue à la meilleure sécurité de données ou à la sûreté nucléaire. Ici, j'explique comment la philosophie de l'entreprise libérée, une fois articulée dans les forces de sécurité, pourrait aider à combattre le terrorisme dans nos pays. Je conclus enfin avec un texte qui décrit dans quelle mesure la libération d'entreprise à une échelle encore plus grande qu'aujourd'hui pourrait faire de la France un pays leader en génération de richesses humaines et – par conséquent – économiques.

I

École libérée : leçons à tirer de la libération des entreprises pour la transformation du système éducatif

«Horace Mann [Secrétaire de l'Education du Massachusetts] a adopté des éléments du système prussien d'éducation – école obligatoire, séparation des enfants par classes d'âge, notes standardisées, mémorisation par cœur de la matière enseignée, centres de formation pour les enseignants, hiérarchie enseignant/principal/inspecteur/autorité de tutelle – qui tous concourent à un système paternaliste. Celui-ci dicte à un enfant ce qu'il doit penser, quand il doit le penser, et exactement la durée pendant laquelle, dans son emploi du temps, il doit le penser. Cela a paru longtemps efficace pour enseigner les contenus… Toutefois, nous pensons que Mann a commis une erreur car le système prussien a été conçu pour créer des citoyens soumis à l'État… L'exigence d'obéissance de la part des élèves [dans la salle de classe] créera des citoyens qui ne questionneront pas de manière critique ni ne penseront de manière indépendante. Cette obéissance coercitive qui renforce l'apathie de l'esprit est à l'opposé de l'idéal républicain[1]. »

Ces propos ont été rédigés en 2009 par un théoricien réformateur du système d'éducation aux Etats-Unis, Shimon Waronker. Mais Waronker n'est pas seulement théoricien. Il a mis en place ses idées pour transformer une école publique dans l'un des quartiers les plus durs de Brooklyn. À l'approche de cette école, lors de ma visite, je n'ai vu que des maisons délabrées,

1. S. Waronker, *et al.*, (2009), "A new model for education", *The New American Academy*, Document interne, pp. 5-6.

des barreaux massifs qui obstruaient les fenêtres des rez-de-chaussée et témoignaient de l'insécurité qui régnait. Dans le bâtiment même, le rez-de-chaussée était occupé par l'école primaire qui fonctionnait selon le modèle classique du département de l'éducation de la ville de New York. Je n'ai vu aucun élève souriant et n'ai croisé que des regards apathiques et ennuyés. Au premier étage se trouvait l'endroit où Waronker a mis en œuvre sa conception de l'école primaire. Son objectif premier consistait à faire acquérir aux élèves la « compréhension de pouvoir » et le « savoir-faire de liberté » afin qu'ils puissent « utiliser leurs têtes, cœurs et mains de manière bénéfique, non seulement pour eux-mêmes, mais aussi pour la société toute entière[2]. »

Je reconnais que tout cela peut paraitre abstrait et il est légitime de vouloir savoir si cela fonctionne et comment. En d'autres termes : « Quel est leur modèle » et « Est-il efficace » ? Cependant, bien que légitimes, je suis convaincu que ces deux questions sont

2. Waronker, S. et al. (2009). *Ibid.*, p. 2.

les obstacles principaux à la transformation du système éducatif traditionnel. Cet essai discute de la manière de les surmonter en se focalisant sur les pratiques éducatives. Les pratiques organisationnelles, telles que la hiérarchie administrative de l'école évoquée aussi par Waronker, est importante – j'y reviendrai brièvement – mais ne constitue pas l'objet de ce texte.

Quelques mots sur Waronker au préalable. Avant la création de l'école primaire à Brooklyn, cet ancien capitaine de l'armée américaine était le principal d'un collège dans le Bronx, l'un des douze collèges les plus violents de New York. La première fois qu'il s'y rendit, Waronker y avait vu un policier en train d'arrêter un élève en demandant des renforts, car il était menacé par une foule d'autres élèves. Dans la classe de 30 inscrits où Waronker était entré, seuls 5 élèves étaient présents. En 2008, le collège n'était plus sur la liste des collèges violents, la présence en classe était de 93 %, et il était devenu l'un des trois collèges de New York qui offrait des classes bilingues anglais-français, considérées comme « élitistes ». En 2009, pour son travail de transformation du système éducatif, l'ambassadeur de France aux Etats-Unis a décoré Waronker de l'ordre des Palmes Académiques. Quant à son école primaire à Brooklyn, elle s'est agrandie de quatre autres établissements guidés par *The New American Initiative* de Waronker.

Combien de responsables académiques, parmi les milliers qui sont venus chercher un « modèle efficace » dans ces deux écoles du Bronx et de Brooklyn ont-ils transformé les pratiques éducatives de leurs propres établissements ? Très peu. La majorité est tombée dans le double ce piège du « modèle efficace ». Ils ne sont pas les seuls. Victor Cousin, puis Horace Mann, dont parle Waronker, ne sont que deux responsables de l'éducation parmi tant d'autres qui ont succombé au même piège tendu par le premier « modèle efficace » de l'histoire, celui de la Prusse, dont les conséquences perdurent à ce jour. Revenons presque deux siècles en arrière.

Le modèle prussien

En 1831, Victor Cousin, alors directeur de l'École Normale Supérieure, professeur à la Sorbonne et conseiller d'État, effectue une mission scientifique en Prusse et dans les états allemands. La Prusse suscitait depuis des décennies la curiosité, voire l'admiration des réformateurs de l'éducation, dans de nombreux pays. C'est son roi, Frédéric le Grand qui, en 1763, pour la première fois de l'histoire, a instauré l'éducation obligatoire et gratuite à l'échelle d'un pays. Tous les enfants de 5 à 14 ans devaient aller dans une école, municipale la plupart du temps et donc gratuite. Les enfants, divisés par classes d'âge, y apprenaient à lire et à écrire, la musique et la religion – cette dernière enseignée en coopération avec l'Église – ainsi que le sens du devoir et de la discipline (pour apprendre les mathématiques, les parents devaient payer davantage, en tout cas au début de la réforme). En parallèle, des séminaires de formation d'instituteurs été créés dans tout le pays, avec des normes de certification, suivant des programmes nationaux pour chaque grade, ainsi que des examens nationaux. Connu comme « modèle prussien » de l'éducation obligatoire et gratuite, il était déjà « copié » au XVIIIe siècle dans de nombreux autres États allemands et en Scandinavie.

De retour de mission, Victor Cousin, enthousiasmé par le modèle prussien, a affirmé que « ramener l'éducation de Prusse en France permettait un triomphe plus noble (et sans effusion de sang) que les trophées d'Austerlitz et de Iéna. » Ses efforts et son influence ont conduit à l'adoption, le 28 juin 1833, de la Loi sur l'instruction primaire de François Guizot, Ministre de l'Instruction publique à l'époque. La loi intégrait plusieurs éléments du modèle prussien : une école primaire entretenue par chaque commune du pays, une école normale primaire pour former des instituteurs dans chaque département, un socle commun des matières enseignées, leur supervision par un conseil communal spécial. Le nombre d'élèves doublera en trois ans. Toutefois, la loi Guizot, pour des raisons d'opposition politique provenant de plusieurs bords, n'a pas intégré l'ensemble du modèle prussien, et notamment le fait que l'instruction soit à la fois obligatoire et gratuite. Les parents pouvaient ne pas envoyer leurs enfants à l'école, avec pour seule peine la publication de leur nom dans la commune. Pire, les filles n'étaient pas admises à l'école communale, leur instruction restant du ressort des congrégations religieuses. Excepté pour ceux qui habitaient la commune, l'école non plus n'était pas gratuite. L'instauration de l'instruction obligatoire et gratuite a dû attendre 1882 et Jules Ferry.

Cependant, le «Rapport sur l'état de l'instruction publique dans quelques pays de l'Allemagne, et particulièrement en Prusse» de Victor Cousin, publié en 1833, eut une seconde vie. Traduit en 1834 en langue anglaise, il fut très remarqué en Grande-Bretagne, mais plus encore aux États-Unis. Ainsi, les États du New Jersey et du Massachussetts l'ont-ils distribué, à leur frais, dans toutes leurs écoles. Horace Mann, Secrétaire de l'Éducation du Massachusetts, fut parmi ceux que ce texte influença le plus. En 1843, il décide, comme Cousin, d'effectuer une mission en Europe pour étudier les systèmes éducatifs d'une demi-douzaine de pays. Il revint lui aussi convaincu de la supériorité du modèle prussien, et œuvra alors pour l'instaurer dans le Massachusetts. Nous y reviendrons.

Entretemps, le modèle prussien s'était répandu dans de nombreux autres États d'Amérique, et il est présent jusqu'à aujourd'hui, dans tous les pays du monde qui ont instauré l'instruction gratuite et obligatoire. Malgré les finalités des systèmes d'éducation qui varient selon les pays, tous ont gardé les principes fondamentaux de ce modèle. Pour de nombreux spécialistes de l'éducation, ces fondamentaux sont aussi la cause de la plupart des insuffisances des systèmes éducatifs actuels.[3]

Waronker, ainsi que de nombreux observateurs contemporains pointent du doigt un « défaut de conception » du modèle prussien. Fondé sur l'obéissance des élèves à l'autorité du professeur, le modèle prussien ne peut pas en même temps leur faire acquérir ce que Waronker appelle le

3. La liste va des grands chercheurs comme Howard Gardner et Robert Sternberg (qui critiquent entre autres les concepts même de connaissances purement analytiques que l'école vise à acquérir et des tests standardisés pour les mesurer) aux penseurs comme Ken Robinson ou John Taylor Gatto.

«savoir-faire de liberté», pour reprendre l'expression du sociologue David Nyberg. En France, on connait bien l'expression «Oh, la rapporteuse!» qui symbolise une tension entre l'infantilisation des élèves et son rejet. Autrement dit, un système éducatif ne peut pas en même temps exiger des élèves l'obéissance à l'autorité et viser à éduquer des citoyens libres, capables d'un raisonnement indépendant et critique. Pour éduquer à la liberté, concluent-ils, il faut la pratiquer pendant le processus éducatif. D'où la nécessité d'abandonner complètement le modèle prussien et le remplacer par des systèmes alternatifs. Des réformateurs visionnaires ont commencé à le faire au début du 20e siècle.

École Montessori : formatrice des êtres épanouis[4]

Je me souviens de la fois où mon fils avait rapporté de l'école maternelle un dessin où

4. Cette section ainsi que la suivante sont fondées en partie sur la recherche effectuée avec Brian Carney. Elle n'a finalement pas trouvé sa place dans notre livre *Liberté & Cie*. Je remercie Brian de me laisser l'utiliser ici.

il avait peint la mer en orange et le soleil en bleu. La feuille était barrée de rouge avec le verdict de l'enseignant : « Les couleurs sont fausses. » Mon fils ne deviendra jamais Van Gogh.

De nombreux penseurs de l'éducation au XXe siècle se sont rendus compte que si nous voulions élever des personnes libres qui prendront des responsabilités et des initiatives en tant qu'adultes, il faut commencer dès l'école maternelle. Maria Montessori fut la première.

Il y a presque un siècle, en 1907, Maria Montessori, un médecin italien spécialisée dans l'éducation d'enfants handicapés, fut suppliée par les ouvriers du bâtiment de Rome d'intégrer dans son école les enfants miséreux des environs qui traînaient dans les chantiers. Elle accepta, et les résultats de cette expérience menèrent à ce que se multiplient les écoles Montessori en Italie et dans le monde entier. Aujourd'hui il y a plus de 8000 écoles de ce type dans le monde dont près de 5000 aux États-Unis[5].

---

5. Jay Mathews, "Montessori, now 100, goes mainstream". *Washington Post*, January 2, 2007.

Montessori croyait dans l'apprentissage actif où l'on met à la disposition des enfants de grandes salles de classe ouvertes, meublées d'étagères basses, de meubles à leur taille, de tables pour le travail en groupe, équipées de matériel stimulant. Ce peut être telle œuvre d'art ou tel objet sur lequel un enfant travaille, un projet de classe poursuivi pendant plusieurs mois, ou encore des lectures et d'autres supports d'apprentissage. Bien que les principales connaissances soient incluent dans ces projets, peu d'activités spécifiques sont obligatoires, les enfants ayant la liberté de travailler sur ce qui les stimule le plus. Les enseignants passent très peu de temps à contrôler ou à enseigner aux enfants qui écoutent passivement, et se concentrent plutôt sur leurs besoins individuels un peu comme le ferait un *coach*. Les enfants, qui travaillent dans des classes multi-âge, aident aussi les autres sur les sujets qu'ils maîtrisent bien (un avantage peu soulignée de cette approche).

Beaucoup de parents et d'enseignants sont sensibles à l'approche de Montessori. Les autorités éducatives le sont également car il y a plus de 300 écoles *publiques* Montessori aux États-Unis (une seule en France, depuis 2017, à Blanquefort-sur-Briolance, village du Lot-et-Garonne). En même temps, attachés à l'égalité par rapport au même socle de connaissances, tous se demandent si l'approche Montessori est « efficace » pour l'acquérir.

C'est ce que deux psychologues américaines de l'Université de Virginie, Angeline Lillard, et Nicole Else-Quest, ont décidé d'étudier à Milwaukee, dans le Wisconsin.[6] Cette ville était une zone de recherche idéale car elle était non seulement dotée d'écoles publiques Montessori et d'écoles publiques traditionnelles, mais aussi parce les élèves sont affectés dans une école par un système de loterie. Ceci a permis aux chercheurs d'exclure le revenu des parents, facteur important puisque ce sont plutôt les parents des couches socioprofessionnelles supérieures qui envoient leurs enfants dans des écoles Montessori. Aussi

6. Angeline Lillard and Nicole Else-Quest. The early years: Evaluating Montessori education. *Science, 313*(5795), 1893–4, 2006.

les chercheuses ont pu tester les enfants de 5 ans qui bénéficiaient de façon aléatoire de l'éducation Montessori en comparaison de ceux qui allaient, toujours de façon aléatoire, dans les écoles traditionnelles.

Elles ont observé que les enfants de l'école Montessori avaient de meilleures capacités en langue et en mathématiques. En outre, ils possédaient de bien meilleures compétences sociales. Par exemple, quand on leur demandait quel serait leur comportement si un autre enfant refusait de partager une balançoire, 43 % des enfants de 5 ans des écoles Montessori ont expliqué qu'ils utiliseraient un raisonnement, fondé sur les notions de justice et d'équité, pour convaincre l'autre enfant de partager l'objet. Seulement 18 % des enfants éduqués traditionnellement répondaient de la même manière. De plus, dans les tests cognitifs, la majorité des enfants de 5 ans de Montessori ont prouvé qu'ils comprenaient que les gens se représentaient le monde de façon à la fois objective et subjective. La recherche considère que c'est une compétence-clef pour la négociation sociale. Des tests sur des enfants de 12 ans ont enfin montré que les enfants de Montessori avaient une plus grande créativité.

Ainsi, la science psychologique semble confirmer que l'approche éducative Maria Montessori ait de meilleurs résultats que l'approche traditionnelle. Mais la différence la plus frappante, quand on observe les enfants dans les deux types d'école, est que les premiers semblent ne jamais s'ennuyer et être constamment en train de s'amuser. Montessori a un jour déclaré que « l'une des mesures permettant de savoir si la procédure éducative est correcte est le bonheur de l'enfant. »

Cette recherche et bien d'autres semblent prouver que l'approche Montessori réalise la finalité de l'épanouissement de l'enfant tout en étant aussi – voire plus – efficace que le modèle éducatif traditionnel.[7] Cependant, elle n'est pas la seule approche alternative au modèle traditionnel. Une autre approche, fondée en 1924, par le

7. Voir Angeline Lillard, *Montessori: The Science Behind the Genius*, New York, New York: Oxford University Press, 2006.

professeur de français Célestin Freinet en fournit un autre exemple.

École Freinet : formatrice des citoyens démocrates

En 1964, quelques années avant sa mort, Freinet fit un résumé de son approche dans une sorte de charte de 30 principes, nommés "invariants", que toute école Freinet devait respecter.

> Nul – l'enfant pas plus que l'adulte – n'aime être commandé d'autorité.
>
> Nul n'aime s'aligner, parce que s'aligner, c'est obéir passivement à un ordre extérieur.
>
> Nul n'aime se voir contraint à faire un certain travail, même si ce travail ne lui déplaît pas particulièrement. C'est la contrainte qui est paralysante.
>
> Chacun aime choisir son travail, même si ce choix n'est pas avantageux.
>
> Nul n'aime tourner à vide, agir en robot, c'est-à-dire faire des actes, se plier à des pensées qui sont inscrites dans des mécaniques auxquelles il ne participe pas.

Les acquisitions ne se font pas comme l'on croit parfois, par l'étude des règles et des lois, mais par l'expérience. Etudier d'abord ces règles et ces lois, en français, en art, en mathématiques, en sciences, c'est placer la charrue devant les bœufs.

Personne, ni enfant ni adulte, n'aime le contrôle et la sanction qui sont toujours considérés comme une atteinte à sa dignité, surtout lorsqu'ils s'exercent en public.

Les notes et les classements sont toujours une erreur.

Parlez le moins possible.

L'enfant n'aime pas le travail de troupeau auquel l'individu doit se plier comme un robot. Il aime le travail individuel ou le travail d'équipe au sein d'une communauté coopérative.

L'ordre et la discipline sont nécessaires en classe.

Les punitions sont toujours une erreur. Elles sont humiliantes pour tous et n'aboutissent jamais au but recherché. Elles sont tout au plus un pis-aller.

La vie nouvelle de l'Ecole suppose la coopération scolaire, c'est-à-dire la gestion par les usagers, l'éducateur compris, de la vie et du travail scolaire.

On prépare la démocratie de demain par la démocratie à l'Ecole. Un régime autoritaire à l'Ecole ne saurait être formateur de citoyens démocrates.

Encadré. Une sélection des invariants de Freinet

Remarquons que le dernier invariant énonce une critique du modèle éducatif traditionnel quasiment identique à celle énoncée par Waronker un demi-siècle plus tard.

Dans sa jeunesse, Freinet avait rejoint un syndicat d'enseignants à orientation anarchiste, qui espérait une société plus juste. Il croyait qu'une société, garantissant l'épanouissement personnel pour chacun, ne devait pas être imposée de force, mais devait être construite par des adultes libres et éduqués dans des écoles radicalement différentes de celles qui existaient. Son but était d'améliorer les conditions socioculturelles des enfants des classes laborieuses, dans des écoles centrées sur leurs besoins et leurs désirs, et non sur ceux des enseignants ou de l'institution. Lors de sa vie, Freinet rencontra beaucoup d'obstacles.

C'est ainsi qu'en 1940 le régime de Vichy, qui collaborait avec les Nazis, l'a fait arrêter pour agitation politique. Pourtant, la majeure part de l'adversité qu'il eut à combattre fut la critique négative de ses idées, (comme ce fut aussi le cas pour Maria Montessori durement critiqué aux États-Unis entre 1920 et 1950, avant d'être nominé par la suite au Prix Nobel). Dans les années 1950-1954, le Parti communiste français le critiqua sévèrement sous prétexte qu'il diminuait le rôle des enseignants et qu'il « exagérait l'importance du comportement spontané des enfants, donnant ainsi de la force aux principes chers à l'individualisme bourgeois ». En écho à cette dernière critique, nous ne pensons pas que le PCF ait eu tort de plaider en faveur de l'implication des enseignants dans la transformation même, ce qui est différent de leur implication dans la simple « gestion par les usagers» évoquée par Freinet. Nous y reviendrons plus tard.

Malgré l'opposition que Freinet a pu rencontrer dans son existence, son influence s'exerce aujourd'hui dans plus de 30 pays, sur 4 continents.

Si Montessori se concentrait sur l'épanouissement des enfants à travers l'apprentissage et Freinet sur le fait d'éduquer les citoyens à devenir membres d'une démocratie, afin qu'ils puissent construire une société plus enrichissante, Ricardo Semler, quant à lui, avec son projet d'écoles « Lumiar », lancé dans les années 2000 par sa fondation, au Brésil, s'est attaché à l'éducation des enfants pour qu'ils soient capables, à l'âge adulte, de prendre des responsabilités et des initiatives.

L'école Lumiar : pour éduquer les citoyens responsables et autonomes[8]

Semler est connu pour son entreprise libérée Semco. En 1982, il a hérité d'une

8. La description de Semco et Lumiar est fondée sur : SBS Dateline documentary "Ricardo Semler - Brazil's Caring Capitalist", June 15, 2005; http://news.sbs.com.au/dateline/index.php?page=transcript&dte=2005-06-15&headlineid=978; Lawrence M. Fisher, "Ricardo Semler won't take control",

petite structure industrielle au revenu de 4 millions de dollars, puis il a entrepris rapidement de démanteler la hiérarchie, et de rendre la liberté à ses salariés. Durant les trois décennies qui suivirent, les revenus de son entreprise passèrent à 240 millions de dollars, soit 27,5% de croissance en moyenne durant ces 14 dernières années. Le nombre de salariés a atteint 3000 personnes, avec un turnover inédit de 2%. Pourtant, quand il revient sur les expériences qu'a connues son entreprise, en essayant de changer des salariés qui, dans leur majorité, «arrivent pour obéir aux ordres», Semler précise que ce fut «très couteux... difficile et long». Il conclut que «le seul moyen de vraiment faire changer les gens est de commencer à travailler au moment où la société leur fait le plus de dégâts, à savoir, à 2 ans»

La finalité de l'école Lumiar consiste à promouvoir «les valeurs, le plaisir d'apprendre, la solidarité, la liberté et la démocratie». L'école est bien entendue dirigée

---

Strategy + Business, Vol. 41, Winter 2005, pp. 1-11; http://www.lumiar.org.br/english/index.html.

selon ces mêmes principes. Par exemple, Semler avait une préférence pour un candidat avec vingt ans d'expérience pour le poste de directeur d'école. Mais puisque les décisions sont prises par tous, y compris les parents, un autre candidat a été choisi alors qu'il n'avait aucune expérience dans l'éducation. Un autre exemple concerne les activités quotidiennes de l'école. Quand il a fallu décider des normes de comportement des élèves, ce ne sont pas les éducateurs mais les enfants eux-mêmes qui les ont établies. Une éducatrice explique comment une des règles-clés de l'école, « il est interdit de se battre, de mordre, de donner des coups de pied et de pincer » fut adoptée. Lors d'une réunion de l'école à laquelle tout le monde participait, les éducateurs proposèrent de réfléchir à la question de savoir s'il était acceptable que les gens se battent, se mordent, et se donnent des coups de pied, proposant même que l'on dise oui. Mais la plupart des enfants dirent non. « Donc une école gérée par les enfants ne veut pas dire une maison de fous. Ils savent ce qui est raisonnable ou non » conclut-t-elle.

Nous avons parlé d'«éducateurs», car Lumiar n'a pas d'enseignants au sens traditionnel du terme. Leur rôle est partagé entre des «tuteurs» et des «maîtres». Les premiers accompagnent les enfants dans le développement de leurs capacités d'apprentissage et leurs processus de découverte. Les maîtres, quant à eux, s'occupent des contenus de l'enseignement, mais la plupart ne font pas partie de l'école à proprement parler. D'abord, les enfants, jouissant de leur autonomie, expriment de l'intérêt pour un sujet particulier. Ensuite, l'école trouve un expert qui maîtrise le sujet – un maître – qui vient l'enseigner. Il peut s'agir d'un architecte qui construira avec les enfants des maquettes pour expliquer la construction des maisons, ou bien d'un chirurgien qui découpera avec eux des grenouilles pour leur expliquer le corps.

De manière générale, il y a beaucoup de similitude entre les principes de l'école Lumiar régissant les comportements et les activités des enfants et les principes de l'entreprise Semco régissant les comportements et les activités des adultes. Ricardo Semler l'exprime ainsi : «Si on leur donne la liberté, les êtres humains travailleront pour devenir meilleur. »

Une récente étude de l'Unesco, associé à l'université Stanford et à Microsoft a désigné Lumiar comme l'école la plus innovante au monde parmi des centaines d'écoles observées dans tous les pays. Lumiar a ouvert son premier établissement, en 2003, à Sao Paolo. Depuis, trois écoles supplémentaires – dont une école publique dans une zone rurale – ont vu le jour. Par conséquent, l'approche Lumiar réalise sa finalité aussi dans une école publique d'une zone défavorisée.

Rappelons que l'approche Montessori, ainsi que celle de Waronker, sont nées l'une et l'autre dans des zones urbaines défavorisées. Toutefois, le défi de l'éducation ne se limite pas aux écoles publiques de ces zones. La vérité est que la majorité des enfants dans le monde n'ont accès à aucune école. Parfois leur pays n'a pas encore adopté l'instruction obligatoire et gratuite. Dans d'autres cas, cette loi n'est pas respectée sur tout le territoire du pays par manque de bonnes écoles ou de bons enseignants. C'était le cas des écoles dans le Bronx et à

Brooklyn où Waronker est intervenu. C'est aussi souvent le cas dans les zones rurales de pays en voie de développement, comme celle où Lumiar a fondé sa troisième école, au Brésil.

En 1999, Sugata Mitra s'est attaqué à ces deux dernières situations, dans un pays où elles sont bien présentes, en Inde.

L'éducation par l'auto-apprentissage

Rien ne préparait ce docteur en physique à développer une nouvelle approche éducative – pas plus que le médecin Maria Montessori. Il travaillait dans un bureau à New Delhi situé face à un bidonville. Un mur séparait son bâtiment, climatisé et équipé en informatique dernier cri, du monde de la pauvreté absolue où des milliers d'enfants en âge d'aller à l'école erraient dans les rues. Mais plutôt que de proposer des solutions générales contre la pauvreté en Inde, Mitra a entrepris une initiative concrète. Il a fait percer dans le mur un trou et y a installé un PC muni d'un écran, d'un clavier, d'un pavé tactile et d'un accès à internet. Et il a laissé les enfants faire avec ce PC ce qu'ils voulaient pendant un mois, tout en enregistrant leurs activités avec une caméra. L'analyse de ces enregistrements a révélé des résultats surprenants.

Ces enfants, qui ne parlaient pas anglais, ont appris par eux-mêmes comment utiliser le PC et internet dont la langue était en anglais. Par la même occasion, ils ont également appris des rudiments d'anglais et de mathématiques. Encouragés par ces découvertes, Mitra et ses associés ont répété cette expérience – qu'ils ont appelé « *Hole-in-the-Wall* » – dans les zones rurales d'Inde, en obtenant les mêmes résultats. Il était alors question de savoir si cet auto-apprentissage du PC et d'internet prouvait que les enfants pouvaient apprendre par eux-mêmes les matières du programme de l'école, les sciences par exemple. Pour y répondre, Mitra et son associé Dangwal ont entrepris une expérience encore plus osée.[9]

9. Mitra, S, & Dangwal, R, « Limits to self-organising systems of learning – the Kalikuppam experiment », *British Journal of Educational Technology, 2010, 41*(5), 672–688.

Ils ont trouvé un village de pêcheurs très éloigné de Pondichéry. Ce choix était motivé par plusieurs critères : avoir des parents d'enfants non-éduqués pour s'assurer que le PC soit la seule source d'apprentissage ; avoir une école primaire où l'anglais est enseigné en tant que matière, mais la langue d'enseignement et de communication soit autre que l'anglais (le Tamil en l'occurrence) ; enfin, de faire acquérir aux enfants une matière qu'ils n'ont ni étudiée à l'école ni ne pourront apprendre par les adultes du village. La matière que Mitra et Dangwal leur proposèrent fut la biologie moléculaire (elle faisait partie du programme de collège indien).

Ils installèrent donc au milieu du village deux kiosques avec leur PC habituels. Pour compenser l'absence d'internet, ils téléchargèrent sur chacun des PC le contenu des trois sites sur le sujet, allant du très simple au très sophistiqué et universitaire. Par la suite, ils choisirent au hasard 34 enfants âgés de 10 à 14 ans parmi une centaine du village et leur dirent la phrase suivante : « Il y a une matière nouvelle et intéressante sur le PC. C'est en anglais et peut être un peu difficile à comprendre, mais auriez-vous envie d'y jeter un coup d'œil ?» Les chercheurs formulèrent à dessein la fin de cette phrase sous la forme d'une suggestion pour éviter toute demande directe d'apprendre quoi que ce soit. Avant de quitter les lieux, ils leur firent passer un pré-test des connaissances de la biologie moléculaire à l'aide de 20 QCM. Le faible 7 % de réponses correctes indiquait bien que les enfants répondaient au hasard. Pendant 75 jours, les enfants du village eurent la liberté de faire ce qu'ils voulaient avec les deux PC, comme dans le cas de l'expérience *Hole-in-the-Wall* d'origine.

À leur retour, les chercheurs firent passer aux enfants deux post-tests de 20 QCM. Cette fois le taux de réponses correctes était respectivement de 27 % et 30 %. En guise de comparaison, ces chercheurs administrèrent les mêmes tests à un échantillon d'enfants du même âge, scolarisés dans un collège public de la ville la plus proche. Les scores de ces enfants des couches moyennes étaient respectivement de 4 % et 5 %. Les chercheurs ont ensuite fait passer les mêmes post-tests aux élèves d'un collège privé de New Delhi connu pour son excellence. Les scores de ces enfants de l'élite furent respectivement de 44% et 53%, témoignant d'un bon niveau de leur compréhension de la biologie moléculaire. Enfin, les chercheurs ont administré ces post-tests dans deux autres établissements, mais cette fois à des lycéens de 16 ans. Ceux de l'école publique de la ville voisine de Pondichéry obtinrent les scores respectifs de 29% et 32%, tandis que ceux de l'école de l'élite socioprofessionnelle à New Delhi ont eu 67% et 76%.

En d'autres mots, après 75 jours d'accès libre à deux PC que les enfants n'avaient jamais utilisés auparavant et dont ils ignoraient tout, en travaillant avec une langue qu'ils ne maitrisaient pas, ces enfants d'un village reculé de pêcheurs de Pondichéry avaient dépassé en connaissance de la biologie moléculaire les élèves de leur âge d'un collège de la ville, et égalé le niveau des élèves du lycée en seconde. Ils ont acquis leur niveau grâce à l'utilisation des PC pendant 2 heures environ (le reste étant dévolu à leur école du village, les devoirs et les différents travaux à domicile) et 20% de ces deux heures seulement avait servi à explorer la biologie moléculaire. Selon les chercheurs, les 80 % de temps disponibles, ces enfants – comme tous les enfants – les ont utilisé à s'amuser avec les PC. Ainsi, pour une centaine d'enfants ayant accès à l'ordinateur, chaque enfant n'avait que quelques minutes par jour pour explorer le sujet. On y reviendra. Mais ce n'est pas tout.

À la suite de cette première expérience, les chercheurs laissèrent les deux PC, 75 autres jours. Mais ils introduisirent cette fois dans l'expérience un « médiateur » éducatif. Il s'agissait d'une jeune femme d'une ONG locale que les enfants connaissaient et avec qui ils avaient une relation amicale. En revanche, elle ne connaissait rien à la biologie moléculaire. Son rôle consistait à faire aux enfants des remarques positives régulières sur ce qu'ils avaient déjà appris et à les encourager à continuer leur exploration des informations et des idées en la matière.

À leur retour, au 150e jour de l'expérience, les chercheurs firent passer de nouveau deux post-tests. Cette fois-ci le pourcentage des réponses correctes était respectivement de 52 % et de 51 %. En d'autres mots, ces enfants, laissés 75 jours supplémentaires avec comme seule présence un adulte qui louait leur mérite et les encourageait, ont atteint tout seuls grâce à internet le niveau de connaissance de biologie moléculaire qu'avaient les enfants du collège privé de l'élite de la capitale, reconnu pour son excellence académique dans le pays. D'autres chercheurs ont trouvé les mêmes résultats dans d'autres zones défavorisées d'Inde et encore au Cambodge.

Mitra a appelé son approche « l'éducation à l'intervention minimale ». Elle se fonde sur la curiosité naturelle de l'enfant et le pouvoir de la collaboration entre eux. Son site affiche cette phrase d'Anatole France : « L'art d'enseigner n'est que l'art d'éveiller la curiosité des jeunes âmes pour la satisfaire ensuite. » L'éducation à l'intervention minimale de Mitra consiste à proposer aux enfants une question ou un sujet et à les laisser l'explorer – leurs efforts loués régulièrement par un accompagnateur non-expert – en petits groupes qui se forment autour des PC en libre-service. Comme Mitra l'avait déjà remarqué dans son expérience fondatrice de 1999, généralement 3 enfants se mettent, au tour de rôle, sur le PC et une quinzaine d'autres les entourent en les conseillant. Tout le groupe – et donc pas seulement les 3 actifs – progressent au même rythme dans leur auto-apprentissage. En effet, certains enfants assument rapidement le rôle d'enseignant vis-à-vis d'autres enfants. C'est cela que démontre l'expérience de Mitra et Dangwal par rapport au niveau d'apprentissage global très élevé des enfants, malgré le temps très limité – quelques minutes par jour – de travail direct sur le PC. Plus encore, la recherche sur l'apprentissage montre qu'expliquer à l'autre augmente sensiblement le taux d'assimilation. On remarque que cette pratique ressemble beaucoup à l'approche Montessori. Bien que son approche s'appuie fondamentalement sur les enseignants, Maria Montessori dit que « le plus grand signe de succès pour un enseignant... c'est d'être capable de dire : "Les enfants travaillent désormais comme si je n'existais pas[10]" ». Elle

10. Jay Mathews, « Montessori, now 100, goes mainstream », *Washington Post*, January 2, 2007.

dit également que «notre soin de l'enfant doit être guidé non pas par le desir de lui apprendre quelque chose, mais par l'effort de maintenir toujours en lui cette flame qui s'appelle intelligence».[11] Mitra précise qu'il ne recommande son approche que pour les endroits où de bonnes écoles ou de bons enseignants sont indisponibles. Cela dit, son approche a été aussi testée dans des villes anglaises loin des zones rurales ou défavorisées et avec des résultats similaires.

Nous avons vu avec ces différentes approches qu'il existe bien des alternatives au «modèle prussien», qui mettent l'autonomie des enfants à la base du processus éducatif. Elles sont largement diffusées. Ainsi, l'approche Montessori est-elle connue depuis plus d'un siècle et utilisée dans 8000 écoles dans le monde, bien que ces dernières appartiennent essentiellement au système privé et se situent en dehors des systèmes éducatifs publics de leur pays. L'approche de Freinet est connue depuis au moins un demi-siècle, dans une trentaine

11. *The Montessori Elementary: Continuing the Montessori Journey*. NAMTA, 2016, p. 21.

de pays. Celle de Lumiar est connue depuis près d'une quinzaine d'années et a obtenu la plus haute reconnaissance internationale. Celle de Sugata Mitra existe depuis plus d'une dizaine d'années, et chacune des conférences TED relatives à son projet a entre 1,5 et 3 millions de vues. Plus encore, toutes ces approches ont été couvertes par les médias, et les lieux de ces expériences éducatives visitées par des milliers, voire des dizaines de milliers de responsables de l'éducation afin de comprendre leur fonctionnement. La grande question est de savoir pourquoi si peu de systèmes éducatifs publics ont été transformés à la suite de toutes ces visites et de toutes les observations de ces « modèles efficaces ». La réponse est dans la question et consiste en un double piège de l'efficacité, d'un côté, et des modèles, de l'autre.

Le piège de l'efficacité

La plupart des réformes éducatives se font au nom de l'efficacité : on vise à améliorer l'acquisition du socle commun des connaissances. C'est exactement ce que visait la réforme éducative prussienne de

Fréderic le Grand. Mais on a le droit de s'interroger sur la finalité poursuivie avec ce système éducatif. Autrement dit, pourquoi fallait-il que les enfants prussiens acquièrent un socle de connaissances élémentaires, financé par le budget d'État? Ce n'est pas une question théorique. Différentes finalités – priorités – sont en compétition pour un budget d'État toujours limité, et le Ministre de l'Éducation de l'époque devait bien savoir pourquoi il dépensait les deniers publics. En 1779, le roi de Prusse lui a envoyé une lettre dans laquelle il l'a bien précisé :

> « Il suffit qu'en Prusse, les gens sachent un peu lire et écrire ; car s'ils en savent trop, ils s'enfuiront dans les villes et voudront devenir secrétaires ou employés de bureau. Pour cette raison, nous devons concevoir l'instruction des jeunes afin qu'ils apprennent ce qui est indispensable, mais ils doivent être formés de telle façon qu'ils ne fuient pas les villages mais y restent avec contentement[12]. »

---

12. T. Alexander, *The Prussian Elementary Schools*, New York, New York: The Macmillan Company, 1919 (p.19).

Dit autrement, l'éducation servait à former les paysans afin qu'ils ne restent pas analphabètes, et continuent d'accepter l'ordre féodal de leur nation. Le lecteur peut avoir l'impression que la finalité du modèle prussien était au service de cette aristocratie prussienne connue sous le nom de Junkers, dans un pays où la plupart des paysans étaient des serfs. Mais les faits suivants vont atténuer cette impression.

Au début des années 1800, ébranlée suite à ses défaites initiales face aux armées napoléoniennes – Austerlitz et Iéna – la Prusse a remis en cause non seulement son système militaire – notamment sa doctrine militaire fondée sur l'obéissance aveugle à l'autorité – mais tous les autres systèmes d'État. Dorénavant, plutôt que de servir le pouvoir de la monarchie et de la haute aristocratie, l'État est au service des citoyens, en accord avec les idéaux néo-humanistes. À la campagne, le servage a été aboli, en économie le marché libre introduit, et dans l'armée, instaurée la nouvelle doctrine de la liberté de l'initiative pour les officiers de terrain.

Le système d'éducation du pays ne pouvait pas échapper non plus à une réforme. Son acteur principal était Wilhelm von Humboldt, philosophe et haut fonctionnaire prussien. Ministre de l'éducation depuis 1809, il déclara que la finalité de l'éducation est de permettre aux jeunes gens de devenir des individus autonomes et des citoyens du monde en développant leur capacité de raisonnement et ceci dans un environnement de liberté académique. L'enseignement devait se faire sur la base de la recherche indépendante de toute influence idéologique, économique, politique ou religieuse. Quant aux connaissances, les élèves avaient à les acquérir sur la base de la logique, de la raison et de la méthode empirique, plutôt que par l'autorité, la tradition ou le dogme. Cette réforme a surtout fondé le modèle de l'enseignement supérieur, dit de l'université allemande – très différent du modèle concurrent à l'époque, des Grandes Écoles à la française – et a conquis par la suite les universités américaines. Elle a eu une moindre influence sur l'éducation primaire et secondaire.

Certes, la formation des instituteurs était rattachée aux universités et le contenu de ses programmes avait changé. Cependant, les fondamentaux du modèle prussien ont survécu dans l'école. À la différence des systèmes sociaux, économiques et militaires, le système éducatif n'a pas été transformé. En d'autres mots, en Prusse, et plus tard en Allemagne, le modèle prussien d'éducation fondé sur l'obéissance totale à l'autorité de l'enseignant coexistait avec la finalité néo-humaniste de former des individus autonomes et citoyens du monde. L'efficacité a en quelque sorte «piégé» la finalité – la quête des résultats scolaires ont fait oublier pourquoi il fallait les acquérir. Mais quittons les territoires allemands pour d'autres pays dans lesquels, comme nous l'avons déjà dit, le modèle prussien s'est répandu également grâce à sa meilleure efficacité.

Le modèle prussien à l'assaut de la démocratie américaine

Revenons aux États-Unis, où le modèle prussien a servi de base depuis 1843 pour leur propre école gratuite et obligatoire.

Rappelons que Horace Mann, son principal diffuseur, justifia l'adoption du modèle par son efficacité pour l'acquisition d'un socle commun de connaissances. Mann était conscient que le modèle prussien était conçu en Prusse pour former des citoyens obéissant à la monarchie. À ce propos, il a exprimé le vœu que les écoles américaines puissent l'utiliser pour la finalité propre à leur pays : éduquer des citoyens acquis aux idéaux démocratiques plutôt qu'obéissants à un pouvoir arbitraire. Cependant, préoccupé et séduit par l'efficacité du modèle, Mann fit adopter le modèle en l'état, sans y changer quoi que ce soit, en particulier, dans la relation enseignant-élève fondée sur l'obéissance du dernier. Comme en Prusse, lors des réformes de Humboldt, la finalité humaniste – ici celle des idéaux démocratiques américains – s'est retrouvée piégée par l'efficacité du modèle avec sa quête de l'acquisition du socle des connaissances. D'ailleurs, l'efficacité est devenue tellement importante qu'au fil des années on n'a cessé de l'améliorer.

Nous sommes au début du XXe siècle et les États-Unis sont devenus l'une des premières puissances industrielles au monde. L'efficacité du modèle prussien – pour faire acquérir à tous le socle commun des connaissances – laisse à désirer. À la différence de la Prusse de Fréderic le Grand qui voulait éviter de former les jeunes gens pour les métiers de la ville, l'Amérique du début du xxe siècle n'a pas assez de travailleurs pour toutes les usines qui voient le jour. Des idées d'amélioration sont d'ailleurs provenues du monde industriel grâce à un autre Frédéric – Frederic Taylor, inventeur du « management scientifique ». Voici ce qu'écrivait en 1917, dans un livre extrêmement influent, le doyen de la faculté d'Éducation de Stanford, Ellwood P. Cubberley, grand acteur d'application du taylorisme dans l'éducation publique :

> « Dans un sens, nos écoles sont des usines dans lesquelles la matière première (enfants) est à usiner en produits pour faire face aux diverses exigences de la vie. Les spécifications de la fabrication proviennent des exigences de la civilisation du xxe siècle, et c'est la responsabilité de l'école de construire ces élèves en fonctions de ces spécifications.

> Cela requiert de bons outils, un équipement spécialisé, le contrôle continu de la production pour s'assurer qu'elle réponde aux spécifications, l'élimination du gaspillage et une grande variété des produits finis[13]. »

À cause de la popularité des méthodes de management scientifique dans l'industrie de l'époque, on commença à appeler ce modèle prussien amélioré de l'éducation, « modèle industriel ». Le piège de l'efficacité s'était refermé cette fois de manière « scientifique » sur la finalité qui était de former de futurs citoyens libres au raisonnement indépendant.

On pouvait espérer que, malgré tout cela, les enfants américains, après avoir quitté le banc de l'école, devenaient bien des « citoyens libres au raisonnement indépendant ». Laissons pour le moment l'avis de Ricardo Semler, selon qui l'école forme des adultes obéissants qui n'attendent que des ordres sur leur lieu de travail. Les observations suivantes d'un fin connaisseur et ac-

13. Cubberley, E. (1917). *Public School Administration*. Boston, MA: The Riverside Press Cambridge (p. 325).

teur déjà mentionné de l'éducation publique américaine Waronker, émiettent cette espérance. Voici ce qu'il écrit à propos du système éducatif des États-Unis d'aujourd'hui[14] :

> «Dans la plupart des salles de classe aujourd'hui, l'objectif (pas si) caché est le contrôle. L'enseignant décide de ce qui doit être enseigné, comment ce doit être enseigné et comment le travail doit être évalué. De plus, il décide comment les élèves doivent être assis... L'enseignant donne la permission aux élèves de parler... La plupart du temps de classe est utilisé pour le monologue de l'enseignant... et souvent quand on donne l'opportunité aux élèves de parler, c'est pour répondre à une question... Les élèves sont ensuite testés sur ce que l'enseignant a présenté... La plupart des étudiants acceptent ce "jeu de l'école", et ils rentrent dans le moule ou sont apathiques en faisant le minimum pour passer. D'autres élèves remettent en cause ce modèle et sont réprimandés. Une part important de la formation des enseignants, et ce n'est pas un hasard, porte sur comment gérer les comportements dans une classe.»

14. Waronker et al. (2009), *ibid.*, p. 8.

Il n'est pas ici question de débattre de l'efficacité même de ce modèle prussien amélioré, à savoir, si la majorité des enfants américains ont bien acquis un socle de connaissances. Revenons au vœu d'Horace Mann. Bien que ce modèle soit fondé sur l'obéissance et le contrôle, Mann souhaitait qu'il puisse éduquer des citoyens libres, en leur procurant un raisonnement indépendant. On peut se demander si chercher « à se conformer à la règle », être « apathique » ou « faire le minimum » sont exactement les caractéristiques de citoyens libres au raisonnement indépendant. Nombreux sont ceux qui concluent que non. Le modèle prussien, à cause de son « défaut de conception », comme le disent les ingénieurs, a définitivement piégé l'école publique en ne lui permettant pas de servir sa finalité sociale et humaine. Ce n'est pas l'ajout de « l'éducation civique » au programme, ni des uniformes ou des règles qui régiraient la façon dont les élèves doivent s'adresser au professeur qui sont à même de résoudre ce problème. La question n'est plus de savoir comment améliorer le modèle éducatif en place, mais plutôt de comment le remplacer.

Le piège des modèles

Nous voici à discuter de la deuxième partie du double piège du « modèle efficace » qui empêche l'émergence d'un système éducatif alternatif. Beaucoup de personnes se rendant compte du « défaut de conception » du modèle prussien se demandent alors par quel modèle alternatif le remplacer. Ce n'est pas une bonne question. Nous avons vu qu'il y a des approches éducatives alternatives au modèle prussien, et qui sont en cohérence avec les finalités des pays de droit qui visent à éduquer les citoyens pour les rendre libres et responsables. Nous avons vu aussi qu'elles sont non seulement efficaces, certaines étant même parmi les meilleures au monde. Elles sont très connues, et les établissements les pratiquant, visités et observés. Toutefois, la plupart des responsables d'éducation qui font ces visites vont y chercher un modèle. Ils le trouvent – ou croient l'avoir trouvé – et certains, après être rentrés chez eux, essaient de remplacer leur modèle prussien par un «modèle alternatif». Ils subissent tous un échec et le nombre de ces transformations échouées est légion. Cela ne s'explique pas parce qu'un modèle en particulier essayé n'est pas applicable ou était mal appliqué. La cause de ces échecs consiste dans l'emploi même d'un modèle.

Tout modèle, qu'il soit traditionnel ou alternatif, porte implicitement plusieurs messages. Primo, toutes les situations concrètes où il sera appliqué seront fondamentalement les mêmes. Autrement dit, les différences de situation sur le terrain sont sans importance et on en fera *tabula rasa*. On fera *tabula rasa* par rapport aux enfants particuliers qui fréquentent cet établissement, aux enseignants particuliers qui y enseignent, à l'histoire particulière de cet établissement, à l'environnement humain et culturel qui l'entoure. Or, comme le dit une sagesse, quand on impose, les gens s'opposent.

Secundo, il nécessite des experts qui connaissent le modèle et qui ont élaboré une méthode pour sa mise en place, méthode encore une fois générale pour toutes les situations concrètes que l'on pourrait rencontrer. Ces experts vont être chargés de l'application de cette méthode, alors que les acteurs de l'école – les élèves et les enseignants – en seront les objets. Or, comme le dit un penseur de l'apprentissage organisationnel Peter Senge, « les gens ne résistent pas au changement, mais ils résistent à ce qu'on les change ».

On pourrait objecter qu'il est impossible que chaque école construise son propre mode éducatif. Tout d'abord, remarquons que c'est le cas avec les écoles Montessori. Maria Montessori lutta toute sa vie contre la tentative de certains de faire de son approche un modèle rigide, et elle appelait à son évolution et à son adaptation permanente. Plus récemment, le système éducatif de Finlande, loué pour ses résultats exceptionnels, se caractérise lui aussi par la grande autonomie pédagogique de chaque école. L'erreur souvent commise quand on évoque la Finlande consiste à attribuer la réussite de son système à son modèle qui viserait l'efficacité. La vérité est que son système a obtenu des résultats exceptionnels justement parce qu'il ni avait un modèle standard ni visait l'efficacité.

De manière plus générale, les sciences de l'éducation sont parvenues à une conclusion similaire sur l'impossibilité des modèles éducatifs – les structures scolaires standards. Ainsi, Richard F. Elmore, professeur à la Harvard School of Education[15] remarque que dans le passé, le système éducatif standard était présumé suffisant pour la majorité des élèves, le reste étant orienté vers des programmes « spéciaux » avec des systèmes un peu différents. Par conséquent, on a forcé les différents élèves et les différentes pratiques d'enseignements à s'adapter au système standard. Sur la base des nombreuses recherches sur l'enseignement et l'apprentissage Elmore conclut que c'est au système et à sa structure de s'adapter à des pratiques d'enseignement et pas l'inverse. Il dit :

> « Il est peu probable qu'une seule structure, analogue à ce qui existe dans l'éducation aujourd'hui, va en ressortir. Plus probablement les structures "fluctueront" en réponse

15. "Why restructuring alone won't improve teaching", *Educational Leadership*, April 1992, 44-48, pp. 47-48.

à la variation parmi les élèves et parmi les pratiques d'enseignements... Les solutions structurelles de l'éducation auront une qualité bien plus expérimentale et conditionnelle, en lien avec l'objectif de la compréhension conceptuelle de l'élève, les connaissances de l'enseignant, et les capacités des élèves. Plutôt que la structure conditionnant la pratique, c'est la pratique d'enseignement qui conditionnera la structure. »

Chaque école est unique et la question n'est donc pas du tout quel est le modèle – structure scolaire standard à adopter ou bien comment l'améliorer mais :

Comment engager une démarche de co-construction d'un mode éducatif unique à chaque établissement avec ses enseignants, ses élèves et son environnement local, et le faire vivre et évoluer.

Autrement dit, il s'agit de comprendre qui engage et conduit une telle co-construction et quels sont les principes d'une telle démarche. Je le rappelle, que ce texte traite de la transformation des pratiques éducatives – celle qui concernent l'apprentissage – et non pas des pratiques organisationnelles dans les établissements. Naturellement, la transformation des premières demande la transformation des secondes. J'y reviendrai brièvement.

Dans la recherche sur les transformations des systèmes politiques et entrepreneuriaux, la problématique de qui engage la transformation, avec qui et sur quels principes est connue sous le nom de « leadership transformationnel ». Un petit détour par l'histoire de l'entreprise peut nous aider à comprendre ce dernier.

De la Révolution Industrielle au monde VUCA

Le modèle dominant pyramidal d'organisation de l'entreprise – appelé aussi « commandement-et-contrôle », ou bureaucratie hiérarchique – est apparu lors de la Révolution Industrielle, à la fin du xviiie siècle. Les filatures d'abord, puis d'autres manufactures exigeaient la coordination de centaines d'ouvriers spécialisés dans diverses tâches. Le problème de coordination a alors été défini sous la formulation suivante : « Comment superviser le maximum d'ouvriers avec le minimum d'encadrants ? » La réponse mathématique à ce problème était une arborescence hiérarchique, ce qui a donné le modèle d'organisation dominant dans le monde du travail jusqu'à ce jour.

Ce problème aurait pu être formulé différemment et nous y reviendrons. Cependant, la logique de l'efficacité – et plus particulièrement la volonté de minimiser les coûts de supervision et de contrôle – a conduit à la formulation évoquée et à une solution d'organisation hiérarchique. Ce dernier modèle a d'ailleurs fait ses preuves. L'efficacité de la production qu'elle a assurée – grâce à la productivité élevée par la division du travail et les bas coûts de supervision – a propulsé d'abord les pays occidentaux, puis tous les autres qui ont adopté ce même modèle d'organisation de travail. Selon l'historien économique Angus Maddison, entre 1820 et 2001, le revenu par tête a été multiplié par vingt dans les pays de l'Ouest et leurs émules, mais uniquement par six dans le reste du monde[16].

16. Angus Maddison, *Dynamic Forces in Capitalist Development* (Oxford : Oxford University Press, 1991) ; et Angus Maddison, « Contours of the World

Le modèle s'est donc avéré efficace. Naturellement, il n'a jamais été remis en cause mais sans cesse amélioré, passant du Taylorisme déjà mentionné à la direction par objectifs (les fameux indicateurs de performance) et à la *lean production*[17] de nos jours. Ainsi, le modèle pyramidal continue d'optimiser la productivité et les coûts pour la production – et le service – de masse dans le monde des marchés et économies stables.

Cependant, vers 2005, selon des prospectivistes comme Marc Halévy, ce modèle est devenu inadéquat au nouveau monde *VUCA*, ce qui signifie en anglais, *Volatile, Unstable, Complexe, and Ambiguous*. En simplifiant, les entreprises qui visent à fournir un produit ou un service standardisé en masse et au moindre coût ont perdu

---

Economy and the Art of Macro-measurement 1500-2001 » (Ruggles Lecture, IARIW 28th General Conference, Cork, Irlande, août 2004).

17. La « lean production » diminue le gaspillage, les stocks, l'espace, les mouvements humains, les outils nécessaires et le temps de développement d'un produit.

la certitude de trouver des clients. En outre, leurs calculs de productivité et plans stratégiques, fondés sur des hypothèses et des prévisions des années en avance peuvent voler en éclats du jour au lendemain, en raison des ruptures technologiques, des changements géopolitiques, des variations drastiques du prix des matières premières, etc. Ainsi, lors de la dernière décennie, des géants comme Motorola, Nokia, Areva, SFR ou PSA ont disparu en tant qu'entreprises indépendantes, en l'espace de quelques années. Le monde VUCA exige désormais des entreprises qu'elles soient agiles, résilientes, innovantes. Or elles sont plutôt rigides, fragiles et lentes. Elles le sont, car la formulation du problème de coordination visant à réduire les coûts et sa solution pyramidale a piégé l'entreprise. Regardons comment.

Aujourd'hui, le modèle pyramidal est souvent appelé bureaucratie hiérarchique. En effet, une organisation typique possède une hiérarchie où chaque niveau supérieur dit au niveau inférieur comment il doit travailler et le contrôle. Souvent, cette organisation aime ajouter des couches hiérarchiques, ce qui, au passage, est paradoxal pour une solution supposée minimiser les coûts d'encadrement. Mais ce n'est que la première partie du piège de la solution hiérarchique, supposé efficace. Lors de la Révolution industrielle, les encadrants s'aperçurent déjà qu'ils étaient obligés de répéter la même instruction à de nombreuses personnes et plusieurs fois. Pour gagner du temps, ils entreprirent d'émettre des règles, procédures et régulations, ce qui – en comprenant les personnes en charge – a constitué la bureaucratie. L'émergence de la bureaucratie hiérarchique a provoqué deux conséquences majeures.

Primo, le piège s'est lentement refermé sur les entreprises. Au lieu d'être une solution qui minimise les coûts d'encadrement et de contrôle, la bureaucratie hiérarchique les a décuplés. Selon John Whitney, professeur à l'université Columbia, la moitié des activités conduites dans l'entreprise sont superflues. En d'autres mots, les coûts sont deux fois supérieurs à ce que les entreprises devraient avoir pour fonctionner – tout cela à cause de la bureaucratie hiérarchique et ses activités de contrôle hypertrophiés. Dans le monde stable d'hier, les entreprises pouvaient assumer ces coûts, dont la plupart sont cachés – pensez au coût du stress au travail qui ne figure pas dans le bilan comptable. Elles ne peuvent plus les assumer dans le monde VUCA. Pendant les Trente Glorieuses, on a pu fabriquer un million de téléviseurs et les vendre. Aujourd'hui, aucun téléviseur n'est plus fabriqué en France, et bien peu en Europe.

Mais la deuxième conséquence, le deuxième piège de la solution hiérarchique est encore plus grave. Le monde VUCA exige des entreprises d'être agiles et innovantes, ce qui nécessite de la part des salariés créativité et mise en commun de leur intelligence. Et c'est là que le défaut de conception de la solution hiérarchique a piégé les entreprises : on ne pouvait pas dire aux salariés «c'est celui qui fait qui sait» tout en maintenant la hiérarchie des «sachants». On ne pouvait pas non plus dire «prenez des initiatives, mettez en place vos idées, soyez créatifs» tout en maintenant les pratiques qui contrôlent en permanence les moindres faits et gestes de salariés. La majorité des salariés ont rapidement compris cette incohérence : « Soit vous faites confiance à mon intelligence et me laissez la liberté d'initiative soit vous me dirigez et me contrôlez. Mais vous ne pouvez pas prétendre faire les deux à la fois. »

On comprend mieux alors pourquoi toutes les tentatives d'amélioration de la bureaucratie hiérarchique pour augmenter l'innovation, l'agilité ou la résilience n'ont pas donné les résultats escomptés (voir dans ce livre «La bataille de l'innovation»). Seul l'abandon du modèle hiérarchique et sa transformation en un mode alternatif d'organisation, qui ne sera plus fondé sur la méfiance et le contrôle, permettra la mobilisation de l'intelligence et de la créativité des salariés. Cette idée a été formulée déjà au début des années 1960 par des chercheurs comme Douglas McGregor. Plusieurs dizaines de patrons l'ont effectivement mis en place dans leur entreprise en construisant des modes d'organisation alternatifs. Depuis les années 2010, leur nombre ne cessent de croître, surtout en France. C'est le cas des modes d'organisation alternatifs nommés « entreprises libérées ». Aujourd'hui, nous possédons le recul suffisant pour tirer les leçons principales de ces transformations, leçons qui peuvent s'avérer utiles pour la transformation des systèmes éducatifs. Mais faisons d'abord un petit rappel de ce qu'est l'entreprise libérée.

L'entreprise libérée est un mode d'organisation où la majorité des salariés est complètement libre et responsable d'entreprendre toute action qu'eux-mêmes – et non leurs supérieurs ou des procédures – décident comme les meilleures pour la vision de leur entreprise. À l'instar des architectes qui définissent une construction – par exemple un pont – à partir de sa fonction – permettre un passage par-dessus un obstacle – et non d'un ensemble de caractéristiques structurelles, l'entreprise libérée est définie aussi à partir de sa fonction – permettre la liberté et la responsabilité des initiatives – et non d'un modèle (voir dans ce livre « Leadership libérateur » et « Comment se désintoxiquer des modèles »). Par conséquent, il n'existe ni modèle de l'entreprise libérée, ni méthode pour la mettre en place. Brian Carney et moi-même, à l'occasion de notre recherche, avons observé que dans les quelques dizaines de démarches de construction des entreprises libérées, elle a été initiée à chaque fois par le patron. Nous l'avons nommé « leader libérateur ». En premier lieu, ce dernier a fait siens les principes fondamentaux de la philosophe de l'entreprise libérée : les salariés sont dignes de confiance, chacun a des dons et les êtres humains préfèrent s'autodiriger plutôt qu'être dirigés. Ensuite, le leader libérateur articule ces principes dans l'héritage humain et culturel particulier de son entreprise. Cette articulation se fait à travers une co-construction avec les salariés. En résulte un mode d'organisation nouveau, unique et évolutif.

Il y a plusieurs leçons que la co-construction des entreprises libérées peut apporter à la transformation de systèmes éducatifs.

Leçons de la libération des entreprises pour la transformation des systèmes éducatifs

Nous avons vu plus tôt que le modèle prussien d'un système éducatif conçu pour l'efficacité est un piège qui empêche d'atteindre les finalités sociales et humaines désirées. Nous avons vu aussi que la question n'était pas de rechercher par quel autre modèle alternatif d'éducation le remplacer mais comment engager une démarche de construction d'un mode éducatif unique pour chaque établissement. La libération d'entreprises offre ici plusieurs leçons.

La première leçon porte sur qui doit engager une telle démarche.

Dans mon observation d'une centaine de libération d'entreprises qui ont co-construit un mode d'organisation alternatif au modèle traditionnel, c'était toujours le patron d'établissement qui a initié la transformation. Par « établissement », j'entends soit une PME, soit une entité opérationnelle (usine, magasin, entrepôt) d'un grand groupe. En effet, seul le patron possède un mandat qui lui permet de transformer le mode d'organisation, car seul il rend compte de la performance de l'établissement et décide des moyens de l'assurer. J'ai observé des cas où les salariés, le DRH, les managers ou encore les syndicats ont fait connaitre au patron l'existence de la philosophie de l'entreprise libérée. Toutefois, ces personnes, mêmes acquises à cette philosophie et souhaitant l'appliquer pour transformer le modèle de bureaucratie hiérarchique de leur entreprise, n'ont pas le mandat pour le faire. Le patron, oui.

Une petite précision est de mise ici. Un patron possède un mandat implicite pour la transformation, ce qui n'est pas la même chose qu'un mandat explicite. Pour obtenir ce dernier, il doit en parler aux actionnaires ou au PDG (s'il est patron salarié de l'entité d'un grand groupe). Ce n'est pas nécessairement un bon plan, voire un plan risqué, de commencer une transformation radicale en cachette et de risquer un jour que les actionnaires ou la direction du groupe découvre le pot aux roses. Le rose sera bien sûr la liberté dont les salariés jouissent en agissant pour le bien de l'entreprise, mais qui peut gêner une direction de groupe très centralisé. C'est la responsabilité du patron d'utiliser sa capacité d'influence auprès des actionnaires/PDG afin d'obtenir un mandat explicite pour transformer le mode d'organisation actuel. Pour cela, il n'est pas nécessaire que les actionnaires/PDG partagent cette même philosophie. Il faut juste qu'ils acceptent que, pour obtenir les résultats qu'ils attendent de l'établissement, son mode d'organisation doive être transformé.

La leçon pour la transformation de systèmes éducatifs est que c'est au patron d'un établissement, d'une école, qu'il revient la responsabilité de transformer le modèle prussien en mode éducatif unique. En effet, seul le directeur d'établissement ou le maire local peuvent posséder un mandat pour transformer le mode éducatif, car seul il rend compte de la performance de l'établissement et décide des moyens pour l'assurer. Les enseignants, ou d'autres acteurs et parties prénantes de l'établissement, peuvent lui faire connaître des modes éducatifs alternatifs. Par exemple, en France aujourd'hui, à la suite de l'expérience menée par l'enseignante Céline Alvarez, de nombreux autres enseignants de maternelle et de primaire s'inscrivent dans la lignée de l'approche Montessori et la font partager dans les classes[18]. Toutefois,

18. Voir, par exemple, http://www.public-montessori.fr/notre-projet.html.

la première école *publique* Montessori[19] a vu le jour grâce à un « leader libérateur », le maire d'un petit village du Lot-et-Garonne qui a converti son école communale à cette approche. D'ailleurs, comme les leaders libérateurs d'entreprises, il a réussi à convaincre son autorité de tutelle – l'Inspecteur de l'Education nationale – à la nécessité de cette transformation afin de sauver son école et par conséquent, son village[20]. Cela dit, le rôle des enseignants est très important dans la transformation, ce qui nous amène à la deuxième leçon.

La deuxième leçon concerne les participants à cette démarche de construction d'un mode alternatif.

Dans les entreprises, le patron initie la construction mais puisque l'entreprise libérée a comme finalité la liberté et la responsabilité des salariés, il est naturel qu'elle

19. A distinguer des écoles Montessori privées sous contrat qui existent en France.

20. « J'ai sauvé l'école de mon village grâce à la méthode Montessori », Le Monde, 27/08/2016.

Le problème des écoles rurales en danger ou insuffisantes n'existe donc pas seulement au Brésil ou en Inde.

soit co-construite. En d'autres mots, il est normal que le mode alternatif construit *pour* les salariés soit construit *avec* eux. Et puisqu'il n'y a pas de méthode, la nature exacte de cette coopération varie d'une entreprise à l'autre. Concrètement, cette coopération part des jugements que les salariés émettent sur les pratiques existantes de l'entreprise. Ainsi, dans le cadre d'une transformation, on demande aux salariés de réfléchir et de faire connaître des pratiques où ils considèrent qu'on ne leur fait pas confiance, on ne les respecte pas, on empêche leur liberté d'initiative ou encore l'autodirection, etc.

Par exemple, plusieurs salariés peuvent indiquer que le recrutement par les services RH de leurs co-équipiers manifeste un manque de confiance et de respect envers les équipes auxquelles on impose les recrutés. Ils se constituent par la suite en groupe de travail et proposent une pratique alternative qui, en même temps, répond à la finalité initiale de recruter un candidat approprié, ainsi qu'aux contraintes externes (par exemple légales) et internes (budgétaires). Les salariés peuvent ainsi proposer de rechercher les candidats par eux-mêmes (principe de cooptation), conduire les entretiens, choisir leur candidat et demander aux services RH de finaliser les aspects contractuels. C'est d'ailleurs ainsi que le mode co-construit devient unique : grâce à toutes les nouvelles pratiques mises en place par les collaborateurs. C'est aussi pour cela que les démarches de libération d'entreprise sont souvent qualifiées d'innovation sociale et sont récompensées par des prix prestigieux.

La leçon à tirer pour la transformation de systèmes éducatifs est qu'au sein de l'établissement, les principaux acteurs de l'éducation sont les enseignants et que c'est avec eux que le nouveau mode éducatif doit être co-construit. L'évolution des enfants, des familles et de la société tout entière exige des écoles qu'elles innovent dans leur pratique éducative, ce qui exige créativité et mise en commun de l'intelligence de la part des enseignants. Comme l'a dit Elmore plus haut : « Les solutions structurelles de l'éducation auront une qualité bien plus expérimentales et conditionnelles... Plutôt que la structure conditionnant la pratique, c'est la pratique d'enseignement qui conditionnera la structure. »

Une précision est de mise. Comme je l'ai déjà mentionné, je ne traite ici que de la transformation des pratiques éducatives – pas de celle des pratiques organisationnelles. Cela étant dit, il est légitime de se demander si l'école traditionnelle organisée administrativement en tant que bureaucratie hiérarchique peut libérer la créativité et l'intelligence collective de ses enseignants. L'expérience de la libération d'entreprises mais aussi des administrations – des caisses de la Sécurité Sociale, des offices OPH, des mairies, des ministères – montre que non. Par conséquent, un directeur d'établissement scolaire ou un maire local qui initie une transformation des pratiques éducatives sera bien avisé d'engager une transformation parallèle des pratiques organisationnelles. La symétrie des attentions est essentielle. Dit autrement, il lui sera difficile d'appeler les enseignants à arrêter d'infantiliser les élèves si lui-même continue d'infantiliser les enseignants. Nous n'allons pas traiter ici cette question et renvoyons le lecteur vers les autres parties de ce livre où elle est décrite abondamment.

La dernière leçon porte sur la finalité de cette démarche de construction d'un mode éducatif alternatif.

Une condition principale pour qu'une libération d'entreprise réussisse est qu'elle *ne soit pas* engagée pour une finalité économique : profit, parts de marché, ou autres résultats économiques. Non que la performance économique ne soit pas importante pour l'entreprise. Elle l'est, au même titre que l'oxygène est important pour le corps. Si nous ne respirons pas nous ne pouvons pas vivre. Mais nous ne vivons pas pour respirer. Les leaders libérateurs qui ont réussi la transformation de leur entreprise ont su faire partager à l'ensemble de salariés une vision qui les a fait rêver, qui leur a fait aller au travail parce qu'ils y voyaient un sens et non parce qu'ils y étaient obligés. Et c'est naturel que les salariés qui ont envie de se lever le matin et donner le meilleur d'eux-mêmes au travail, soient plus performants. Donc, *in fine*, il est juste que les entreprises libérées soient plus performantes que leurs concurrents traditionnels. Mais, la finalité de leur entreprise n'est pas cette performance mais leur vision-rêve commune.

Concrètement, dans les entreprises libérées, la vision-rêve est parfois conçue par le patron lui-même (c'est souvent le cas avec les patrons fondateurs) qui investit par la suite un effort considérable pour la partager avec l'ensemble des salariés, quitte à la faire évoluer. Dans d'autres cas, l'élaboration même de la vision-rêve se fait dès l'origine de la démarche de libération avec les salariés. Chacune des deux manières a un avantage et un inconvénient. La première permet d'aller plus vite dans l'élaboration de la vision mais demande beaucoup de temps dans son partage ; à l'inverse, la deuxième demande beaucoup de temps pour élaborer la vision, mais son partage est très rapide.

La leçon pour la transformation des systèmes éducatifs, est que toute démarche qui aura pour finalité l'efficacité (éducative) ne réussira pas. Nous avons dit plus haut que toute construction d'un mode alternatif doit se faire avec les enseignants. Le lecteur peut remarquer que la concertation avec les enseignants est très pratiquée et que certaines écoles pratiquent des « méthodes participatives ». Tout salarié qui a été conviée à de telles réunions peut se rappeler le sentiment de lassitude qui s'y installe assez rapidement. La raison principale est que l'objectif d'améliorer la performance de 5 % pour tel ou tel autre indicateur n'enthousiasme personne.

Quelle finalité humaine et sociale notre école vise-t-elle ? Sans répondre à cette question, les enseignants vont se sentir instrumentalisés, peu importe la forme de concertation ou participation employée.

Pour Maria Montessori la finalité concernait l'épanouissement de l'enfant. Son point de départ même était la dénonciation de la « situation de l'enfant qui vit dans l'ambiance de l'adulte [comme] un dérangeur qui cherche, et ne trouve rien pour lui ; qui entre, mais qui est expulsé… un extra-social, que tout le monde peut traiter sans respect, insulter, battre, punir, en exerçant un droit reçu de la nature : le droit de l'adulte[21] ». Par conséquent, la finalité de l'école Montessori est devenue l'enfant-même comme le dit, par exemple, Jeanne-Françoise Hutin, présidente de l'Association pour la diffusion des idées de Maria Montessori : « L'éducation ne peut plus être considérée comme un système, ni une technique : elle est… comme un geste qui permet à l'enfant… le développement de son être[22] ». Dans les écoles Freinet, Lumiar, ou The New American Initiative on trouvera d'autres finalités. Par exemple chez Lumiar elle est « d'offrir à des jeunes de toutes les classes socio-économiques l'opportunité de devenir des citoyens responsables de leurs propres actions et capables de déterminer la direction et la dimension de leurs activités ». Quant à la première école publique Montessori en France à Blanquefort-sur-Briolance, c'est le rêve de sauver une école rurale en attirant, grâce à elle, des familles des villes à

21. *L'enfant*. Desclée de Brouwer, 2004 (édition originale 1935), pp. 12-13.

22. « Préface », in M. Montessori, *L'enfant*. *Ibid.*, pp. 8-9.

la campagne et *in fine*, sauver le village lui-même. Mais toutes ces finalités, malgré leurs différences, ont un caractère humain et social – pas celui de l'efficacité éducative.

Tout comme pour les entreprises libérées, certaines de ces finalités proviennent des fondateurs, comme Montessori ou Freinet, finalités qui ont dû être partagées. D'autres finalités sont les résultats d'un effort collaboratif avec les enseignants comme pour Lumiar, The New American Initiative ou encore l'école de Blanquefort-sur-Briolance, et ont donc été très rapidement appropriées par eux. Mais ce qui compte c'est de partager une même finalité humaine et sociale. Ce n'est qu'alors qu'on peut poser aux enseignants la question suivante : quelles pratiques éducatives actuelles de notre établissement ne contribuent pas suffisamment à notre finalité, et comment proposez-vous de les transformer ? Les groupes de travail constitués de volontaires intéressés par telle ou telle pratique seront ainsi lancés, élaborant de nouvelles pratiques et les mettant en place. Chacune d'entre elles constitue une nouvelle pierre dans la co-construction d'un mode alternatif. Ces groupes peuvent également s'inspirer des approches alternatives qui ont fait leur preuve ailleurs. Toutefois, puisque le contexte de chaque établissement est spécifique et puisque les enfants, les familles et la société évoluent, le nouveau mode éducatif alternatif sera non seulement unique mais également évolutif. D'ailleurs, les familles et la société locale peuvent faire partie de certains groupes de travail.

Quelques remarques finales. Elles se fondent sur ce qui est dit plus haut, ainsi que sur mes 30 années d'expérience d'enseignant et mes 15 années de recherche – doctorat compris – en sciences cognitives, allant de la psychologie du développement à la créativité émotionnelle.

On ne peut pas «faire apprendre» quelqu'un d'autre. On peut seulement créer un environnement qui donne à l'autre l'envie et la possibilité d'apprendre par lui-même. Tenter de faire apprendre est une épreuve à la fois pour l'enseignant et l'élève. Pour parler en langage «moderne», l'enseignant «uploade» son savoir dans

« l'espace » sans être sûr que l'élève l'a bien « téléchargé » dans son cerveau, puis il organise des contrôles de la « qualité du téléchargement ». C'est le modèle prussien 4.0.

Cependant, l'enseignant est l'acteur principal de la construction de l'environnement qui donnera à l'élève l'envie d'apprendre par lui-même, et la relation de respect, de bienveillance et de confiance qu'il crée avec l'élève en est la pierre angulaire. C'est cette relation qui fera que l'élève ira à l'école par envie et non pas par obligation. Et une fois sur place, l'élève donnera alors le meilleur de lui-même pour apprendre. On est bien loin d'un endroit qui le juge « mauvais » et qu'il déteste, à juste titre. Quant aux situations où de tels enseignants ne sont pas présents – davantage répandues qu'on est prêt à l'admettre – c'est bien la responsabilité de toutes les parties prenantes de l'école, ainsi que celle de la communauté locale, de créer cet environnement propice à l'apprentissage. Il faut que chaque enfant ait accès à un environnement qui, comme l'a dit Anatole France, « éveille la curiosité des jeunes âmes pour la satisfaire ensuite ».

Je conclurai par deux citations qui nous proviennent de la tradition chinoise. Cette tradition est très différente de la nôtre dans sa façon de concevoir le monde. Par exemple, elle proscrit l'efficacité et les modèles et loue le leadership et la transformation. La Chine ancienne est aussi le pays qui créa la première école ouverte à tous les enfants, sans distinction de classes ou de condition sociale. Sa finalité était humaine – le perfectionnement de soi – à travers l'étude de six arts : les règles de bienséances, la musique, la poésie, le tir à l'arc, la conduite du char et le calcul.[23]

La première citation vient d'un maître taoïste Kouo-Siang[24] :

> « Ce que les sages ont fait appartient au passé et ne peut donc convenir à la situation actuelle. C'est sans valeur et il ne faut pas imiter. ».

23. Hesna Cailliau, *Le Paradoxe du poisson rouge : Une voie chinoise pour réussir*, Éditions Saint-Simon, 2015, p. 39.

24. *Ibid.*, p. 78.

La deuxième vient de Lao-Tseu[25] :

«… Si le maitre n'a qu'une confiance insuffisante en son peuple, celui-ci se méfiera de lui.

Le maitre éminent se garde de parler.

Et quand son œuvre est accomplie et sa tâche remplie le peuple dit : "Cela vient de moi-même."»

---

25. Lao Tseu, *Tao-tö King*, Trad. du chinois par Liou Kia-hway, Gallimard, 1967, verset XVII.

II

Écoutons les agents de terrain dans la lutte contre le terrorisme

Il est trop tôt pour tirer les leçons des déficiences des services de sécurité concernant les attaques terroristes de 2015-2016 en Europe. Il en va autrement des attentats de 2001 aux États-Unis. Examiner ces manquements, autant que les meilleures pratiques organisationnelles de centaines de structures, nous fournit des leçons uniques sur la façon d'améliorer nos services pour mieux combattre le terrorisme.

Devinez où a été écrite cette note de service d'une salariée destinée à son directeur :

« Les agents sur le terrain et leur manager de proximité seraient mieux à même de mettre en place des solutions rapides et efficaces [...] pour prévenir des [...] risques. Bien que le personnel du siège ait [...] été d'une aide incommensurable [...], j'ai beaucoup de mal à penser à des cas résolus par eux et je peux en nommer plusieurs qu'ils ont "foirés" ! La prise de décision est intrinsèquement plus efficace et plus rapide quand elle est décentralisée plutôt que concentrée. »

Les dysfonctionnements du FBI

Vous pourriez penser que c'est une salariée d'une grande entreprise qui en est l'auteure – il s'agit en fait de Coleen M. Rowley, agent du FBI à Minneapolis. Elle a exposé des dysfonctionnements du FBI, lesquels, s'ils avaient été traités plus tôt, auraient pu prévenir les attentats du 11 septembre 2001.

Voici un exemple de sa propre expérience :

« Les agents à Minneapolis [étant] [...] dans la meilleure position afin d'évaluer la situation sur place, [ils] ont pleinement pris conscience du risque terroriste posé par Moussaoui et ses possibles co-conspirateurs, même avant le 11-Septembre. [...] Cependant, l'agent spécial de surveillance au siège du FBI [...] semble avoir constamment, presque délibérément, contrecarré les efforts des agents du FBI de Minneapolis. »

Rowley cite aussi l'expérience de Kenneth Williams, un agent du FBI pour l'antiterrorisme à Phoenix, qui a envoyé une note de service au siège le 10 juillet 2001. Elle s'ouvrait par la mise en garde contre les plans de Ben Laden d'envoyer des étudiants aux États-Unis pour apprendre à piloter. Williams n'a jamais reçu de réponse réelle.

Burn-out

Des dysfonctionnements similaires existent en Europe. En Belgique, par exemple, le chef d'une police locale n'a pas partagé avec les services antiterroristes à Bruxelles l'information de son agent de terrain sur le locataire de l'éventuelle planque du terroriste belge Abdeslam. Après quatre mois, grâce à un témoignage spontané, Abdeslam sera arrêté précisément dans ce lieu.

Quant à l'agent en question, il a fini en burn-out…

Les dysfonctionnements organisationnels illustrés par ces exemples diminuent les capacités des services de sécurité à combattre le terrorisme. Pire encore, ils détériorent la motivation des agents selon un schéma classique :

a) Un salarié de terrain détecte un risque ; il sait le plus souvent comment le prévenir.

b) Il avertit la hiérarchie, qui n'agit pas ou tarde à le faire.

c) Le dommage se produit.

d) Le salarié en question n'alerte plus la hiérarchie, car « ça sert à rien », et se comporte en simple exécutant, voire finit en burn-out.

Ce schéma est endémique à toute organisation hiérarchique où les supérieurs ordonnent et contrôlent les actions de leurs subordonnés. Inventée il y a deux siècles, l'organisation hiérarchique a certes prouvé sa productivité dans le monde stable. Toutefois, sa rigidité, due à l'étouffement de l'initiative des salariés de terrain, la rend inadéquate au monde turbulent. Pourtant, elle peut être transformée.

« Mouvement de libération »

Dans les entreprises, cette transformation est connue comme le « mouvement de libération ». Michelin, Airbus et des centaines d'autres ont commencé à transformer radicalement leurs pratiques organisationnelles pour offrir aux équipes de terrain la responsabilité et la liberté de toute initiative qu'ils estiment bénéfique pour l'entreprise. En conséquence, ces entreprises surpassent constamment leur concurrence dans tous les domaines, y compris la sécurité.

Mais de telles transformations ont aussi eu lieu ailleurs : dans les forces spéciales de l'armée et dans la marine. En 1999, le commandant David Marquet est nommé sur l'*USS Santa Fe*, le plus mal classé en performance de 56 sous-marins américains. Un an plus tard, après qu'il a transféré toutes les décisions – excepté celle d'actionner les armes – aux membres de son équipage, leur sous-marin est devenu le meilleur de la flotte.

Une transformation similaire d'une organisation hiérarchique a été opérée quelques années plus tôt par le commandant Mike

Abrashoff sur le destroyer *USS Benfold*, faisant de ce bateau, jusque-là jugé le pire de toute la flotte du sud du Pacifique, le plus performant.

Transformation

À l'instar de ceux-ci et de bien d'autres exemples, les services de sécurité peuvent se transformer aussi, car les mêmes principes fondamentaux s'appliquent : les salariés de terrain sont les mieux placés pour identifier les problèmes et agir rapidement pour les résoudre – bien entendu, dans le cadre strict de la loi, surtout pour les problèmes de sécurité. Mais ces principes ne seront pas mis en application à moins que le leader – comme les commandants Abrashoff et Marquet – ne lance cette transformation, à commencer par le travail sur son ego.

Il est impossible de combattre efficacement le terrorisme moderne, décentralisé et utilisant des moyens sophistiqués de communication, par les services de sécurité organisés à l'ancienne. Pourtant, en France et en Belgique, nos agents de terrain sont très efficaces en collecte de données.

Ils mènent des enquêtes préventives et partagent les informations, déjouant ainsi de nombreux actes terroristes. Souvent, ces initiatives se font sans l'approbation de leur hiérarchie. Elles pourraient pourtant être bien plus nombreuses si l'organisation des services évoluait, permettant à ces derniers de devenir plus agiles que leur adversaire.

Après les attentats de Madrid en 2004, le juge Garzon a dit : « Nous faisons actuellement un tiers de ce qui pourrait être fait en matière de lutte contre le terrorisme en Europe. » Il est temps que nos services de sécurité transforment leurs pratiques organisationnelles pour agir au summum de leur grand potentiel.

III

Comment la France peut-elle devenir une société génératrice de richesses ?

Le Forum Mondial, Davos, les puissants de ce monde? Ca on commente beaucoup. Ce qu'on connait moins c'est que le Forum Mondial est aussi à l'origine d'un autre évènement. Il publie chaque année le rapport de la Compétitivité Globale (en anglais, *Global Competitiveness Report*). Couvrant 142 pays, le rapport fournit un outil de comparaison aux politiques et aux patrons d'entreprises. Comment ? Grâce au classement de pays à travers une centaine de critères regroupés en douze axes. Tels que : institutions, infrastructure, santé, éducation, ou sophistication des entreprises et innovation.

Sur les 142 pays, quelle place la France occupe-t-elle dans ce classement? La France est 18e[26]. Elle était 15e l'année dernière. C'est la faute de la dette, me direz-vous? Il est vrai qu'on est en 130e place sur ce critère. Mais, l'Allemagne et Les Pays Bas sont aussi mauvais pour leur dette mais ils sont 6e et 7e dans la compétitivité globale.

On peut continuer à se trouver des excuses mais ce qui est intéressant, c'est regarder comment la France peut mieux faire.

Il y a, par exemple, dans l'axe « Institutions » un critère au nom qui fait rêver – ou pleurer : « lourdeur des réglementations gouvernementales ». La France est 116e sur 142 pays. Il y a du travail pour

---

26. Les données citées dans ce texte sont issues du rapport de 2012. Les données des années 2013 à 2016 ne varient pas fondamentalement pour la France (NDE).

les politiques. Mais ce rapport est aussi un outil pour les patrons d'entreprises. En effet, il propose de nombreuses pistes.

Prenez la première. Pour l'axe la « souplesse du marché de travail » la France est 68e. Notre code de travail historique en est pour quelque chose. Mais faisons un zoom sur un des neufs critères de cet axe : « Coopération dans les relations salariés-patrons ». Sur 142 pays, nous sommes en 133e position. Vous nommez un pays ? Moldavie, le Lesotho, même le Kazakhstan de Borat ? Et bien, ils arrivent devant la France. Mais il y a encore plus fascinant.

Les 11e et 12e axes sont la sophistication des entreprises et l'innovation. Axes vitaux pour les pays développés qui ont essentiellement épuisé les sources plus simples de la performance économique. L'innovation, on en parle beaucoup. Par ailleurs, trop au niveau de l'état et pas assez au niveau de l'entreprise. Mais le 11e axe, sophistication des entreprises, est aussi important que l'innovation pour l'avenir de la France. On est 14e dans cet axe. Un bon résultat. Alors que fait-on ? On passe au point suivant ? Ce serait une grave erreur.

Les joueurs de tennis, par exemple, arrivent au sommet de l'élite en maitrisant parfaitement tous les aspects du jeu, comme Federer. Mais il y a une autre manière. Attendre le sommet en travaillant son point déjà très fort et le rendre exceptionnel. Regardez le coup droit sur la terre battue de Nadal.

Pour l'axe « sophistication des entreprises » la France est déjà forte. Mais peut-elle devenir exceptionnelle et, si oui, comment ? Sur les neuf critères de cet axe les entreprises françaises sont déjà fortes en huit : marketing, qualité des fournisseurs locaux, etc. Mais le 9e critère nous plonge en Asie centrale : la volonté de déléguer l'autorité dans l'entreprise.

Quelle place occupe-t-on pour la volonté de déléguer ? On est 55e[27]. Les Pays-Bas sont 5e. L'Allemagne, 15e. Oui, l'Allemagne qu'on imagine en France comme culturellement obéissante. En l'occurrence, c'est nous qui avons un problème culturel. Pierre Servent, auteur du livre *Le Complexe de*

27. Dans le rapport le plus récent, cette place est 51e (NDE).

l'autruche, explique d'ailleurs comment ce cliché des militaires allemands obéissants nous a fait perdre ou presque trois guerres. Il n'hésite pas à qualifier la France de pays encore monarchique.

Peut-être. Mais je suis optimiste. Je pense, et je l'ai vu, que la culture peut être changée. Pas au niveau du pays. Laissons cette hypothèse aux utopistes orwelliens, mais au niveau de l'entreprise. En effet, l'entreprise est une petite communauté régie par les normes comportementales, le « comment les choses se font ici ? ». Le patron peut négliger ces normes, et alors s'imposeront à son entreprise les normes ambiantes. Ou il peut essayer de les construire. Quand elles seront partagées par 70-80 % des salariés, ce patron construira alors la culture de son entreprise.

Ce n'est pas une utopie. Pendant cinq ans, j'ai étudié plusieurs dizaines d'entreprises, y compris françaises, dont les patrons ont réussi à construire une telle culture. Et non seulement de délégation de l'autorité mais de liberté complète des salariés. Dans l'entreprise libérée, les salariés ont une liberté et une responsabilité complètes d'entreprendre toute action qu'eux-mêmes, pas leur chef ou une procédure, décident comme la meilleure pour l'entreprise. Elle est donc le contraire de la bureaucratie hiérarchique majoritaire dans les entreprises françaises. Dans toutes ces entreprises on essaie de résoudre le problème de salariés désengagés. Comment ? En les motivant par les vieilles recettes du bâton et de la carotte. *In fine*, ce n'est pas du management mais de la manipulation. Pire, toutes les autres pratiques de management qui justement conduisent à ce désengagement de la pointeuse aux privilèges de managers et de dirigeants ne sont jamais remises en cause. Les salariés ne sont pas dupes : ils prennent la carotte mais continuent d'être désengagés.

Au lieu de manipuler les gens et d'ignorer leurs besoins, l'entreprise libérée les nourrit. Les leaders de ces entreprises ont pris du temps, de trois à dix ans, pour construire un environnement qui satisfait les trois besoins humains universels : être traité comme intrinsèquement égal, c'est-à-dire avec respect, confiance et bienveillance ; réaliser son potentiel, son talent ; et s'autodiriger. Plus ces trois besoins sont satisfaits et plus les gens sont engagés et heureux et, par conséquent, performants.

C'est ce qui se passe dans la fonderie picarde Favi, leader mondial dans son secteur de niche, qui exporte en Chine (oui, en Chine !), ou chez un fabricant alsacien de moteurs électriques Sew Usocome. Leader européen, il n'a mis au chômage technique personne quand il a perdu 30 % de son carnet de commandes en 2009. Qui a dit que l'industrie n'a pas d'avenir en France ? Mais nous avons rencontré des entreprises libérées dans tout secteur, de toutes tailles, privées et publiques.

Ces entreprises démontrent une volonté de donner la liberté et la responsabilité complètes à leurs salariés et n'ont aucun conflit social depuis de décennies. Donc, plutôt que d'être 133e sur ce critère, la France peut devenir la 1re.

Si les patrons veulent libérer leur entreprise, ils peuvent le faire comme l'ont fait les autres. Et, du coup, ils hisseront la France dans le Top 10 des nations les plus compétitives du monde. Ainsi, on aura plus d'investisseurs, plus d'activité et moins de dette. On pourra ainsi mieux payer nos enseignants et mieux se defendre.

La France veut-elle renouer avec la croissance pour rester le pays où « il fait bon vivre » ? Patrons de France, libérez vos entreprises !

Postface

Donnez à votre équipe la liberté de se consacrer à ce qu'elle juge essentiel[1]

Depuis l'invention de l'« organisation scientifique du travail » par Frederick W. Taylor, voire au-delà, l'organisation des entreprises repose sur le contrôle : des coûts, des prix, des investissements, mais aussi et surtout des salariés.

Effectivement exercé ou seulement perçu, le contrôle peut suffire à rassurer. Il semble en outre condenser les responsabilités qu'un chef d'entreprise est tenu d'assumer : fixer des objectifs, veiller au respect des procédures, assurer la direction de l'entreprise ou

1. Article de Brian Carney et Isaac Getz paru dans le *Harvard Business Review USA*, septembre 2018, https://freedomincbook.com/2018/09/11/give-your-team-the-freedom-our-article-in-harvard-business-review/

en façonner l'avenir. L'exercice d'un contrôle *apparaît* donc essentiel, en particulier aux yeux du patron.

Le contrôle hiérarchique engendre néanmoins des coûts élevés dont la plupart crèvent les yeux. Loin d'être indispensable, il peut même être remplacé par une solution alternative qui n'a rien d'une chimère : réaliste et fonctionnelle, cette solution est déjà appliquée à des degrés variables par des entreprises du monde entier depuis des décennies. En France notamment, elle a pris la tournure d'un mouvement : dans de grandes entreprises telles que Michelin ou Carrefour, la remise en question et le remplacement des structures de contrôle ont d'ores et déjà produit des résultats tangibles.

Jamais incarnée par un véritable gourou (elle ne s'y prête guère, comme on pourra le constater), cette solution alternative n'a pas été théorisée et ses principes ont simplement été transmis de manager en manager à la façon d'un *samizdat*[2]. Depuis peu, elle commence toutefois à voir le jour sous le nom de « libération de l'entreprise ».

2. Système d'écrits dissidents dans l'ex-URSS.

L'idée est simple : les entreprises libérées confèrent à leurs salariés une liberté et une responsabilité totales d'entreprendre ce qui leur semble le mieux pour leur entreprise, et non ce qui leur est imposé par leurs supérieurs. Elles n'en sont pas pour autant livrées à l'anarchie, comme le démontrent les initiatives précises que nous avons observées dans une centaine d'entreprises libérées.

Chaque matin, le manager dans une entreprise libérée va par exemple demander à son équipe si toutes les conditions sont réunies pour qu'elle puisse donner le meilleur d'elle-même. Cette question, qui peut sembler banale, fait néanmoins apparaître une première particularité : si l'équipe lui fait part d'un problème à résoudre ou d'une occasion à saisir, il ne lui proposera pas de solution, mais lui demandera d'en trouver par elle-même après s'être assuré qu'aucune entrave ne relève de sa propre conduite.

Au lancement d'un nouveau projet, le manager demande à son équipe d'élaborer son propre plan d'action plutôt que de s'en charger lui-même. En adoptant cette démarche, il produit deux effets fondamentaux : il choisit de se mettre au service de son équipe, qu'il ne prétend pas dominer ni superviser, et ce choix exerce à son tour une influence directe sur le comportement de son équipe, qui commence à se libérer et à prendre ses propres initiatives au lieu d'attendre passivement les directives de sa hiérarchie.

La forme de libération adoptée chez Decathlon, un distributeur d'articles de sport qui emploie 80 000 travailleurs, est largement soutenue par sa direction. Le PDG de l'entreprise permet néanmoins aux directeurs de chaque entité opérationnelle de co-organiser leur propre environnement unique et libéré, puisque la libération de l'entreprise relève d'une philosophie et non d'un modèle. Le directeur de l'un des plus grands entrepôts a par exemple demandé à ses cent cinquante salariés de délimiter le « terrain de jeu » qui leur incombait, puis d'identifier et de réviser *en équipe* les pratiques qui les empêchaient d'assumer leurs responsabilités en la matière. Les managers ont renoncé à exercer une autorité formelle sur leur équipe pour se mettre à son service et assumer un simple rôle de coach. Par conséquent, les équipes de tous les entrepôts se chargent désormais de traiter les commandes et nombre d'entre elles dressent leur propre emploi du temps.

Les résultats obtenus ont été impressionnants. Le chiffre d'affaires mondial de Decathlon, qui était déjà une grande multinationale privée lorsqu'elle s'est lancée dans la transformation de son environnement de travail, a cru organiquement de 9,11 à 12,79 milliards de dollars entre 2013 et 2017. Decathlon est en outre arrivée en tête du classement des entreprises où il fait bon travailler en France en 2017 et 2018.

Michelin, le géant mondial de la fabrication du pneu qui emploie 114 000 salariés, s'est lui aussi engagé dans une campagne de libération. Dans l'une de ses usines allemandes, les équipes dirigent elles-mêmes la plupart des activités et les managers ont renoncé à exercer une autorité formelle pour remplir un simple rôle de coach. Les opérateurs y définissent leur emploi du temps et leurs vacances, assurent la mise au point et le suivi de leurs propres indicateurs de performance, se chargent eux-mêmes de la maintenance de leur équipement et sont consultés sur le choix des nouvelles machines. Dans un secteur relativement mûr, Michelin a malgré tout réussi à doubler entre 2015 et 2017 son flux de liquidités disponibles, le faisant passer de 833 millions à 1,509 milliards d'euros. En 2018, Michelin a de surcroît obtenu le titre de meilleur employeur des États-Unis parmi les grandes entreprises.

Les êtres humains présentent certains besoins psychologiques universels : les besoins d'égalité intrinsèque, de réalisation de soi et d'autodirection. Chacun d'entre eux est souvent, voire systématiquement, mis à mal par les hiérarchies traditionnelles de direction et de contrôle. Le principal avantage de la libération de l'entreprise, dont découlent tous les autres, est sans doute sa capacité à créer un environnement permettant de satisfaire l'ensemble de ces besoins universels plutôt que de les réprimer.

Le niveau extrêmement élevé d'engagement et la profonde motivation des salariés figurent donc parmi les particularités les plus frappantes des entreprises libérées. Selon un sondage de Gallup sur l'engagement au travail, 33 % des salariés aux États-Unis se sentent « engagés » au sein de leur entreprise, 51 % se sentent « désengagés » et 16 % se sentent « activement désengagés »[3]. Les entreprises libérées affichent au contraire une proportion de salariés engagés qui dépasse généralement les 70 %, toujours selon les données de Gallup. Elles ne comptent en effet que très peu de salariés désengagés et sont spontanément désertées par les « activement désengagés », à savoir les salariés problématiques qui semblent faire partie du décor des entreprises modernes et en minent la productivité. Cet engagement élevé comporte un avantage collatéral : l'entreprise libérée surpasse l'entreprise traditionnelle, non pas parce que sa direction met un point d'honneur à développer « le bien le plus précieux de l'entreprise », mais simplement parce que la satisfaction des besoins psychologiques permet d'accroître l'engagement et donc l'esprit d'initiative, la productivité des équipes et les résultats enregistrés par l'entreprise.

Si Decathlon et Michelin n'ont chaussé que récemment les crampons de la libération, cet exercice gagne discrètement en popularité depuis plus d'un demi-siècle, comme

3. Pour la France, les chiffres de 2017 sont 6 %, 69 % et 25 % respectivement – note de traducteur.

évoqué plus haut. Parmi les plus anciennes entreprises fondées sur une culture de liberté que nous avons étudiées, comme W.L. Gore, Sun Hydraulics, USAA, Quad/Graphics et IDEO, presque toutes évoluent depuis plus de deux décennies au sommet de leurs secteurs respectifs. Mais la libération d'une entreprise traditionnelle n'est pas une mince affaire : si certains managers acceptent facilement de se mettre au service de leur équipe, d'autres ont au contraire besoin d'être formés aux compétences requises pour s'abstenir de donner des instructions, écouter les salariés et répondre à leurs besoins de confiance, d'épanouissement et d'autodirection. Lorsque des comportements égoïstes ou hiérarchiques profondément enracinés entravent cette transition, les formations peuvent malgré tout s'avérer insuffisantes.

Nous avons étudié plusieurs dizaines de ces transformations dans des entreprises de toutes tailles, activités économiques et zones géographiques. Si vous dirigez une entreprise ou envisagez de le faire, ces quelques conseils pratiques vous aideront à rapidement y mettre en place un environnement de travail fondé sur une culture de liberté.

Étapes pour libérer vos équipes

Mettez votre ego de côté : vos salariés n'auront pas le sentiment que vous faites confiance à leur intelligence si la « meilleure solution » vient toujours de vous.

Partagez votre vision de l'entreprise : si ce conseil ne s'applique pas uniquement à la libération de l'environnement de travail, les entreprises fondées sur une culture de liberté confèrent à leurs salariés un tel pouvoir discrétionnaire qu'il s'avère essentiel d'adopter une vision partagée fournissant aux équipes des critères communs sur lesquels fonder leur prise de décision. Pour bien accomplir leur travail, les bons salariés n'ont pas besoin, notamment après leur libération, que vous leur expliquiez comment le faire, mais pourquoi ils le font – pour qu'ils puissent le faire encore mieux.

Créer une vague de respect : les actions par lesquelles la plupart des managers-leaders témoignent du respect et de la confiance qu'ils accordent à leurs salariés contribuent à l'instauration d'un tel climat. Les managers-leaders doivent pour ce faire lever les obstacles empêchant les équipes de donner le meilleur d'elles-mêmes.

Interrogez votre équipe sur l'existence d'éventuels obstacles : il peut s'agir de toute pratique organisationnelle ou de tout élément de structure de l'entreprise susceptible de discréditer l'intelligence des salariés, de limiter leur réalisation de soi ou d'entraver leur autodirection. Si votre équipe fait état d'obstacles, demandez-lui de repenser les pratiques et structures en cause et préparez-vous à assister au remplacement progressif de la plupart des pratiques et structures de contrôle, qu'elles relèvent de fonctions d'appui ou de supervision hiérarchique. La vague de respect encouragera l'équipe à dresser elle-même son emploi du temps ou à embaucher ses propres recrues, créant ainsi de nouvelles demandes qui affecteront à leur tour les processus de l'entreprise.

Préservez la liberté de votre équipe : la prise croissante de responsabilités par les équipes allégera la tâche de tous les niveaux de management. Les managers disposés à accepter cette nouvelle réalité se placeront au service de leur équipe et s'abstiendront d'exercer leur autorité formelle.

Vos salariés seront disposés à donner chaque jour le meilleur d'eux-mêmes, vos managers-leaders se consacreront à révéler le potentiel de leurs salariés et vous, en tant que dirigeant, pourrez chaque soir savourer en famille votre dîner, ainsi que le succès de votre entreprise.

Table des matières

Table des matières

PAPIER À BASE DE FIBRES CERTIFIÉES

Fayard s'engage pour l'environnement en réduisant l'empreinte carbone de ses livres. Celle de cet exemplaire est de : 1,600 kg éq. CO_2
Rendez-vous sur www.fayard-durable.fr

Achevé d'imprimer en mars 2019
sur les presses de la Nouvelle Imprimerie Laballery 58500 Clamecy
41.9138.4/02 - Numéro d'impression : 903379

Imprimé en France

La Nouvelle Imprimerie Laballery est titulaire de la marque Imprim'Vert®